中国电子信息产业发展研究院系列专著

中国与 CPTPP
货物贸易机遇与挑战

梁一新　关兵　韩力　等著

电子工业出版社·
Publishing House of Electronics Industry
北京·BEIJING

内 容 简 介

货物贸易关税削减和政府采购市场开放中的货物出价问题是工业和制造业领域对外开放的重要关注点和着力点。系统研究 CPTPP 等高水平自由贸易协定成员的货物出价方案和政府采购出价方案对中国进一步参与构建高水平自由贸易协定网络具有重要参考意义，也有助于提高中国在未来其他自由贸易协定谈判中的主动权。对此，本书聚焦 CPTPP 货物贸易市场准入章节和政府采购章节，对标研究不同参与方的具体出价模式和开放水平，为工业领域的扩大开放以及在开放中构建相应的产业保护体系提供研究参考。

本书可为各产业领域政策制定者、研究人员提供参考，为国际贸易从业人员预测未来发展趋势提供借鉴。

图书在版编目（CIP）数据

中国与 CPTPP：货物贸易机遇与挑战 / 梁一新等著. —北京：电子工业出版社，2023.5
（中国电子信息产业发展研究院系列专著）
ISBN 978-7-121-45603-9

Ⅰ. ①中… Ⅱ. ①梁… Ⅲ. ①自由贸易－国际贸易－贸易协定－研究 Ⅳ. ①F744

中国国家版本馆 CIP 数据核字（2023）第 086424 号

责任编辑：宁浩洛 文字编辑：关永娟
印　　刷：天津千鹤文化传播有限公司
装　　订：天津千鹤文化传播有限公司
出版发行：电子工业出版社
　　　　　北京市海淀区万寿路 173 信箱　邮编 100036
开　　本：720×1 000　1/16　印张：12.75　字数：245 千字
版　　次：2023 年 5 月第 1 版
印　　次：2024 年 6 月第 2 次印刷
定　　价：79.00 元

Preface/
前　言

习近平总书记指出，"当前，中国处于近代以来最好的发展时期，世界处于百年未有之大变局，两者同步交织、相互激荡"。其具体表现在以下两个方面：第一，全球经济和政治格局发生深刻调整变化，全球经济增长的重心由发达国家转向发展中国家与新兴经济体的态势更加明显。以中国为代表的发展中国家的群体性崛起与西方国家的相对衰落形成鲜明对比。第二，经济全球化向纵深发展，但其带来的受益不均问题更加突出。受益不均问题不再局限于发展中国家和发达国家两大集团之间，而是突出性地体现在发达国家内部的不同阶层之间，引发发达国家民粹主义以及贸易保护主义的盛行。以美国特朗普政府发起中美贸易争端以及 WTO 争端解决机制瘫痪等为标志，经济全球化呈现加速退化态势。然而，作为全球化最大受益者的美国等部分发达国家并非不拥抱全球化，只是其将国内贫富差距加大的内部矛盾向中国等其他国家转移，将经济实力的相对下降归因为现行国际经贸规则体系更加有利于以中国为代表的发展中国家，进而希望对现行国际经贸规则体系进行调整重塑。

特朗普政府上台后宣布美国退出 TPP（跨太平洋伙伴关系协定），但以"美国优先"强势推动美墨加三国将 NAFTA（北美自由贸易协定）升级至 USMCA（美墨加协定），其中竟然包含限制与"非市场经济国家"签订自由贸易协定的"毒丸条款"。与此同时，除退出的美国之外的剩余 11 个国家，在搁置了协定的部分条款后，将 TPP 更名为 CPTPP（全面与进步的跨太平洋伙伴关系协定）并最终签署，2018 年 12 月 30 日正式生效。拜登政府上台后，将联合盟友作为其外贸经济政策的重要支柱，不排除美国重返 CPTPP 或者缔结高水平双边或区域自由贸易协定的可能。此外，在新冠疫情背景下，各国势必反思本国的产业链布局与弹性，产业链的区域化构建成为发展趋势。通过签订高水平自由贸易协定，重塑对自身有利的国际经贸规则也将成为多数国家的重要考量。

中国作为经济全球化的积极参与者和重要建设者，一方面要应对中美博弈的长期性和复杂性，另一方面还要解决经济发展进入新常态以及后疫情时代加快经济复苏所面临的一系列困难和挑战，根本之策还是要进一步对内深化改革和对外扩大开放。在 WTO 多哈回合谈判彻底停滞的大背景下，加快实施自由贸易区战略是中国新一轮对外开放的重要内容，通过区域多边、双边合作和"一带一路"等多种经济合作框架建设，积极参与全球经贸规则重塑是提升中国综合国力和全球话语权的重要途径。2020 年 11 月 15 日，包括中国在内的 15 国共同签署了 RCEP（区域全面经济伙伴关系协定），该协议于 2022 年 1 月 1 日正式生效。RCEP 生效对中国进出口和宏观经济产生重大利好，是中国与其他国家一道捍卫全球自由贸易的重要举措，同时也为新型全球化提供样本，并为中国加入 CPTPP 奠定基础。

2020 年 11 月 20 日，习近平主席以视频方式出席 APEC 领导人非正式会议并发表重要讲话，首次宣布"中方将积极考虑加入 CPTPP"，2020 年底中央经济工作会议和 2021 年政府工作报告均再次明确重申了这一政策立场。加入 CPTPP 将使中国融入一个更加开放与充满活力的全球和区域贸易网络；对标 CPTPP 高标准国际经贸规则可以为国内改革提供倒逼机制，为供给侧结构性改革与制度创新注入活力；加入 CPTPP 也将向世界发出一个强有力的信号——中国在广泛的改革政策中保持并承诺与全球规则一致。具体到产业领域，积极参与 CPTPP 等高水平自贸协定建设，有利于依托中国大市场优势，更深度融入全球分工体系，构建有效制衡、深度共融、互利共赢的国际大循环。但同时，我们也必须意识到中国加入 CPTPP 还面临着国际和国内诸多因素的挑战。

自由贸易协定谈判中的货物贸易关税削减和政府采购市场开放中的货物出价问题是工业和制造业领域对外开放的重要关注点和着力点。一方面，关税削减是自由贸易协定的最重要议题，与货物贸易进出口直接挂钩。近年来，随着 TPP、CPTPP、欧盟—日本 FTA、欧盟—加拿大 FTA 以及美墨加协定的达成，实质性零关税成为其标志性特征。系统研究 CPTPP 等高水平自由贸易协定成员的货物出价水平和货物出价方式对中国进一步参与构建高水平自由贸易协定网络具有重要参考意义。另一方面，在中国加入 WTO《政府采购协定》（GPA）谈判的重要阶段，政府采购市场的开放已成为趋势所在，同时也逐步成为中国参与的自由贸易协定谈判的议题之一。参考借鉴高水平自由贸易协定的政府采购出价方案，不仅有助于为中国尽快加入 GPA 提供出价参考，也有助于提高中国在未来其他自由贸易协定谈判中的主动权。

鉴于此，本书聚焦研究 CPTPP 货物贸易市场准入章节和政府采购章节，对标研究不同参与方的具体出价模式和开放水平，为工业领域的扩大开放以及在开放中构建相应的产业保护体系提供研究参考。

Initialism/
缩略词

AEO　　Authorized Economic Operator，经认证经营者

CEPA　　Closer Economic Partnership Arrangement，内地与港澳更紧密经贸关系安排

CETA　　Comprehensive Economic and Trade Agreement，综合性经济贸易协议，是欧盟与加拿大自贸协定

CGE　　Computable General Equilibrium，可计算一般均衡

CPTPP　Comprehensive and Progressive Agreement for Trans-Pacific Partnership，全面与进步跨太平洋伙伴关系协定

CSIS　　Center for Strategic and International Studies，美国战略与国际问题研究中心

ECFA　　Economic Cooperation Framework Agreement，海峡两岸经济合作框架协议

FOB　　Free on Board，离岸价格

FSC　　Federal Supply Classification，美国联邦供应分类

FTA　　Free Trade Agreement，自由贸易协定

GTAP　　Global Trade Analysis Project，全球贸易分析项目

ITA　　Information Technology Agreement，信息技术协定

MFN　　Most-Favored-Nation Treatment，最惠国待遇

NAFTA　North American Free Trade Agreement，北美自由贸易协定

NBAR　　National Bureau of Asian Research，美国国家亚洲研究局

NC　　Net Cost，净成本

RCA　　Revealed Comparative Advantage，显示性比较优势

RCEP　　Regional Comprehensive Economic Partnership，区域全面经济伙伴关系协定

SDR　　Special Drawing Rights，特别提款权

SPS　　Sanitary and Phytosanitary，卫生与植物卫生

TBT　　Technical Barriers to Trade，技术性贸易壁垒

TCI　　Trade Complementary Index，贸易互补性指数

TPP   Trans-Pacific Partnership Agreement，跨太平洋伙伴关系协定

TTIP   Transatlantic Trade and Investment Partnership，跨大西洋贸易与投资伙伴协定

USMCA   The United States-Mexico-Canada Agreement，美墨加协定

VNM   The Value of Non-originating Materials，非原产材料价值

VOM   The Value of Originating Materials，原产材料价值

Contents/
目 录

第一篇

综述篇

第一章 CPTPP 等高水平自贸协定货物贸易规则趋势

本章主要从市场准入和原产地规则方面，对 CPTPP、美墨加协定、RCEP 等高水平自贸协定在货物贸易领域的规则变化进行整体特征研究和分析。

一、货物贸易出价呈现实质性零关税趋势

不论是 WTO 多哈回合谈判，还是区域或双边自由贸易协定，在 WTO 基础上进一步削减关税壁垒都是其货物贸易规则的关键内容，其核心是提高货物贸易的自由化率，即零关税产品税目或进口额占全部产品税目或进口额的比重[①]。当前，在各类自贸协定的谈判中，尤其是发达国家主导的协定对货物贸易市场准入提出了更高标准，除少数敏感产品外，要求货物贸易全面开放，尤其是要求工业品贸易的自由化率接近 100%。

（一）货物贸易整体自由化率达到 90% 以上

在各类自贸协定中，尤其是发达国家主导的自贸协定，货物贸易市场准入呈现出高度开放的特征，即除少数敏感产品外，大部分货物实行关税减让，工业品的税目自由化率更是接近 100%（见表 1-1）。CPTPP 中，除日本（96.3%）、越南（97.86%）和加拿大（98.9%）外，其他成员的货物贸易整体自由化率均接近或达到 100%；除越南（65.74%）和墨西哥（76.9%）外，其他成员立即降税为零产品占比均超过 80%，其中，新加坡高达 100%，这在 WTO 框架下是基本不能实现的。欧盟—加拿大自贸协定（CETA）中，欧盟与加拿大最终货物贸易整体自由化率达到 98% 以上，立即降税为零的产品占比达到 99%。

---

① 前者为税目自由化率，后者为贸易额自由化率。

2020 年 11 月 15 日，除印度外的 15 个 RCEP 谈判方正式签署 RCEP，标志着亚太地区全面、现代、高质量、互惠的自贸协定成立。RCEP 兼顾了发达国家和发展中国家的不同发展水平，为全球化持续推进奠定了基础。2022 年 1 月 1 日，RCEP 正式生效，区域内 90% 以上的货物贸易将最终实现零关税。从降税过渡期看，主要是立即降税为零和 10 年内降税为零，使协定有望在较短时间兑现所有货物贸易自由化承诺。目前，中国在 RCEP 中的税目自由化相关情况见表 1-2 及表 1-3。

表 1-1　高水平 FTA 税目自由化情况

协定名称	成员	产品数量/种	工业品数量/种	最长过渡期①/年	整体税目自由化率	工业品税目自由化率	工业品税目自由化占全部税目比例	立即降税为零产品占全部税目比例
CPTPP	澳大利亚	6007	5201	4	99.9%	99.8%	86.4%	93.0%
	日本	8834	6932	21	96.3%	99.9%	78.4%	86.1%
	加拿大	8331	6894	11	98.9%	100%	82.7%	94.9%
	新加坡	8300	7029	0	100%	100%	84.69%	100%
	新西兰	7492	5583	7	100%	100%	74.5%	95.1%
	马来西亚	10402	9090	16	99.86%	100%	87.39%	84.71%
	秘鲁	7370	6313	16	99.4%	99.9%	85.6%	80.7%
	墨西哥	12115	10896	16	99.4%	99.8%	89.8%	76.9%
	文莱	8300	7029	11	99.64%	99.57%	84.33%	91.67%
	越南	9528	8208	16	97.86%	97.28%	73.16%	65.74%
	智利	7715	6231	8	99.9%（对加拿大 99.3%）	100%	80.86%	94.7%（对加拿大 93.8%）
欧韩 FTA	欧盟	—	—	20	99.6%	100%	—	93.5%
	韩国	—	—	21	99.5%	100%	—	94.9%
美韩 FTA	美国	—	—	15	99.9%	100%	—	81.5%
	韩国	—	—	20	99.7%	100%	—	75.9%

数据来源：根据不同 FTA 关税减让表计算。

① 过渡期为自贸协定成员保留使用关税、进口数量限制或关税配额、与出口实绩挂钩的出口促进措施、基于公平而采取的平衡贸易措施等贸易措施的时间。

表 1-2　中国在 RCEP 中的税目自由化情况

RCEP 成员	中国对 RCEP 成员/%	RCEP 成员对中国/%
日本	86.0	88.0
韩国	86.0	86.0

续表

RCEP 成员	中国对 RCEP 成员/%	RCEP 成员对中国/%
澳大利亚	90.0	98.3
新西兰	90.0	91.8
文莱	90.5	97.9
柬埔寨	90.5	87.1
印度尼西亚	90.5	89.5
老挝	90.5	86.0
马来西亚	90.5	90.0
缅甸	90.5	86.0
菲律宾	90.5	91.3
新加坡	90.5	100
泰国	90.5	85.2
越南	90.5	86.4

数据来源：根据 RCEP 关税减让表计算。

表 1-3 中国在 RCEP 中的立即降税为零产品占比情况

RCEP 成员	中国对 RCEP 成员/%	RCEP 成员对中国/%
日本	25.0	57.0
韩国	38.6	50.4
澳大利亚	64.7	75.3
新西兰	65.0	65.5
文莱	67.9	76.5
柬埔寨	67.9	29.9
印度尼西亚	67.9	65.1
老挝	67.9	29.9
马来西亚	67.9	69.9
缅甸	67.9	30.0
菲律宾	67.9	80.5
新加坡	67.9	100
泰国	67.9	66.3
越南	67.9	65.8

数据来源：根据 RCEP 关税减让表计算。

（二）工业品税目自由化率接近100%

高水平FTA的敏感产品主要集中在农业领域，工业品关税基本全面放开。CPTPP中，工业品税目自由化率最低的越南也达到了97.28%，其他国家都是99%以上（见表1-1中CPTPP部分）；CETA更是采用负面清单模式制定关税减让表（见表1-4），除车辆和船舶等特殊产品设置4～8年过渡期外，其他工业品均立即降税为零，体现出降税的及时性和彻底性。

表1-4 欧盟—加拿大自贸协定（CETA）工业品关税减让负面清单

经 济 体	工 业 品	涉及税目/个	税 率	过渡期/年
加拿大	客车	4	6.1%	6
	小轿车	8	6.1%	8
	货车	5	6.1%	4
	客运船舶	2	25%	8
	冷藏船	1	25%	8
	集装箱船	3	25%	4
	拖轮及顶推船	1	25%	8
	浮动/潜水式钻探或生产平台	2	20%、25%	4
	其他船舶	2	20%、25%	4
	非机动船舶	3	25%	4
欧盟	客车	9	16%	6
	轿车	15	10%	8
	货车	19	3.5%、10%、22%	4

资料来源：根据CETA整理。

二、优惠原产地规则呈现排他化、便利化趋势

在各个自贸协定的诸多货物贸易规则中，原产地规则具有重要地位。一方面，原产地规则是实施差别关税及贸易措施的产物，其本质是非关税壁垒的法律工具，目的是保护自贸协定成员享受优惠待遇，保护本国敏感产品的国际竞争力及在本国市场的占有率，促进重塑区域内供应链。按照一般规律，原产地规则标准越高，区域内产品优势地位越显著，越有利于区域内产业协同发展。另一方面，原产地规则对生产要素本土化的要求，在吸引投资和科技创新方面发挥了重要作用。非成员的企业要分享区域内产业红利，需在自贸区内直接投资，或将核心生产制造及重要工序转移至区内国家。因此，研究梳理CPTPP

自贸协定中原产地规则的最新趋势，深入分析原产地规则限制效应所产生的经济影响，对中国对接高水平自贸协定规则及在双边和多边自贸协定谈判中制定适宜的原产地规则具有重要意义。

（一）高水平自贸协定框架下原产地规则最新发展趋势

原产地规则是确定产品"经济国籍"的标准和程序。当使用不同国家的原产材料生产制造某一产品时，其原产地确定变得困难。实践中主要是通过灵活采用税则归类改变标准[①]、区域价值成分标准和加工工序标准三种实质性改变标准，同时附加适用累积规则、微小含量规则等辅助规则来确定货物是否发生原产地的实质性改变（见表1-5）。

表 1-5　一般原产地规则主要内容

原产地规则	主要内容	定义
基本规则	完全获得	协定方境内生产、开采、收获或利用该国自然出产的原料在该国加工制成的产品
	完全生产	产品完全由符合原产地规则的原产材料生产
	实质性改变	具体标准包括税则归类改变标准、区域价值成分标准和加工工序标准。 税则归类改变标准：根据原产材料在加工成成品后税则号是否发生改变来判定产品是否发生实质性改变； 区域价值成分标准：根据产品中所含的非原产成分或原产成分占产品价值的百分比来判定产品是否发生实质性改变； 加工工序标准：根据产品在加工、生产过程中是否有特定加工工序来判定产品是否发生实质性改变
辅助规则	累积规则 微小含量规则 吸收原则 可替代货物 成套货物 中性成分 直接运输规则	累积规则：在确定原产地时，将该货物生产过程中所涉及的多个国家或者地区看作一个经济区域，把产生在该区域范围内对货物进行加工后可以视为原产成分的所有价值进行累积。 微小含量规则：允许某区域的原产产品中可以包含有一定比例之下的进口原材料，而不影响其原产资格。 直接运输规则：货物从出口国直接运送到进口国而不经过第三国国境，或在经过第三国时，在海关的监管下，可以进行保障货物良好状态或者运输状态等必要操作，而不进行其他任何的加工操作等程序

资料来源：作者整理所得，2022.01。

---

① 税则归类改变标准，具体是指当货物与生产该货物的非原产材料被归入 HS 编码中不同税号时，即可视为该货物经过生产制造已经发生实质性改变，并获得原产资格。当最终产品与使用的非原产材料的 2 位海关税号改变时为章改变（CC）；4 位税号改变时为品目改变（CTH）；6 位税号改变时为子目改变（CTSH）。

从适用范畴看，原产地规则可以分为非优惠原产地规则和优惠原产地规则。非优惠原产地规则主要是指成员自主制定的，用于确定产品原产地的，普惠适用于所有交易国的规则，主要依据 1994 年 WTO 乌拉圭回合谈判达成的《原产地规则协定》；优惠原产地规则主要是指基于自贸协定或者其他安排确定的，用于确定某一产品是否有资格享受有关优惠待遇的原产地规则。由于 WTO 框架下的原产地规则仅对各成员起原则性指导作用，未明确规定成员制定原产地规则的具体细则，因此现实中非优惠原产地规则难以统一，优惠原产地规则在自贸协定中越发流行。

目前，2018 年 12 月 30 日生效的 CPTPP、2020 年 7 月 1 日生效的 USMCA、2022 年 1 月 1 日生效的 RCEP，均形成了较为成熟的原产地规则，成为全球在原产地规则实践方面的风向标，也是本书关注重点。整体看，高水平自贸协定的原产地规则呈现以下几个趋势特征。

1. 原产地标准形成"税则归类改变标准为主，区域价值成分标准、加工工序标准为辅"的主流模式

早期自贸协定原产地规则以区域价值成分标准为单一适用标准，但该标准易受贸易商定价影响，无法客观体现原产地规则的实质性转变原则。税则归类改变标准具有简单、透明、方便的特点，成为 CPTPP、USMCA、RCEP 等国际最新自贸协定原产地认定主要标准。对于税则归类改变不能反映实质性转变的产品，辅以区域价值成分标准、加工工序标准认定。在此模式框架下，成员制定原产地标准具有较高的灵活性，针对不同产品可以通过制定复合性标准或者选择性标准来控制原产地规则限制性的强弱。例如，大部分产品满足区域价值成分标准和税则归类改变标准其中之一即可被认定为原产产品，而部分产品需同时满足区域价值成分和加工工序两项标准，才能被认定为原产产品。部分自贸协定更加重视加工工序标准，如 USMCA、欧韩 FTA、美韩 FTA、CETA 等协定均对化学工业品的加工工序进行详细说明。而 CPTPP 对汽车生产中特殊工艺操作下的货物材料做出特殊原产地认定。RCEP 纳入了加工工序标准，但仅采用了"化学反应"这一种加工工序，主要针对第 29 章的有机化合物和第 38 章的杂项化学产品。目前，这种"税则归类改变标准为主，区域价值成分标准、加工工序标准为辅"的模式逐渐成为原产地认定主流标准，未来，在多边层面形成统一适用的原产地标准将成为重要趋势。

2. 区域价值成分标准更加科学、细化和灵活

一方面，区域价值成分的计算方法更加多样化。CPTPP 的区域价值成分计

算方法包括价格法、扣减法、增值法以及净成本法，判定原产地时可选择适用（见表 1-6）。在最新的 USMCA 中，区域价值成分计算方法只有基于非原产材料价格的扣减法和汽车产品专门适用的净成本法。RCEP 规定了计算区域价值成分采用增值法和扣减法。不同方法会将同一产品判定为不同原产国，因此许多国家通过将产品价值中的保险费、运费等因素排除或纳入计算范畴，达到限制或放宽原产地标准的目的。

表 1-6　区域价值成分不同计算方法

计算方法	计算公式	说明
价格法	$\dfrac{\text{货物价格} - \text{特定非原产材料价格}}{\text{货物价格}} \times 100\%$	以特定非原产材料价格为基础
扣减法	$\dfrac{\text{货物价格} - \text{非原产材料价格}}{\text{货物价格}} \times 100\%$	非原产材料价格（VNM）包括原产地不明的材料价格
增值法	$\dfrac{\text{原产材料价格} + \text{直接成本} + \text{利润}}{\text{货物价格}} \times 100\%$	原产材料价格（VOM）为在一个或一个以上缔约方领土内生产货物的原产材料价格
净成本法	$\dfrac{\text{净成本} - \text{非原产材料价格}}{\text{净成本}} \times 100\%$	净成本（NC）=总成本-促销、市场营销和售后服务费-特许权使用费-运输和包装费-不可扣除的利息费用

资料来源：作者整理所得，2022.01。

　　另一方面，区域价值成分标准门槛设定更加多元。除一般规则中的区域价值成分标准最低门槛外，各成员根据不同产品的不同特性，可协议提高最低门槛的区域价值成分标准以起到保护敏感产业和特殊产品的作用。例如，在 CPTPP 特定原产地规则中，汽车及零部件的区域价值成分要求的起步值为 45%～60%，其中大部分子项目下规定的区域价值成分不低于 45% 或 55%，小部分子项目下规定的区域价值成分不低于 60%。在 USMCA 原产地规则中，汽车区域价值成分要求最高由原 NAFTA 的 62.5% 提高到 75%，并且要求至少有 70% 的钢铁和铝原料来自美墨加地区，这一设定将促使汽车供应链逐渐返回北美地区，将很大一部分中国、日本和欧盟的汽车制造商排除在外。但是在 RCEP 中，区域价值成分标准只有累积 40% 一种，即在确定出口产品原产资格时，来自 RCEP 任一缔约方的具有原产资格的价值成分都可能被认定为原产，当区域价值成分大于等于 40% 时，该产品获得 RCEP 原产资格。

　　3. 通过特殊规则调整原产地规则限制的宽松度

　　为了促进形成区域一体化的供应链，除原产地基本规则外，大多数自贸协定的原产地标准还引入了"微小含量规则""累积规则"等特殊规则（见表 1-7）。

表 1-7　国际最新协定原产地标准和附加规则

条款	CPTPP	RCEP	USMCA	美韩 FTA	欧韩 FTA	CETA
一般规则	品目改变或区域价值成分≥30%～55%	品目改变或区域价值成分≥40%	品目改变或区域价值成分≥50%（净成本法）或60%（扣减法）	品目改变或区域价值成分≥35%	品目改变或区域价值成分≥50%	品目改变或非原产材料价值成分不超过50%
区域价值成分计算方法	价格法、扣减法、增值法、净成本法	扣减法、增值法	扣减法、净成本法	增值法、扣减法、净成本法	增值法	扣减法
参考价格	产品出厂价格、净成本价格	离岸价格、净成本价格	产品出厂价格、净成本价格	离岸价格基础上的调整价格、净成本价格	产品出厂价格	产品出厂价格
加工工序标准	有	有	有	有	有	有
累积规则	完全累积	原材料累积	完全累积	双边累积	双边累积	双边累积
微小含量规则	不超过该货物价格的10%（纺织服装不超过货物重量的10%）	不超过该货物价格的10%（纺织服装不超过货物重量的10%）	不超过该货物价格的10%	不超过该货物价格的10%	不超过该货物价格的10%	不超过交易价格或出厂价格的10%
微小加工或处理	有	有	有	有	有	有

资料来源：作者整理所得，2022.02.

　　例如，CPTPP 中"完全累积"规则规定最终产品在各个地区的价值增量总和超过规定比例即可认定具有原产资格，这能在更大范围内有效推动区域协定成员之间的贸易，成为原产地规则制定的主要趋势之一。RCEP 生效时只允许对另一缔约方的原材料累积，不允许生产和增值累积，即被累积成分必须是取得原产资格、用作生产另一产品的材料。但 RCEP 第三章第一节第四条提出自生效五年内完成对该条款审议，就是要考虑生产累积，从而向完全累积迈进。

　　"微小含量规则"又称"容忍规则"，通常被视作对税则归类改变规则的例外情况。这是因为，在税则归类时，即便是有些产品含有非常少量的非原产材料，其制成品仍然无法满足税则归类改变要求，进而无法取得原产资格。而通过微小含量规则，非原产材料的占比小于一定比例时，这些未发生税则归类改变的产品，仍然具有原产资格，为企业利用规则提供便利。RCEP 等多数自贸协定均允许非原产材料占货物价格的最高比例为 10%，USMCA 中的这一比例也由原来的 7% 提高至 10%。RCEP 第三章第一节第七条对微小含量规则进行了具体规定，即对下列两种不满足税则归类改变标准的货物，当货物满足以下两种情形时，仍被视作原产货物：一是对于所有货物而言，当用于货物生产而未发生税则归类改变的非原产材料的价格不超过 FOB（离岸价格）的 10% 时；二是对于纺织服装品而言，当非原产材料的重量不超过该货物总重量的 10% 时。微小含量规则不能用于区域价值成分计算中，且运用该规则时必须计算未发生税则归类改变的所有非原产材料的价格。

"微小加工或处理"规则是指产品经过了清单列明的特定工序，但这些工序被认为是对最终产品属性不起作用或仅仅略起作用，即便发生了税则归类改变或达到区域价值成分比例要求，也不能赋予其原产资格。CPTPP、RCEP 等自贸协定均规定了"微小加工或处理"规则。其中，RCEP 第三章第一节第六条规定，仅经过如下一项或多项加工或处理的，不具备原产资格，具体包括：（1）为确保货物在运输或储存期间保持良好状态而进行的保存操作；（2）为运输或销售而对货物进行的包装或展示；（3）简单加工，包括过滤、筛选、挑选、分类、磨锐、切割、纵切、研磨、弯曲、卷取或开卷；（4）在货物或其包装上粘贴或印刷标记、标签、标识或其他类似的用于区别的标志；（5）仅用水或其他物质稀释，未实质改变货物的特性；（6）将产品拆分成零件；（7）屠宰动物；（8）简单的涂漆和抛光操作；（9）简单的去皮、去核或去壳；（10）同种类或不同种类货物的简单混合。

4. 对敏感行业和特殊产品制定严格复杂的原产地规则，将降税优惠锁定在成员内部

原产地规则虽然是区分产品身份的标准，但在自贸协定谈判中却往往成为贸易保护的一种手段。比如，纺织服装是美欧等国家和地区非常敏感的产品，美国在 UMSCA 中对纺织服装原产地的认定标准是"从纱开始"，CPTPP 中纺织产业原产地规则与美国主导 TPP 时的"纱后原则"一脉相承，即除了纤维可以原产自非 CPTPP 成员，其余的纺织品和服装的生产环节，包括纱线生产过程、织布、印染、裁剪、缝纫等工序都必须在 CPTPP 成员境内完成才能获得原产资格，进而享受内部优惠待遇。CETA 大部分纺织服装产品详列各品目的工艺流程，要求同时满足特定工序标准和特定材料价值成分不超过 47.5% 两项标准，才可获得原产地认定。具体规则见表 1-8。

表 1-8　大部分纺织服装产品特定原产地标准

HS 编码	产品描述	CPTPP	UMSCA	欧越 FTA	CETA	美韩 FTA
60	针织物及钩编织物	章改变	章改变	加工工序	特定工序且特定材料价值成分不超过 47.5%	章改变
61	针织或钩编的服装及衣着附件	章改变，但前提是在一个或多个缔约方领土内裁剪或编织成形，并以缝制或其他方式制成	章改变，但前提是在一个或多个缔约方领土内裁剪或编织成形，并以缝制或其他方式制成	加工工序	加工工序	章改变
62	非针织或非钩编的服装及衣着附件	章改变，但前提是在一个或多个缔约方领土内裁剪或编织成形，并以缝制或其他方式制成	章改变，但前提是在一个或多个缔约方领土内裁剪或编织成形，并以缝制或其他方式制成	加工工序	特定工序且特定材料价值成分不超过 40%～47.5%	章改变
63	其他纺织制成品；成套物品；旧衣着及旧纺织品；碎织物	章改变，但前提是在一个或多个缔约方领土内裁剪或编织成形，并以缝制或其他方式制成	章改变，但前提是在一个或多个缔约方领土内裁剪或编织成形，并以缝制或其他方式制成	加工工序	加工工序或品目改变或特定工序且特定材料价值成分不超过 40%～47.5%	章改变

资料来源：作者整理所得，2022.01。

（二）对中国原产地规则谈判的启示

1. 高水平原产地规则对中国产业产生一定影响

"完全累积"规则可能加速高端制造业向发达国家回流。以汽车行业为例，在 CPTPP 和 UMSCA 中均有严格的累积规则，UMSCA 将汽车的累积规则提至最高 75%，即在美、墨、加地区采购的原材料和生产制造比例需要达到 75% 才可认定符合原产地标准。这一严苛的原产地规则将对中国车企产生较大影响。一方面，直接影响中国汽车零部件的出口贸易。2019 年中国汽车零部件出口金额 3654.8 亿元，主要目的地为美国、日本、韩国和德国。出口产品以中低技术含量的刹车片、轮胎、玻璃、工程机械部件为主，具有较高的可替代性。UMSCA 原产地规则旨在将汽车生产制造所用原材料锁定在美国、加拿大和墨西哥地区，减少自亚洲地区和欧洲地区的汽车零部件采购，对中国汽车零部件出口企业造成冲击。另一方面，长期将影响外商对中国汽车产业的投资布局。CPTPP 原产地规则中规定，只要来自缔约方的原材料及零部件符合累积规则，即可适用原产地规则享受优惠关税。这将加强缔约方与区域内国家的贸易合作，制造商将更多地采用缔约方的原材料和零部件，以降低制造成本，或者在越南、马来西亚等东南亚成员境内设厂投资生产，以降低劳动力成本，导致中国汽车产业的投资减少。未来，其他高端制造业或采取相同严苛的原产地标准，加速其向发达国家回流。

部分特殊条款可能加速价格敏感型产业向东南亚国家转移。以纺织服装产业为例，CPTPP 等自贸协定中关于纺织品的原产地规则均启用"纱后原则"，将打破亚太地区纺织服装产业已经形成的产业链条，给非成员带来较大影响，或加速中国纺织服装产业向外转移。一是中国传统纺织服装业正处于转型升级的攻关期，劳动力、土地等要素价格的上升及环保压力的增加，挤压纺织服装企业利润，较越南等东南亚国家在生产成本方面竞争力减弱。二是越南已经加入 CPTPP 等自贸协定，签订越南—欧盟 FTA 等双边贸易协定，加之 RCEP 生效，将对越南产生联动作用，进一步扩大其在双边和区域自贸协定中贸易和投资领域的竞争力和影响力，加速中国纺织服装行业向越南的投资转移，同时吸引更多的欧盟国家和美国的外商直接投资。三是影响中国企业的全球布局。为保持符合原产地标准，保持中国企业竞争力，企业或选择将投资生产转向优惠区域内的越南、马来西亚等国家，而不是在全球范围内进行最优选择。

对接高水平规则，中国敏感产品的原产地标准面临进一步宽松压力。整体上看，中国原产地标准逐渐宽松，并向国际靠拢，但相较于 CPTPP 而言，中国在 FTA 中制定的原产地标准为达到保护国内产业及吸引、保留外资的目的，对机床等敏感产品制定了较为严格的规则。比如，中国对数控机床较为敏感，在与较为发达的国家开展自贸协定谈判时，数控机床往往被列为高度敏感产品，在原产地标准上也制定得较为严格。在中韩自贸区中，机床的原产地标准是品目改变且区域价值成分不少于 50%，同时要求数控单元（CNC）具备原产资格。在中国对接高水平自贸协定规则和加入高标准区域协定的进程中，中国机床等敏感产品的原产地标准将面临进一步宽松和开放的压力。例如，在 RCEP 中，机床类产品的原产地标准已经同步为品目改变或区域价值成分不少于 40%。具体规则见表 1-9。

表 1-9　部分自贸协定中机床和汽车类产品特定原产地标准

HS 编码	产品描述	CPTPP	欧加 CETA	美韩 FTA	中瑞 FTA	中韩 FTA	中澳 FTA	RCEP
8456～8462	机床类	区域价值成分：增值法≥35%；扣减法≥45%；价格法≥55%	品目改变或非原产材料价值成分不超过 50%	品目改变且区域价值成分（扣减法）≥60%	非原产材料价值成分不超过 50%	品目改变且区域价值成分≥50%，同时要求数控单元（CNC）具备原产资格	HS8456～8460 品目改变且区域价值成分≥40%	品目改变或区域价值成分≥40%
8703	主要用于载人的机动车辆包括旅行小客车及赛车	区域价值成分：价格法≥45%；扣减法≥55%	非原产材料价值成分不超过 50%	区域价值成分：增值法≥35%；扣减法≥50%；净成本法≥35%	非原产材料价值成分不超过 60%	品目改变且区域价值成分≥60%	品目改变且区域价值成分≥45%～50%	区域价值成分≥40%

资料来源：作者整理所得，2022.01。

2. 对接高水平规则，为中国产业发展保驾护航

中国在进行自贸协定谈判时，应充分重视考虑和发挥自贸区原产地规则的贸易保护作用，特别是增强对特定行业的保护。一是灵活制定原产地标准。充分借鉴 USMCA、CPTPP 等原产地规则的规范性及严谨性，综合使用税则归类改变标准、区域价值成分标准及加工工序标准结合的办法，根据产品的不同特性制定出更加细化和具体的原产地标准。二是对特殊行业设定特定条款。在原产地标准设计上应明确产业导向性，基于行业特点制定更加灵活具体的原产地规则，对于敏感产业和敏感产品，通过严格的原产地标准保护产业。三是提高原产地规则的战略价值。有效利用原产地规则吸引高科技产业外商直接投资，引导附加值高的产品和加工工序在中国进行，利用技术外溢效应，提高中国企业的技术水平。

三、海关程序规则呈现透明化和便利化趋势

为了进一步促进区域内产品自由流动，海关程序越来越趋于透明化和便利化。例如，CPTPP 要求以可预测、一致性和透明度为基本原则；简化海关程序，以电子方式处理海关文件，尽可能在货物抵达后 48 小时内放行等。欧盟在 TTIP 谈判中提出允许电子支付、不要求装运前检验、允许担保放行等便利化和透明

化措施。2017 年 2 月生效的 WTO《贸易便利化协定》在总结自贸协定经验的基础上，在预裁定、信息公布和咨询、货物放行与结关措施方面进行了全面的规定，对海关程序的规范化、便利化和透明化设定了新的标准。

2022 年 1 月生效的 RCEP 对海关程序的便利化也做出许多创新性规定。一是规定普通货物尽可能在 48 小时内通关，易腐货物和快件尽可能在 6 小时内通关，大大超越了 WTO 项下甚至 CPTPP 项下的通关便利化水平。二是明确规定各成员应向 AEO（经认证经营者）提供额外便利化措施，公布认证标准，并将 AEO 范围扩大到中小微企业。RCEP 成员提供的便利化措施至少包括以下措施中的三项：降低单证和数据要求；降低实地检查比例；加快放行时间；延迟支付关税等税费；减少担保成本；一定期间内所有进出口一次性通关；在经营所在场所或批准地点办理货物通关。三是规定预裁定制度、执法统一性和海关合作等规则，进一步提升海关程序便利化水平。

四、卫生与植物卫生措施及技术性贸易壁垒规则呈现一致性趋势

随着关税壁垒的取消，卫生与植物卫生（SPS）措施和技术性贸易壁垒（TBT）规则逐步成为主要的隐性壁垒。发达国家在 SPS 和 TBT 等领域总体取向是推动自贸协定缔约方采取一致性的做法，提高程序的透明性和非歧视性。例如，CPTPP 针对葡萄酒和蒸馏酒、信息及通信技术产品、药品、化妆品、医疗设备、预包装食品和食品添加剂的专有配方、有机产品等 7 类特定产品的规制拟定了专门的附件，要求在这些产品的贸易管理中采取共同做法，以推动区域内立法路径的一致性。RCEP 在 SPS 章节中专门规定了加强在病虫害非疫区和低度流行区风险分析、审核、认证、进口检查以及紧急措施等执行条款。

五、贸易救济规则凸显在促进使用和限制滥用间的博弈

自贸协定中的贸易救济规则趋向促进使用和限制滥用的双向博弈，一方面是通过使用贸易救济措施来保护国内产业安全，另一方面是通过限制滥用贸易救济措施来实现自由贸易。发达国家在 WTO《反倾销协定》《补贴和反补贴协定》《保障措施协定》等规则体系的基础上，在自贸协定中肯定贸易救济规则的

作用，更注重贸易救济措施的可预见性、透明性和程序的正当性。如 CPTPP 允许在特定时段内，针对关税削减引发进口激增导致对国内产业的严重损害，实施过渡性保障措施；但同时要求不可同一时间就同一产品实施超过一项 CPTPP 规定的保障措施。

对于饱受其他国家滥用贸易救济规则影响的中国等国家而言，在自贸协定中限制贸易救济措施滥用也颇具意义，RCEP 对此有所创新。在 WTO 规则基础上，RCEP 对反倾销、反补贴、保障措施做出详细规定，并首次在自贸协定中纳入"禁止归零"条款（即在计算倾销幅度时，应当将所有单独幅度，不论是正的还是负的，纳入加权平均对加权平均和逐笔交易对逐笔交易的比较）；同时借鉴国际高标准规则，以"最佳实践"清单方式显著提高反倾销和反补贴调查的技术水平和透明度。未来，可以在推进 WTO 贸易救济改革时，吸收 RCEP 的类似做法，将成员之间的最佳实践以清单方式列在附件中。

第二章　中国已签署自贸协定基本情况

一、中国已签署自贸协定自由化基本情况

（一）中国已签署自贸协定下货物贸易自由化情况

截至 2022 年 2 月，中国已经对外签署 16 个自贸协定（见表 2-1），自贸伙伴达到 23 个，尤其是 2020 年 11 月 15 日签署 RCEP 后，中国新增自贸伙伴日本，与自贸伙伴的贸易额占比从 2020 年的 27% 增加到 35%。

表 2-1　中国已签署自贸协定总体情况（截至 2022 年 2 月）

进　展	已签协定	正在谈判	正在研究
数量	16	10	8
亚洲	1. 中国—东盟及升级 2. 中国—巴基斯坦及第二阶段 3. 中国—新加坡及升级 4. 中国—韩国 5. 中国—格鲁吉亚 6. 中国—马尔代夫（尚未生效） 7. 中国—柬埔寨	1. 中国—海合会 2. 中日韩 3. 中国—斯里兰卡 4. 中国—以色列 5. 中国—韩国第二阶段 6. 中国—巴勒斯坦	1. 中国—尼泊尔 2. 中国—孟加拉国 3. 中国—蒙古国
大洋洲	1. 中国—新西兰及升级 2. 中国—澳大利亚	—	1. 中国—巴新 2. 中国—斐济
亚洲和大洋洲	区域全面经济伙伴关系协定（RCEP）	—	—
欧洲	1. 中国—冰岛 2. 中国—瑞士	1. 中国—挪威 2. 中国—摩尔多瓦	中国—瑞士升级
美洲	1. 中国—智利及升级 2. 中国—秘鲁 3. 中国—哥斯达黎加	1. 中国—秘鲁升级 2. 中国—巴拿马	1. 中国—哥伦比亚 2. 中国—加拿大
非洲	中国—毛里求斯	—	—

资料来源：根据中国自由贸易区服务网资料整理。

货物贸易自由化率是衡量自贸协定水平的基础指标之一。中国已签署的自贸协定大多数货物贸易自由化率较高，零关税产品税目占比以及零关税产品进口额占比基本在90%以上（见表2-2）。其中，对智利、新西兰、新加坡、哥斯达黎加、冰岛、澳大利亚等国的货物贸易自由化率达到95%以上。中韩自贸协定中，中国最终零关税产品涉及全部产品税目的91%和贸易额的85%。此外，中巴自贸协定（第一阶段）自由化水平较低，到第二阶段协定时自由化水平也有了明显提升。在RCEP中，中国对其他成员的货物贸易自由化率，除对日韩为86%以外，都在90%以上。

表2-2 中国已签署自贸协定关税自由化情况

协 定	成 员	零关税产品税目占比/%	零关税产品进口额占比/%	零关税产品过渡期/年	零关税降税时间
中国—东盟自贸协定	中国	94.3	93.2	8	2005.7.1—2012.1.1
	东盟	94.5	91.1	8（老成员）14（新成员）	2005.7.1—2012.1.1（老成员）2005.7.1—2018.1.1（新成员）
中国—智利自贸协定	中国	97.2	99.0	10	2006.10.1—2015.1.1
	智利	98.1	97.0	10	2006.10.1—2015.1.1
中国—巴基斯坦自贸协定（第二阶段）	中国	75	—	—	2020.1.1 正式实施第二阶段
	巴基斯坦	75	—	—	2020.1.1 正式实施第二阶段
中国—新西兰自贸协定（含升级）	中国	98.0	97.2	12	2008.10.1—2019.1.1
	新西兰	100	100	9	2008.10.1—2016.1.1
中国—新加坡自贸协定	中国	—	97.1	4	2009.1.1—2012.1.1
	新加坡	100	100	0	2009.1.1 立即降税
中国—秘鲁自贸协定	中国	94.6	—	17	2010.3.1—2026.1.1
	秘鲁	92.0	—	17	2010.3.1—2026.1.1
中国—哥斯达黎加自贸协定	中国	96.7	—	15	2011.8.1—2025.1.1
	哥斯达黎加	91.1	—	15	2011.8.1—2025.1.1
中国—冰岛自贸协定	中国	95.9	96.2	11	2014.7.1—2024.1.1
	冰岛	96.0	99.8	0	2014.7.1 立即降税
中国—瑞士自贸协定	中国	92.0	84.2	15	2014.7.1—2028.1.1
	瑞士	89.0	99.7	0	2014.7.1 立即降税

协 定	成 员	零关税产品税目占比/%	零关税产品进口额占比/%	零关税产品过渡期/年	零关税降税时间
中国－韩国自贸协定	中国	91	85	20	2015.12.20—2034.1.1
	韩国	92	91	20	2015.12.20—2034.1.1
中国－澳大利亚自贸协定	中国	96.8	97.0	15	2015.12.20—2029.1.1
	澳大利亚	100	100	5	2015.12.20—2019.1.1
RCEP	中国	对东盟 90.5% 对日韩 86% 对澳新 90%	—	—	2022.1.1—2042.1.1
	其他国家	日本对中国 88% 韩国对中国 86% 澳大利亚对中国 98.3% 新西兰对中国 91.8% 东盟国家对中国分国家自由化率不同，但也都在 85%以上	—	—	2022.1.1—2042.1.1

资料来源：根据中国自由贸易区服务网整理，2022年1月。

从零关税产品过渡期来看，除与东盟、新加坡、智利的自贸协定外，其他协定的过渡期均在 10 年以上，最长的（包括 RCEP 在内）达到 20 年，但其中绝大部分产品在 10 年内实现零关税。如在中韩自贸协定中，中国 71%的产品将在 10 年内取消进口关税，覆盖中国自韩国进口总额的 66%；而在中澳自贸协定中，中国 5 年内完成降税的进口产品税目比例高达 95%，进口额占比也达到 92.8%。

目前，中国自贸协定与 CPTPP 和 CETA 等高水平自贸协定的差距主要体现在立即零关税比例上。除与冰岛和东盟 FTA 立即零关税比例为 90%以上之外，其他自贸协定普遍偏低，其中中澳 29.15%、中韩 20%，远低于 CPTPP（平均85%）、CETA（99%）等高水平自贸协定。以 RCEP 为例，中国对日本立即零关税比例为 25.0%，对韩国为 38.6%，对澳大利亚为 64.7%，对新西兰为 65.0%，对东盟为 67.9%，与 CPTPP 等高水平自贸协定的立即零关税比例相比还有一定差距，但也与中国当前发展水平相适应。

（二）中国已签署自贸协定下工业品自由化情况

具体到工业品自由化水平，中国目前签署的自贸协定的工业品税目自由化率大部分都在 90%以上（见表 2-3）。自贸协定项下例外的主要产品有木材、纸制品、化工产品、高端钢铁、机床等高端装备、部分电子产品、汽车等。总体上看，中国自贸协定项下工业品整体的最终自由化水平较高，敏感产品主要集中在中国未来重点发展的、技术含量相对较高的高端产品上。

表 2-3 中国已签署自贸协定下工业品自由化情况（不含 RCEP）

FTA 伙伴国/地区	生效时间	最长过渡期/年	总体税目自由化率/%	总体进口额自由化率/%	工业品税目自由化率/%	工业品进口额自由化率/%	立即降税为零产品占全部税目比例/%
澳大利亚	2015.12	15	96.80	97.00	97.50	95.30	29.15
韩国	2015.12	20	90.60	85.00	90.10	85.10	20.00
瑞士	2014.7	15	92.10	84.20	92.80	90.10	22.87
冰岛	2014.7	10	96.00	100	96.40	34.20	96.57
哥斯达黎加	2011.8	15	96.70	99.00	97.10	99.90	65.68
秘鲁	2010.3	17	94.60	99.00	95.00	98.90	61.11
巴基斯坦（第一阶段）	2009.1	5	35.50	40.00	37.70	52.30	17.79
新加坡	2009.1	10	94.30	97.00	44.40	95.30	68.22
新西兰	2008.1	12	97.20	96.30	97.00	78.20	24.01
智利	2006.1	10	97.20	90.60	97.40	99.30	37.54
东盟	2003.7	10	94.30	93.20	93.70	96.10	96.64

数据来源：根据自贸协定文本整理计算，2021 年 1 月。

二、中国与 RCEP

2022 年 1 月 1 日，RCEP 对文莱、柬埔寨、老挝、新加坡、泰国、越南 6 个东盟成员和中国、日本、新西兰、澳大利亚 4 个非东盟成员正式生效，标志着全球人口最多、经贸规模最大、最具发展潜力的自由贸易协定正式落地。RCEP 实现了其成员更高水平的对外开放，为我国制造业发展带来"FTA+"综合经济效应。RCEP 是中国目前为止签署的涵盖国家最多、贸易额最大、自由化水平最高的自贸协定。根据协定，货物贸易方面，15 个成员 90% 以上的货物贸易将在一定时间内实现零关税，涉及我国约 1.60 万亿美元的贸易额。服务贸易方面，开放部门比加入 WTO 时的 100 个部门增至 122 个，还提高了 37 个部门的承诺水平。投资方面，各成员采用负面清单方式对非服务业投资领域做出高水平开放承诺。规则方面，增加了电子商务、政府采购、竞争等新议题，提高了知识产权等议题的开放水平。在关税减让、非关税壁垒消除、原产地累积规则、贸易便利化、服务投资开放等 FTA 叠加综合效应下，我国与 RCEP 成员在贸易、投资、要素等方面的往来将更为密切，区域产业链必将进一步耦合，我国制造业将从 RCEP 综合经济效应中获得更多发展机遇。

（一）RCEP 的全球经济意义

1. 约三分之一经济体量形成一体化市场，为新型全球化发展提供样本

RCEP 成员总人口约 22.7 亿，GDP 约 26 万亿美元，出口总额约 5.2 万亿美元，均占全球总量的 30%。RCEP 生效将极大促进域内经济要素自由流动、营商环境显著提升和消费市场扩容升级。尤其是在全球化受阻、贸易保护主义盛行的背景下，RCEP 作为全面、现代、高质量、互惠的自贸协定，充分兼顾不同成员的发展水平，为全球化持续推进奠定基础，是捍卫全球自由贸易的有力举措。

2. 区域产业链价值链将进一步融合

RCEP 区域是全球制造业中枢，约产出全球制造业总规模的 50%，生产了全球 50% 的汽车和 70% 的电子产品。RCEP 生效后，区域内 90% 以上的货物贸易将最终实现零关税，且主要是立刻降税为零和 10 年内降税为零，使协定有望在较短时间兑现所有货物贸易自由化承诺。为区域内企业减轻了关税负担，实质性降低了贸易成本和产品价格，进一步提升了产品竞争力和消费者福利。借助原产地区域价值成分 40% 累积规则，区域内产业链价值链将进一步整合提升。

3. 区域内外的投资活力将显著提升

RCEP 区域是全球外商直接投资的主要目的地和输出地，2019 年外商直接投资流入量占全球的 24%，流出量占全球的 36%。RCEP 的服务和投资章节通过纳入负面清单市场准入条款、行政程序和措施非歧视条款、透明度条款等，取消影响投资和服务的限制与歧视措施，为区域内投资和服务贸易的开展提供更有确定性的机会和更广阔的空间，也为货物贸易和生产性服务业发展营造良好环境。

未来，随着 RCEP 框架下非服务业投资准入"全负面清单"及服务业投资

6 年后"全负面清单"（老柬缅除外）的落地，域内市场准入壁垒将进一步降低，从而促进域内和域外投资的增加。服务贸易方面，RCEP 成员均做出了高于各自与东盟"10+1"FTA 水平的开放承诺，大幅提高各成员间的服务贸易自由化水平。除了老挝、柬埔寨、缅甸，其他各方的承诺服务部门数量均增加到 100 个以上（按 WTO 划分的 160 个服务部门计）。其中，中国新增 22 个开放部门，系现有自贸协定最高水平（见表 2-4）；其他成员均承诺提供更大市场准入，为我国企业走出去提供广阔市场空间；7 个成员采用负面清单方式承诺，8 个成员（含中国）采用正面清单，但承诺 6 年后转为负面清单。

表 2-4　中国在 RCEP 框架下服务贸易开放情况

服务贸易部门	承诺内容	
制造业相关服务	允许外商独资	一是在入世基础上扩大承诺范围
养老服务	允许设立外商独资的营利性养老机构	
建筑设计和工程服务	允许外商独资	
所有环境服务	允许外商独资	
银行业	取消了外资持股比例上限，取消了外资设立分行子行的总资产要求	二是在入世基础上进一步取消限制
保险业	取消了人身险公司外资股比上限，放开了保险代理和公估业务，取消了在华经营保险经纪业务经营年限和总资产要求等	
证券业	取消了证券公司、基金管理公司、期货公司的外资持股比例上限	
国际海运	取消了合资要求；取消董事会、高管必须为中方的国籍要求	

资料来源：根据 RCEP 协议文本整理。

投资方面，RCEP 对原东盟"10+1"FTA 投资规则进行整合升级，形成亚洲地区规模最大的投资协定。RCEP 是首个所有成员均以负面清单方式承诺非服务业领域开放的协定，其中 7 个国家对所有跨境服务和投资均采取一体的全负面清单方式承诺。

（1）对于非服务业投资，15 个成员均采用负面清单方式对制造业、农业、林业、渔业、采矿业 5 个非服务业领域的投资，做出较高水平的开放承诺，大大提高了市场准入的确定性，有利于促进区域上下游产业融合，为各国招商引资带来更大机遇。非服务业投资的总体开放水平较高，澳、新、日等接近 CPTPP 承诺水平。中国在 RCEP 投资的负面清单与国内《外商投资准入特别管理措施（负面清单）》相比，增加了国民待遇这一重要义务。其他成员对非服务业投资领域的保留显示出一定的共性，主要涉及三个方面：行使政府职能提供的公共服务、重要基础设施相关行业和国家主权与安全。

（2）对于服务业投资，8 个国家（中国、新西兰、柬埔寨、老挝、缅甸、菲律宾、泰国、越南），对服务贸易采取正面清单方式承诺，并将于协定生效后的约定时间内将其转化为负面清单（老柬缅 12 年，其他 6 年）；7 个国家（澳大利亚、日本、韩国、文莱、印度尼西亚、马来西亚、新加坡），对于所有类型的服务贸易和投资，包括跨境服务贸易，均采取负面清单方式承诺（全负面清单）。RCEP 投资规则有助于降低新冠疫情对各国投资的负面影响，为本区域投资者创造一个更加稳定、开放、透明和便利的投资环境，为本区域吸引外资、促进发展注入强劲动力。

4. 电子商务和数字贸易将在 RCEP 下加快发展

数字经济正在成为全球经济增长的新引擎与核心动能，2020 年全球数字经济规模已达到 31.8 万亿美元，未来五年仍将保持高速增长。2020 年，中国数字经济规模为 5.2 万亿美元，居全球第二位，数字经济增幅高达 15.6%，领跑全球贸易数字化。为贸易进行数字化赋能是未来重要趋势，通过与大数据、人工智能等高新技术的融合，电子商务尤其是跨境电子商务创造出了很多新业态和新模式，帮助传统企业从线下转移至线上，同时也加快了供应链的整合与协作。RCEP 成员认识到电子商务提供的经济增长和机会、建立框架以促进消费者对电子商务信心的重要性，以及便利电子商务发展和使用的重要性，因此通过达成统一的电子商务规则，促进电子商务在各成员之间以及全球范围的更广泛使用，为电子商务创造一个有信任和信心的环境，同时加强各成员在电子商务发展方面的合作。

RCEP 首次在亚太区域内达成了范围全面、水平较高的诸边电子商务规则成果，该规则内容丰富，既有促进无纸化贸易等相对传统内容，又有对跨境信息传输和信息存储等规则达成的共识。为各成员加强电子商务领域合作提供制度保障，营造良好的电子商务发展环境，增强各成员电子商务领域的政策互信、规制互认和企业互通，大大促进区域内电子商务的发展。

（二）RCEP 下中国货物贸易自由化情况

1. 超过三分之一的货物贸易最终实现零关税

中国与 RCEP 成员的贸易额占中国贸易总额的 1/3 左右。2020 年东盟就已经超过欧美，成为中国第一大贸易伙伴，日本和韩国系中国第四大和第五大贸易伙伴，而中国多年均是东盟、韩国、日本、澳大利亚等国家的第一大贸易伙伴。RCEP 成员是中国重要的出口市场，是制造业原材料和中间品的主要来源，是产业梯度转移和高端产业合作的重要平台，也是中国"双循环"新发展格局的重要连接点，RCEP 落地对维护和打造亚太产业链供应链具有重要意义。

2. 中日首次达成自贸协定，成为自贸协定最大增量

RCEP 成员中，中国与东盟、韩国、澳大利亚和新西兰已签署 FTA，但中日之间此前没有签署 FTA，此次达成 RCEP 对中国的最大经济效应也来自日本，2020 年中国与自贸伙伴的贸易额占比也从 27% 上升至 35%。中国对日本的零关税比例从目前 8% 扩大至 86%，平均关税从目前的 9.76% 最终降至 0.04%；日本对中国的零关税比例达到 88%，平均关税从 7.47% 最终降至趋近于零。中日两国关税削减在第 11 年和第 16 年的零关税占比呈现跨越式提升，经过 20 年过渡期后最终实现较高水平自由化率（见表 2-5）。

表 2-5　RCEP 项下中国和日本货物贸易市场相互开放情况

降 税 分 类	中国对日本	日本对中国
立即零关税	税目 25%、进口额 35%	税目 57%、进口额 65%
11 年内零关税	税目 72%、进口额 49%	税目 75%、进口额 72%
16 年内零关税	税目 83%、进口额 70%	税目 87%、进口额 90%
21 年内零关税	税目 86%、进口额 79%	税目 88%、进口额 93%
部分降税	税目 0.4%、进口额 6%	无
例外	税目 13.6%、进口额 15%	税目 12%、进口额 7%

资料来源：根据 RCEP 关税减让表整理。

根据中日双边降税安排，剔除日本已实现零关税的产品后，日本在服装、塑料及其制品、有机化学品等产品上的进口关税将在一定期限内降为零，日本对中国工业品的自由化率最终将高达 95.2%。其中，服装，日本平均进口关税处于 9.0%～9.5% 的水平，2020 年日本从中国进口服装的金额超过 80 亿美元，成为中国从 RCEP 日本降税中受益最大的产品。塑料及其制品，日本平均进口关税接近 4%，最高达到 30%，2020 年从中国进口额超过 45 亿美元，成为中国从 RCEP 日本降税中受益的第二大类产品。有机化学品，日本平均进口关税为 3.6%，2020 年从中国进口额超过 25 亿美元，成为中国从 RCEP 日本降税中受益的第三大类产品（见表 2-6）。此外，日本也将降低机电产品、纺织品、药品、鞋帽、铝及其制品、橡胶及其制品等产品的关税，这些都为中国拓展日本市场带来重大机遇（见表 2-7）。

表 2-6　RCEP 下日本对中国实际降低关税的主要产品类别

HS 编码	商 品 名 称	日本平均关税	2020 年进口额/亿美元	进口占比
62	非针织或非钩编的服装及衣着附件	9.5%	55.42	14.8%
39	塑料及其制品	3.8%	45.51	8.2%
29	有机化学品	3.6%	25.19	8.0%
61	针织或钩编的服装及衣着附件	9.0%	24.74	5.4%
64	鞋靴、护腿和类似品及其零件	5.8%	16.68	4.7%
63	其他纺织制成品、成套物品、旧衣着及旧纺织品、碎织物	6.3%	14.40	4.5%
30	药品	4.6%	13.96	3.5%
76	铝及其制品	4.7%	10.82	2.5%
28	无机化学品	3.5%	7.74	2.2%
94	家具、寝具等	3.8%	6.66	2.1%
38	杂项化学产品	3.0%	6.50	1.8%
96	杂项制品	4.2%	5.65	1.8%
20	蔬菜、水果、坚果或植物其他部分的制品	15.5%	5.58	1.7%
42	橡胶及其制品	11.0%	5.21	1.6%
56	絮胎、毡呢及无纺织物，特种纱线、线、绳、索、缆及其制品	4.4%	5.01	1.5%
83	贱金属杂项制品	3.0%	4.73	1.4%
7	食用蔬菜、根及块茎	6.2%	4.42	1.1%
73	钢铁制品	3.0%	3.53	1.1%
57	地毯及纺织材料的其他铺地制品	7.8%	3.43	1.0%

数据来源：Trade Map 数据库，赛迪智库整理计算。

表 2-7　RCEP 下中日主要进出口商品市场准入情况

考察对象	进口总额（2020 年）	进口的主要商品类别	RCEP 项下零关税待遇主要商品
中国自日本进口	1748.7 亿美元	机电产品、汽车（未开放）及零部件 香化产品（未开放）、塑料及其制品 化工品、药品 仪器仪表 铜钢等金属制品 珠宝首饰、橡胶、涂料、照相及电影用品等	集成电路、半导体、电容器变压器及其他部分电子电气产品，半导体集成电路制造设备，阀门 部分发动机及其他机械产品，部分汽车零部件 大部分仪器仪表 大部分塑料及其制品（包括塑料马桶圈、餐具） 部分化工品、药品、医疗仪器 部分珠宝、涂料，部分照相摄像机及其零部件 部分钟表、家具，部分文具、滑雪器材等运动器械

续表

考察对象	进口总额 （2020年）	进口的主要商品类别	RCEP项下零关税待遇主要商品
日本自中国进口	1426.6亿美元	电话机、电视投影显示器、半导体、电线电缆、变压器等电子电气产品 电脑和配件及制造设备 印刷机、空气设备等机械产品 仪器仪表 纺织服装、家具、塑料、玩具 钢铁及铝制品 车辆及零部件 化学品、鞋靴 水产品、蔬菜及其制品	全部机电产品 全部服装，家具、玩具，部分纺织品，部分鞋靴 部分仪器仪表 部分钢铁及其制品、铝及其制品 部分车辆及零部件 化学品 部分水产品、部分蔬菜及其制品

资料来源：根据RCEP关税减让表整理。

3. 东盟成员均在原来自贸协定基础上进一步扩大降税范围，为中国制造业带来"FTA+"附加经济效益

2020年起，中国与东盟已经互为第一大贸易伙伴，双方经贸关系高度互补。东盟对中国农产品出口较大，存在较大的贸易顺差，东盟棕榈油、棉纱、大米等对中国出口较多。东盟对中国制成品存在巨大贸易逆差，对降税相对较为敏感，第一大类进口产品为机电产品，2020年进口额为3037.4亿美元，占总进口额的比重达到53%，钢铁及其制品进口额为371亿美元，塑料及其制品进口额为258.4亿美元，矿物燃料进口额为205亿美元，杂项制品进口额为124亿美元，汽车及零部件进口额为114亿美元，上述均为中国优势产品。

东盟国家部分制成品关税较高。其中，越南的典型高关税产品及其税率为：塑料27%，汽车和摩托车轮胎20%～35%，纸制品25%，纺织服装20%，鞋帽30%，建材20%～30%，钢铁20%～30%，部分机械电子20%～30%，汽车70%，货车卡车等20%～68%，汽车零部件20%，摩托车75%，轻工20%～25%等。菲律宾的典型高关税产品及其税率为：纺织服装轻工10%～15%，机电产品10%～15%，钢铁及其制品10%，塑料和橡胶等15%，汽车和摩托车30%等。马来西亚的典型高关税产品及其税率为：有机化学品20%，纸制品20%，纺织品20%，服装鞋帽20%～30%，建材15%，钢铁及其制品15%～30%，汽车25%～30%，摩托车30%，轻工10%～25%等。印度尼西亚的典型高关税产品及其税率为：纺织品15%，服装鞋帽25%，瓷砖30%，钢铁13%～15%，汽车40%等。在RCEP框架下，东盟成员均在原来自贸协定基础上进一步扩大降税范围，将为中国制造业带来"FTA+"附加经济效益。RCEP下东盟各国的关税减让承诺见表 2-8，RCEP 下中国与东盟额外出价的制造业产品见表 2-9。

表 2-8 RCEP 下东盟各国的关税减让承诺

单位：%

序号	东盟国家	中国	日本	韩国	澳大利亚	新西兰	平均
1	新加坡	100	100	100	100	100	100
2	文莱	97.9	98.2	98.2	98.2	98.2	98.2
3	菲律宾	91.3	91.1	90.0	91.1	91.1	90.5
4	马来西亚	90.0	90.2	90.2	90.2	90.2	90.2
5	印度尼西亚	89.5	89.5	89.5	90.8	91.5	90.2
6	泰国	85.2	89.8	90.3	91.3	91.3	89.8
7	越南	86.4	86.7	86.7	89.6	89.6	87.6
8	柬埔寨	87.1	87.1	87.1	87.1	87.1	87.1
9	老挝	86.0	86.0	86.0	86.0	86.0	86.0
10	缅甸	86.0	86.0	86.0	86.0	86.0	86.0

表 2-9 RCEP 下中国与东盟额外出价的制造业产品

国　别	在中国—东盟自贸协定之外出价的制造业产品
文莱	烟草、地毯、床上用品、鞋、风扇、空调、冰箱、滤水设备、洗衣机、吸尘器、热水器、电话、传声器、电视、电路、电灯、电线、家具
泰国	纸制品（5%～10%）、砂岩、仿首饰、铜（5%）、液体泵（3%～10%）、电动机（10%～20%）、变压器、手电筒、电线（1%～10%）
柬埔寨	矿产品、石油、化学品、染料、塑料及其制品、橡胶、皮革、木材、纸制品 棉制品、化纤及其制品、服装及其他纺织品、鞋靴、家具、发卡 钢铁铝制品、工业机械设备、农业纺织设备、电动机、变压器等部分机电设备、汽车及零部件
缅甸	化学品、塑料及其制品、木制品、石棉制品、汽车、摩托车
老挝	酒、汽车
印度尼西亚	化学品、炸药、胶片、工业黏合剂、化工副产品（5%～7%）、化妆品（5%～10%） 塑料及其制品、橡胶（5%～15%）、鞋靴、箱包（10%～25%）、服装（10%～20%）、床上织物（5%～15%）、大理石、陶瓷塑像、玻璃（5%～30%） 钢铁制管、链及弹簧（5%～15%）、发动机、液体泵、灭火器、录音设备、电视（5%～10%）、汽车及零部件、摩托车（10%）等
马来西亚	棉纱及织物、化纤（10%～20%）、不锈钢（5%～20%）、部分工业机械设备及零部件（5%～25%）、汽车、摩托车（10%～30%）
菲律宾	医药产品（5%～15%）、工业副产品、塑料及其制品（3%～10%）、硫化橡胶（1%～10%）、化纤及织物（3%～10%）、服装、鞋（15%～20%）、玻璃及其制品（5%～15%）、钢铁制品（3%～15%） 发动机零件、空调、洗衣机、减压阀、电线等机电产品、汽车及零部件等

续表

国　别	在中国—东盟自贸协定之外出价的制造业产品
中国	农副产品：波萝罐头、波萝汁、椰子汁、胡椒 工业品：柴油等化学燃料、部分化工品、纸制品、柴油发动机、车辆照明及信号装置、车窗升降器等

4. RCEP 项下中韩货物贸易自由化水平低于中韩双边，但中韩均在双边协定之外进行了额外出价

中韩之间制成品贸易额较大，贸易关系也颇为重要。韩国自中国进口产品以制成品为主，2020 年从中国进口的第一大类产品为机电产品，进口额 553.4 亿美元；第二大类为无机化学品，进口额 74.8 亿美元；第三大类为钢铁及其制品，进口额 71.5 亿美元；第四大类为塑料及其制品，进口额 31.8 亿美元。韩国在工业品上对汽车、纺织服装、钢铁等的降税较为敏感。中国自韩国进口产品以制成品为主，其中 2020 年从韩国进口的第一大类产品为机电产品，进口额 1060.8 亿美元，占自韩国总进口额的 60%；第二大类为仪器仪表，进口额 114.4 亿美元；第三大类为塑料产品，进口额 112.0 亿美元。中国对 LED、船舶、汽车、塑料等的降税较为敏感。

2015 年 12 月，中韩自贸协定已经生效，中国对韩国的货物贸易自由化水平为 91%，韩国对中国为 92%。在 RCEP 框架下，中国对韩国的货物贸易自由化水平为 86%，韩国对中国为 86%，表面上低于中韩自贸协定的货物贸易自由化水平。为做好衔接，RCEP 下双方就中韩自贸协定下的个别例外产品进行了交换出要价，因此产生了"FTA+"效应。韩国在中韩自贸协定基础上，对服装产品、瓷砖等 7 个产品做出 RCEP 生效后立即降税 50% 的承诺（见表 2-10），涉及中国对韩国超过 7 亿美元的出口额，对中国服装、瓷砖等产品扩大对韩出口具有较大好处。中国在部分汽车零部件、发动机等方面做出对等让步（见表 2-11），有利于降低汽车零部件进口成本。此外，韩国对中国农产品税率较为敏感，但还是在鹿茸、糊精等产品上做出额外降税承诺。韩国是中国鹿茸产品的主要出口市场，占出口总量的 90%。韩方在 RCEP 项下给予自华进口的鹿茸在其所有自贸协定中的最优惠待遇，干鹿茸和加工鹿茸都将享受零关税待遇。

表 2-10　中韩 FTA 基础上韩国对中国降税制成品

序号	HS 编码（2014）	商品描述	最惠国税率/%	降税类别
1	6110301000	化纤套头衫、开襟衫、外穿背心等	13	协定生效后立即降税 50%

续表

序号	HS 编码 （2014）	商品描述	最惠国税率/%	降税类别
2	6201931000	化纤制男式带风帽防寒短上衣、防风衣等	13	协定生效后立即降税 50%
3	6202931000	其他材料制男式带风帽防寒短上衣、防风衣等	13	协定生效后立即降税 50%
4	6204621000	棉质女装牛仔,包括蓝色牛仔裤	13	协定生效后立即降税 50%
5	6204629000	其他棉质女装	13	协定生效后立即降税 50%
6	6205200000	棉制男衬衫	13	协定生效后立即降税 50%
7	6908901000	瓷砖	8	协定生效后立即降税 50%

表 2-11　中韩 FTA 基础上中国对韩国降税制成品

序号	HS 编码 （2014）	商品描述	最惠国税率/%	降税类别
1	59119000	技术用途纺织品	8	20 年降税为零
2	72210000	不锈钢棒/棒材,热轧成不规则卷绕线圈	10	20 年降税为零
3	85013100	输出功率不超过 750W 的直流电动机、直流发电机	12	协定生效后立即降税 50%
4	87082990	汽车车身零件和附件	10	协定生效后立即降税 50%
5	87089390	87.02 至 87.04 其他车辆的离合器和零件	10	协定生效后立即降税 50%

（三）RCEP 下中国产业面临的机遇与挑战

1. RCEP 给中国产业带来的机遇主要体现在贸易扩大效应和投资虹吸效应

贸易扩大效应方面：高水平关税削减扩大进出口市场，贸易便利化、削减非关税壁垒等措施大大降低贸易成本；区域价值成分累积规则有利于国内企业降低采购成本，优化区域供应链，也有利于中国"走出去"企业利用全区域优势生产要素，优化产业链布局；RCEP 鼓励使用区域内中间品进行生产，扩大中间品生产，有助于形成区域内产业链供应链集成效应，提升供应链安全；扩大服务市场准入承诺（除商业存在），为企业创造更多机会，也为物流、跨境贸易金融、跨境电商等产业带来机遇。

投资虹吸效应方面：全负面清单模式的投资市场准入，提升投资政策透明度，将优化营商环境上升为硬性约束，与区域价值成分累积规则相配合，便于企业在 RCEP 区域内进行全产业链布局；跨国公司为享受区域累积红利，会加大对区域内投资布局；中国市场潜力大、产业链最完整、营商环境和配套设施完善、技术实力强，将成为吸引投资的优选。

2. RCEP 给中国产业带来的挑战主要来源于与日韩竞争加剧以及产业转移可能加速

1）在机械装备等核心领域与日韩的竞争将加剧

2020 年，中国机械行业对 RCEP 区域国家的进出口总额为 2510.50 亿美元，占机械行业进出口总额的 32.0%。其中，进口 1258.64 亿美元，占机械行业总进口额的 39.6%；出口 1251.86 亿美元，占机械行业总出口额的 26.8%（见表 2-12）。日本和韩国分别为中国第四和第五大贸易伙伴，但中国对日韩机械产品进出口贸易一直为逆差。RCEP 的达成，促进了中日韩之间的自由贸易关系，同时加剧了三国的产业竞争，尤其表现在机械制造领域。以日本为例，2020 年中国对日本的机械工业贸易逆差为 462.64 亿美元，中国从日本进口的大宗机械产品包括电工电器、汽车整车及零部件、仪器仪表、通用机械基础件、机床、农机、印刷包装机械、工程机械等。中国对日本出口以加工贸易或中低端产品为主。RCEP 生效后，日韩企业可能进一步将高技术工序留在国内，将低端装配等环节放在中国或者东盟国家，而仍然享受 RCEP 优惠关税待遇。日韩生产的高技术产品进入中国市场后，由于其成本较低，可能进一步挤压中国核心领域自主创新产品的市场空间，导致中国不掌握核心竞争力的企业固化在区域产业链低端。

表 2-12　2020 年中国与 RCEP 成员在机械行业的进出口情况

考察对象	进出口总计		进口		出口		贸易差额
	累计金额/亿美元	在机械行业中占比/%	累计金额/亿美元	在机械行业中占比/%	累计金额/亿美元	在机械行业中占比/%	累计差额/亿美元
机械行业合计	7847.00	100	3177.00	100	4670.00	100	1494.00
RCEP 合计	2510.50	32.0	1258.64	39.6	1251.86	26.8	-6.78
东盟十国	1018.76	13.0	306.06	9.6	712.70	15.3	406.64
日本	985.85	12.6	724.25	22.8	261.60	5.6	-462.64
韩国	400.56	5.1	225.46	7.1	175.10	3.7	-50.36
澳大利亚	94.35	1.2	2.47	0.1	91.88	2.0	89.41
新西兰	10.98	0.1	0.39	0.0	10.58	0.2	10.19

为此，要提高中日韩产业链互嵌程度，深化中日韩高端产业链供应链合作。应利用中日、中韩产业园等多种平台，加大与日韩在高端装备、半导体、新能源汽车等高技术领域合作；在中国对日韩高度依赖的电气设备、通用设备、交通运输设备、电子信息产品等关键原材料、零部件领域，利用国内市场稳定产业链供应链合作；在日韩对中国出口较多的汽车零部件、电子元器件等领域，以市场份额为筹码，形成由中国主导、日韩参与的格局。

2）RCEP 原产地区域价值成分累积规则可能导致部分低端产业加速转移

RCEP 生效后，随着区域内发展中国家产业的发展，跨国投资者可针对产业链中具有较高可替代性的产业，选择区域内其他国家进行生产。尽管有区域产业链优化、企业主动出海布局的原因，但也要看到短期内产业集中外迁可能带来的冲击和影响。这是因为协定区域价值成分累积规则更利于东盟国家产品达到原产地标准，强化东南亚成本优势，中国在部分产业上可能演变成区域内原材料和中间产品的来源国。手机、笔记本等中低端电子产品以及中低端纺织服装（鞋帽）等产业或呈现加速转移趋势。

为此，要利用 RCEP 积极谋划中国与东盟产业链互联互通。顺应发展趋势，主动加强与东南亚等国家中低端产业链供应链合作。鼓励国内产业向研发设计、系统集成、品牌渠道等高附加值环节升级，加强与东南亚的产业链垂直分工协作，优先在汽车、智能手机、纺织服装、机器人、集成电路等行业推动构建产业链共同体。以境外产业合作园区、中小企业合作园区等形式开展国际产能合作，保持产业链供应链各环节均有中资企业参与。比如，中国典型纺织企业均主动在越南设厂，投资领域涵盖全产业链，国内仅保留印染等高附加值环节。产业基础好的地区要研究推动企业将较高价值的上游产业链保留在本地；有劳动力优势的中西部地区，可主动对接和承接东部地区的产业转移。

（四）RCEP 经济效应评估

"十四五"期间，中美经贸关系的不确定性是中国经济运行面临的最大外部风险。在此背景下，加快实施自由贸易区战略是反击美国贸易保护主义、捍卫全球自由贸易的有力举措。RCEP 是中国目前签署的规模最大、参与成员最多、对构建亚太区域产业链意义最大的自贸协定。本书采用被广泛应用于全球自贸协定和贸易政策模拟分析的递归动态 GTAP 模型，定量模拟 RCEP 生效对中国宏观经济和相关产业的影响，评估其对中美贸易摩擦负面影响的减缓效应，特别关注印度退出对中国的不利影响，并在此基础上提出四条启示与建议：积极落实 RCEP 并推动印度加入；加快中日韩自贸协定谈判并适时考虑加入 CPTPP；继续推动降低美国对自中国进口产品的关税并促进出口市场多元化；尽快建立保护受冲击产业的贸易调整援助机制。

1. 模型评估方案与政策情景设定

1）递归动态 GTAP 模型

本书将采用全球递归动态一般均衡模型 GTAP 模型分析 RCEP 生效对中国宏观经济和相关产业的影响，以及其对中美贸易摩擦的减缓效应。GTAP 模型是由美国普渡大学 GTAP 中心开发的全球多区域、多部门可计算一般均衡（CGE）模型，被广泛应用于模拟分析国际贸易政策等议题对宏观经济和产业部门的影响。标准 GTAP 模型包括生产、消费、贸易和全球进出口等模块，对每个经济主体都构建了行为机制方程，模型假设市场是完全竞争的，生产的规模报酬不变，生产者最小化生产成本，而消费者效用最大化，所有产品和投入要素市场全部出清。具体介绍可参见 Hertel（1997）的研究。

本书模型在模拟的每一个时期内均采用新古典经济学理论的短期宏观经济闭合。这种经济闭合假设一个区域内部的投资无法转化为新的资本，因而产业的资本需求保持不变。同时，该闭合采用名义工资粘性假设，即真实工资可变，产业对劳动力的需求随真实工资而变化，允许存在失业。由于涉及方程数和数据量庞大，GTAP 模型使用 GEMPACK 软件对线性化方程系统进行求解运算，其优点在于运算求解速度快，更加擅长处理大规模系统模型的求解运算。

标准的静态 GTAP 模型只能模拟分析贸易政策前后两个均衡状态之间的差异，不能呈现在不同年份的不同影响，尤其是不能聚焦到本书希望评估的"十四五"期间。中美贸易摩擦和 RCEP 的关税削减影响是一个动态变化和不断持续的过程，静态模拟具有局限性，故本书选择在标准静态 GTAP 模型的基础上，拓展至递归动态 GTAP 模型进行模拟，递归动态方法可参见 Walmsley 等（2000）和 Tongeren 等（2004）的研究。

2）模型中的区域和产业划分

本书基于最新发布的 GTAP 10.0 版本数据库，数据库涵盖 141 个国家/地区和 65 个产业。

区域层面，为了便于分析和模拟，本书重点关注了 RCEP 目前涉及的 15 个成员，并考虑印度加入 RCEP 的可能性以及中美贸易摩擦的背景，将数据划分为 14 个区域（见表 2-13）。

表 2-13 模型中的区域划分

序　号	区　域	序　号	区　域
1	中国	8	新加坡
2	日本	9	东盟其他地区
3	韩国	10	亚洲其他地区
4	澳大利亚和新西兰	11	美国
5	印度	12	欧盟
6	马来西亚	13	墨西哥
7	越南	14	世界其他地区

资料来源：根据 GTAP 10.0 版本数据库整理分类。

产业层面，本书主要关注 RCEP 成员以及中美之间的主要贸易产品，根据数据可获得性和研究目的，将 65 个产业划分为 14 个产业（见表 2-14）。

表 2-14 模型中的产业划分

序号	新产业分类	GTAP 分类编号	具 体 门 类
1	纺织服装	27、28	纺织品、人造纤维、衣服衣物
2	轻工	29、30、31	毛皮、皮革、箱包手袋、鞋、木材、木制品、稻草编制材料制品、纸制品、印刷品
3	石油化工	32、33、34、35	焦化产品、石油、成品油等、基础化学品、其他化学品、橡胶和塑料制品
4	建材	36	水泥、玻璃、混凝土等
5	钢铁及金属制品	37、39	基础生产和锻造、钣金产品
6	有色金属	38	铜铝锌铅等
7	电子设备	40、41	计算器等、无线电、电视及通信设备等
8	机械设备	42、44	电气机械及器材、医疗设备、精密光学仪器、钟表等、机动车辆外其他运输设备
9	汽车及零部件	43	汽车、卡车、拖车和半拖车，相应零部件
10	其他制造业	45	其他制造业
11	农产品	1～14，19～26	水稻、小麦、其他谷物，蔬菜、水果、坚果、油料作物、糖作物、其他作物，牛羊等动物、其他动物，生奶、羊毛、桑蚕丝、渔业产品、林业产品、蔬菜油、乳制品、糖、饮料和烟酒、牛肉制品、其他肉制品，其他农产品等
12	采掘业	15～18	煤油气及其他矿产品采掘
13	公共服务及建筑业	46～49	电力、天然气生产与运输，供水、建筑

续表

序号	新产业分类	GTAP 分类编号	具 体 门 类
14	服务业	50～65	贸易、居住和食品服务、水运、空运、其他运输、仓储、通信业、其他金融业、保险业、房地产、其他商业服务、娱乐和其他服务、公共管理、教育、健康和社会服务、住宅服务

资料来源：根据 GTAP 10.0 版本数据库整理分类。

3）政策情景设定

由于 GTAP 10.0 版本数据库基准年份是 2014 年，本书首先利用历史宏观经济数据将数据库校准至 2018 年，然后利用各国经济（GDP）、投资、人口和劳动力等宏观经济数据[①]构建了 2019—2030 年的基准情景。基准情景是指在没有任何贸易政策变化时，全球经济的预期增长路径。为了定量分析 RCEP 生效产生的经济效应，本书在基准情景基础上设置了以下四种政策情景（见表 2-15），并通过政策情景与基准情景下的各指标差值来衡量相关贸易政策对中国宏观经济和相关产业的影响。

表 2-15　政策情景设定

设　　定	RCEP 15 国	印度加入 RCEP	中美贸易摩擦
情景 1（RCEP 15）	√		
情景 2（RCEP 16）	√	√	
情景 3（中美）			√
情景 4（中美+RCEP）	√		√

本节撰写时 RCEP 尚未正式签署，其关税削减表也尚未公布，但结合《RCEP 谈判的指导原则和目标》及相关研究文献，RCEP 并不会实现实质性零关税，其最终自由化率应该在 90% 左右，并将设置不低于 20 年的过渡期[②]。基于此，本书借鉴了 Renuka Mahadevan（2019）的研究，将 RCEP 的关税削减分为生效时、生效后十年和生效后十五年三个阶段，并假定 RCEP 于 2020 年签署，2021年生效时关税自由化率为 70%，2031 年关税自由化率为 80%，2036 年关税自由化率为 92%，并将保持 8% 的例外。据此，"十四五"期间，RCEP 的自由化率处于第一阶段的 70% 水平，这使得测算结果与实际水平更相符合。

---

① 有关 GDP 和投资的历史与预测宏观经济数据来自国际货币基金组织（2018），有关人口和劳动力的历史和预测宏观经济数据来自联合国（2017）。

②《RCEP 谈判拟设定 90% 贸易自由化率及 20 年宽限期》，中华人民共和国驻日本国大使馆经济商务处，2018.11.12。

2020 年 1 月，中美签署第一阶段贸易协议，持续 20 余月的中美关税加征趋势实现"由升到降"转变。但美国仍保持对中国商品加征高额关税，包括对自中国进口的 2500 亿美元清单产品加征 25%关税，并对 3000 亿美元清单的部分产品（约 1200 亿美元）加征 7.5%关税。结合中美谈判情况，以及美国 CSIS 以及 NBAR 等智库的研究报告，中美第二阶段贸易谈判将更加艰难，美国不会取消全部关税，而是将长期保持在重点领域和重点产品的高关税。据此，本书假定 2020 年末中美达成第二阶段贸易协议，美国开始取消对约 1200 亿美元清单产品加征 7.5%关税，但仍保留对 2500 亿美元清单产品加征 25%关税，并一直持续到 2025 年。相对应，中国只保留对前两批约 1100 亿美元清单产品分别加征 25%、20%、10%和 5%关税。为方便模拟，并与 RCEP 生效时间和"十四五"规划时间相契合，本书将中美贸易摩擦的冲击时间也设定在 2021 年。

同时，为更精确评估中美贸易摩擦对不同产业的影响，本书从美国贸易代表办公室网站和中国国务院关税税则委员会获取中美加税清单的 HS（8 位）数据，结合 2018 年中美贸易数据，计算出不同产品的加权平均关税，对应到 GTAP 的产业分类中，得出本书要研究的不同产业的加权平均关税，然后在 GTAP 模型中对不同产业进行分别冲击，这也是本书的重大创新之处[①]。

2. 评估结果与研究结论

1）印度退出降低了加入 RCEP 对"十四五"期间中国宏观经济的正面效应

不含印度的 RCEP 使中国 GDP、进出口等宏观经济指标的获益下降（见表 2-16）。与 RCEP 16 相比，RCEP 15 对中国宏观经济的正面效应有所降低。没有印度的加入，"十四五"期间中国的 GDP、进口、出口、投资和贸易条件从 RCEP 中的获益率将下降 0.01、0.15、0.12、0.01 和 0.03 个百分点。对印度而言，加入 RCEP 对印度 GDP 等都有显著促进效应，但也将使印度贸易条件恶化 0.69 个百分点。从中也可以推测印度最后关头退出 RCEP 的原因：一方面，东盟—印度的 FTA 关税减让水平较低，印度担心 RCEP 的货物贸易自由化水平超出现有协定水平，对其特定产业构成冲击；另一方面，印度担心自中国进口产品数额的快速增长会冲击其国内市场。中国作为印度最大逆差来源国，无论是中间产品还是最终消费品在印度市场都具有较强竞争力。

---

① 篇幅所限，每个产业的具体冲击结果不在文中详列，有需要的可以联系作者。

表 2-16 RCEP 对"十四五"期间中国和印度宏观经济的整体影响

单位：%

考 察 对 象	情景 1（RCEP 15）		情景 2（RCEP 16）	
	中国	印度	中国	印度
GDP	0.04	-0.01	0.05	0.37
进口	1.63	-0.23	1.78	7.94
出口	1.95	0.03	2.07	11.18
投资	0.09	-0.10	0.10	0.40
贸易条件	-0.14	-0.13	-0.11	-0.82

数据来源：GTAP 模型模拟结果。

有无印度的 RCEP 对不同产业的经济影响有所差别。表 2-17 显示了有无印度的 RCEP 对"十四五"期间中国具体产业的累计影响。在情景 1 情况下（不包含印度的 RCEP），产出方面，受益最大的产业是纺织服装业，产出将增加 0.86%，其次是轻工，产出将增加 0.33%，两者都是中国传统优势出口产业。农业、建材和电子产业的产出也有少许增加。但是汽车及零部件产出将受到较大冲击，产出下降 1.21%，这主要是因为在 RCEP 成员中，日本和韩国都是汽车生产大国，加入 RCEP 将会对中国国内生产造成一定挤压。石油化工业受到的冲击力度也较大，国内生产将下降 0.11%。进出口方面，纺织服装、建材、钢铁及金属制品、汽车及零部件的进口增长都远远高于出口，这意味着这些产业的贸易逆差可能扩大。尤其是要注意汽车及零部件产业，随着关税大幅度降低，自日本和韩国的进口数额将大量增加，而中国出口并没有出现同等幅度增长，对国内汽车产业的冲击比较大。农业出口增长高达 28.59%，进口则只增长 1.52%，RCEP 签署将为中国农产品出口提供广阔市场。在情景 2 情况下（包含印度的 RCEP），产出方面，印度的加入，对中国轻工、石油化工、建材、有色金属等产业的利好作用明显，相比情景 1 分别增长 0.06、0.09、0.03、0.11 个百分点。但印度的加入，也导致中国纺织服装、电子、汽车及零部件、农业的产出分别下降 0.09、0.02、0.07 和 0.04 个百分点。出口方面，中国相比印度有优势的轻工、石油化工、钢铁及金属制品、机械设备、采掘业等产业的出口都有所增长。但在农业、汽车及零部件和服务业上，由于印度具有较强的区域比较优势，中国的出口受印度加入影响分别下降 9.01、0.55 和 0.13 个百分点。进口方面，印度加入 RCEP 后，中国的纺织服装、轻工、建材、钢铁及金属制品、有色金属、机械设备、采掘业和服务业等的进口均有所增加，但幅度不大。

表 2-17 RCEP 对"十四五"期间中国具体产业的累计影响

单位：%

考察对象	产出		进口		出口	
	情景 1 (RCEP 15)	情景 2 (RCEP 16)	情景 1 (RCEP 15)	情景 2 (RCEP 16)	情景 1 (RCEP 15)	情景 2 (RCEP 16)
纺织服装	0.86	0.77	7.87	9.59	3.50	3.45
轻工	0.33	0.39	1.32	1.49	2.69	3.07
石油化工	−0.11	−0.02	2.92	3.27	1.75	2.58
建材	0.05	0.08	7.10	7.45	3.38	3.88
钢铁及金属制品	−0.07	−0.07	3.94	4.41	1.37	1.70
有色金属	−0.01	0.10	0.56	1.15	2.03	4.33
电子	0.06	0.04	1.68	1.65	1.32	1.24
机械设备	−0.03	−0.03	2.39	2.76	2.08	2.32
汽车及零部件	−1.21	−1.28	8.59	8.88	2.81	2.26
其他制造业	−0.09	0.07	1.74	1.26	0.92	1.19
农业	0.11	0.07	1.52	1.19	28.59	19.58
采掘业	−0.06	−0.08	−0.02	0.13	1.20	1.86
公共服务及建筑业	0.06	0.09	−0.38	−0.11	0.23	−0.32
服务业	−0.02	−0.02	0.11	0.32	0.17	0.04

数据来源：GTAP 模型模拟结果。

前述评估结果表明，印度退出 RCEP 后，中国轻工、建材、有色金属等产业从加入 RCEP 中的获益下降。但有印度参与的 RCEP 并非对中国所有产业都能产生利好效应，由于受到印度的竞争影响，农业、汽车及零部件、电子、纺织服装等产业的国内生产和出口的收益反倒有所下降。

2）加入 RCEP 虽不能完全抵消中美贸易摩擦的负面影响，但减缓作用明显

中美贸易摩擦对中美都带来了负面影响，中国受到的冲击比美国要大（见表 2-18）。在情景 3 情况下，受中美贸易摩擦影响，2021 年中国 GDP 将下降 0.19%，而美国则仅下降 0.09%。到 2025 年，中国 GDP 将累计下降 0.17%，而美国则累计下降 0.08%，美国受到的冲击远小于中国。原因之一，美国是中国第一大出口目的地，而中国却是美国次于加拿大和墨西哥的第三大出口目的地。原因之二，美国对中国的加征关税清单集中在 2500 亿美元清单，对美国国内影响较大的纺织服装、电子等消费品占清单比例较小。从 GDP 增长看，中美贸易摩擦的最大受益者是越南、墨西哥、韩国和印度。一方面，中国出口商为避免高额关税，尝试通过这些国家进行转口贸易；另一方面，由于预判到中美贸易摩擦的长期性，部分中国企业会增加在这些国家的直接投资。以越南为例，2019

年，中国大陆对越南的外商投资规模为23.7亿美元，同比增长95%。

表2-18　中美贸易摩擦对不同区域GDP的累计影响

单位：%

区域	情景3（中美）			情景4（中美+RCEP）		
	2021年	2025年	2030年	2021年	2025年	2030年
中国	-0.19	-0.17	-0.16	-0.13	-0.12	-0.11
美国	-0.09	-0.08	-0.05	-0.09	-0.10	-0.11
印度	0.02	0.02	0.03	0.01	0.01	0.02
日本	0.01	0.01	0.01	0.08	0.08	0.08
韩国	0.03	0.03	0.02	0.04	0.08	0.10
澳大利亚和新西兰	0.02	0.03	0.03	0.08	0.08	0.08
马来西亚	0.01	0.01	0.01	0.01	0	0
越南	0.10	0.07	0.04	0.27	0.32	0.37
新加坡	0	0	0	0.01	0.01	-0.01
东盟其他地区	0.01	0.01	0.01	0.02	0.03	0.04
亚洲其他地区	0.01	0.01	0.01	0	0	0
欧盟	0.02	0.02	0.02	0.01	0.01	0.01
墨西哥	0.06	0.07	0.07	0.05	0.06	0.06
世界其他地区	0.02	0.02	0.02	0.01	0.01	0.01

数据来源：GTAP模型模拟结果。

加入RCEP大大缓解了中美贸易摩擦对中国的负面影响。表2-19显示，比较情景3和情景4，尽管加入RCEP的正面效应并未完全抵消中美贸易摩擦的负面效应，但RCEP的确大大减缓了中美贸易摩擦的不利影响。RCEP生效后，"十四五"期间中美贸易摩擦对中国GDP的负面影响累计收窄0.05个百分点，对进口负面影响收窄1.65个百分点，对出口负面影响收窄2.01个百分点。到2030年时，在RCEP的缓冲下，中美贸易摩擦对中国和美国的负面影响基本持平。

表2-19　"十四五"期间RCEP对缓解中美贸易摩擦对中美负面影响评估

单位：%

考 察 对 象	情景3（中美）		情景4（中美+RCEP）	
	中国	美国	中国	美国
GDP	-0.17	-0.08	-0.12	-0.10
进口	-3.55	-3.60	-1.90	-4.03
出口	-2.56	-4.57	-0.55	-4.36

续表

考 察 对 象	情景 3（中美）		情景 4（中美+RCEP）	
	中国	美国	中国	美国
投资	-0.43	-0.92	-0.35	-1.19
贸易条件	-1.054	-0.376	-1.184	-0.554

数据来源：GTAP 模型模拟结果。

"十四五"期间，RCEP 对中美贸易摩擦的减缓效应在不同产业的表现也有所不同。表 2-20 显示了中美贸易摩擦和中国加入 RCEP 后的中美贸易摩擦两种情景下，对中美两国不同产业的具体影响。产出方面，"十四五"期间轻工、机械设备、公共服务及建筑业、建材钢铁及金属制品受中美贸易摩擦的负面影响最大，其中机械设备产出将累计下降 0.54%。RCEP 的达成，有助于中国的纺织服装、轻工、建材、电子、农业、公共服务及建筑业在中美贸易摩擦背景下扩大国内生产。但也要看到，对某些产业而言，加入 RCEP 没有减缓中美贸易摩擦对国内生产的负面影响，比如汽车及零部件的国内生产下降 1.26 个百分点，这与加入 RCEP 后区域产业链整合有关。进口方面，受情景 3 中美贸易摩擦影响，"十四五"期间中国相关产业进口全面萎缩，其中机械设备进口下降 6.08%，农业进口下降 6.07%，轻工进口下降 5.37%，下降幅度较大。但在情景 4 中，受 RCEP 的对冲效应影响，除公共服务与建筑业外，各产业进口均出现明显回升，其中汽车及零部件进口上升 8.84 个百分点，纺织服装进口上升 7.75 个百分点，建材进口上升 6.99 个百分点。出口方面，受情景 3 中美贸易摩擦影响，"十四五"期间中国的轻工、机械设备、汽车及零部件的出口累计下降 12.27%、8.71%、9.26%，受冲击较大，其他产业出口也基本都受到冲击。加入 RCEP，对减缓中国所有产业出口受中美贸易摩擦影响都具有正向作用，其中对农业利好最大，农业出口上升 29.83 个百分点。纺织服装出口上升 3.53 个百分点，建材出口上升 3.52 个百分点，轻工出口上升 3.03 个百分点，汽车及零部件出口上升 2.74 个百分点，机械设备出口上升 2.09 个百分点。

表 2-20　RCEP 对中美贸易摩擦的减缓效应在不同产业的体现

单位：%

考 察 对 象	产　　出		进　　口		出　　口	
	情景 3（中美）	情景 4（中美+RCEP）	情景 3（中美）	情景 4（中美+RCEP）	情景 3（中美）	情景 4（中美+RCEP）
纺织服装	0.82	1.69	-4.34	3.41	2.05	5.58

续表

考察对象	产 出		进 口		出 口	
	情景3 （中美）	情景4 （中美+RCEP）	情景3 （中美）	情景4 （中美+RCEP）	情景3 （中美）	情景4 （中美+RCEP）
轻工	-1.51	-1.13	-5.37	-4.06	-12.27	-9.24
石油化工	-0.13	-0.24	-3.88	-0.91	-3.75	-1.94
建材	-0.32	-0.29	-4.44	2.55	-4.03	-0.51
钢铁及金属制品	-0.32	-0.38	-4.17	-0.27	-2.48	-1.07
有色金属	1.04	1.02	-4.52	-3.93	2.96	5.04
电子	0.24	0.30	-3.74	-2.01	-1.55	-0.21
机械设备	-0.54	-0.57	-6.08	-3.66	-8.71	-6.62
汽车及零部件	0.35	-0.91	-5.47	3.37	-9.26	-6.52
其他制造业	0.52	0.47	-4.40	-2.67	0.13	1.12
农业	0.60	0.68	-6.07	-4.52	3.11	32.94
采掘业	0.49	0.46	-0.85	-0.89	-1.14	0.09
公共服务及建筑业	-0.36	-0.28	-3.05	-3.43	6.10	6.30
服务业	-0.04	-0.07	-2.73	-2.61	3.64	3.78

数据来源：GTAP 模型模拟结果。

前述结果表明，在 RCEP 的对冲下，纺织服装、轻工、电子、公共服务及建筑业等受中美贸易摩擦负面影响较大的产业，其国内生产均有所恢复，且几乎所有产业的进出口都出现了增长，尤其是农业、纺织服装、建材、轻工等产业的受益较大。

（五）启示与建议

1. 积极落实 RCEP，推动印度加入 RCEP

2022 年 1 月 1 日，RCEP 最终生效，但仍有部分成员尚未履行完毕国内核准程序，未来还是要确保 RCEP 对所有成员尽快生效。对中国来说，可以借助与周边国家共同抗击新冠疫情的契机，联合东盟和日韩等国共同推动 RCEP 相关规则尽快落地。此外，没有印度加入的 RCEP 对中国的正面效应有所下降，包含印度的 RCEP 不仅帮助中国企业开拓国外市场，而且使 RCEP 的战略意义倍增。未来，中国要增强与印度的经贸互动，推动印度尽快加入 RCEP，或者加快与印度的双边自贸协定谈判，在"一带一路"框架下加强与印度的经济互动和政治互信。

2. 以 RCEP 签署为契机，加快自贸协定谈判进程

利用中国贸易大国地位，积极主动推进亚太地区及"一带一路"沿线的自贸区建设，加快建设中日韩自贸区，积极推动中国早日加入 CPTPP，进一步扩大 RCEP 的潜在市场效应，这不仅有利于维护中国正常贸易往来，也有利于冲破美国对中国的供应链围堵。据笔者测算，在 RCEP 生效且加入 CPTPP 的情况下，中国 GDP 将增长 0.32%，出口将增长 2.26%，社会福利将增加 166.18 亿美元，远大于 RCEP 带来的经济效应。

3. 推动美国降低自华进口关税，寻求多元化出口市场

中美签署第一阶段贸易协议后，美国对中国 3000 亿美元 A 清单关税加征由 15% 降到 7.5%，并取消加征 3000 亿美元 B 清单关税。据笔者测算，在其他情况不变条件下，仅仅 3000 亿美元 A 清单关税加征从 15% 下降到 7.5%，就能使中国 GDP 等宏观经济指标的受损程度收窄，其中 GDP 受损收窄 0.04 个百分点，进口、出口和投资受损收窄分别达到 0.9、0.5 和 0.3 个百分点。由此可见，中美贸易摩擦对中国的影响之深。尽管中美第一阶段贸易协议对中美两国乃至世界经济都带来了积极的影响，但目前美国仍然保留对自中国进口产品的高额关税，进一步削减这部分关税仍将是中美第二阶段贸易谈判的重点。此外，要着力开拓欧洲及"一带一路"沿线市场，通过产能合作等方式加大与非美市场的经济往来，进一步降低对美国市场的依赖。

4. 强化贸易政策与产业政策协调，建立符合 WTO 规则的贸易调整援助机制

从四种模拟情景对具体产业的影响可以看出，中美贸易摩擦和加入 RCEP 等区域自由贸易协定对不同产业的影响不同，部分产业获益的同时，也可能会导致部分产业的受损严重。短期看，对于受到中美贸易摩擦影响较大的产业要加大援助力度。要切实落实"稳岗援企"专项资金，防止银行对受冲击严重企业的"抽贷"和"断贷"，支持部分涉美贸易企业申请进口加征关税豁免，帮助企业渡过难关。长期看，要建立和完善符合 WTO 规则的产业救济和贸易调整援助机制。缔结高水平的自由贸易协定时，要注重统筹对外开放和产业保护的关系，维护产业的合法利益。借鉴发达国家产业保护经验，尽快建立贸易调整援助机制，对因关税减让而受到冲击的产业和企业提供援助，提升其竞争力，促进产业调整。

第三章　中国与CPTPP成员货物贸易概况

中国与 CPTPP 成员的贸易往来非常密切，2020 年中国对 CPTPP 成员的出口额为 5415.9 亿美元，占中国总出口额的比重为 20.91%，自 CPTPP 成员的进口额为 5687.4 亿美元，占中国总进口额的比重为 27.67%。在 CPTPP 成员中，中国已经与澳大利亚、新西兰、智利、秘鲁、东盟达成自贸协定，享受自贸协定项下关税减让优惠。在 RCEP 签署生效后，与日本也将首次达成自贸协定。与加拿大、墨西哥尚未达成任何自贸协定，因此没有享受双边关税优惠。本书将 CPTPP 成员分成已与中国达成自贸协定的成员和未与中国达成自贸协定的成员两类，对其在 CPTPP 框架下的货物关税削减出价以及中国与这些国家的贸易情况进行分析研究。

一、中国与 CPTPP 中已与中国达成自贸协定成员间的关税和贸易情况

（一）进口关税情况

中国与澳大利亚、新西兰、秘鲁、智利、东盟达成的自贸协定中，整体自由化率较高，仅部分产品保留了例外。其中，中国保留了粮棉油糖、木制品、纸制品等系统性例外，秘鲁、智利、部分东盟国家保留了部分工业品的例外（见表 3-1）。

表 3-1　中国与部分 CPTPP 成员之间已达成自贸协定情况

FTA 伙伴	生效时间	中国自由化率[①]	FTA 伙伴自由化率	中国未降税或部分降税的产品[②]	FTA 伙伴未降税或部分降税的产品
澳大利亚	2015.12	96.80%/97.00%	100%/100%	粮食、棉花、油、糖、烟草、木材、纸制品、尿素、有机发光二极显示管	无
秘鲁	2010.03	94.60%/99.00%	93.3%/90.5%	粮食、棉花、油、糖、烟草、部分化工品、生皮、木材、纸制品、汽车及零部件、摩托车、电视机等	棉纱、纺织品、服装、玻璃制品、冰箱

续表

FTA 伙伴	生效时间	中国自由化率①	FTA 伙伴自由化率	中国未降税或部分降税的产品②	FTA 伙伴未降税或部分降税的产品
新加坡	2009.01	94.30%/97.00%	100%/100%	粮食、棉花、油、糖、烟草、部分化工品、木材、纸制品、汽车及零部件等	无
新西兰	2008.01	97.20%/96.30%	100%/100%	粮食、棉花、油、糖、烟草、铜、木材、纸制品	无
智利	2006.01	97.20%/90.60%	97.8%/98.4%	粮食、棉花、油、糖、烟草、铜、木材、纸制品	大米、糖、轮胎、纺织品、服装、皮革、钢铁制品、冰箱、洗衣机
东盟	2003.07	94.30%/93.20%	88%～100%	粮食、棉花、油、糖、咖啡、烟草、橡胶、部分化工品、木材、纸制品、部分纺织品、电视机、汽车及零部件、船舶	摩托车、塑料制品、玻璃、建材、汽车等
RCEP 成员	2022.01	中国对东盟、澳大利亚、新西兰、日本、韩国的税目自由化率分别为 90.5%、90%、90%、86%和 86%		越南、泰国、新加坡、菲律宾、缅甸、马来西亚、老挝、印度尼西亚、柬埔寨、文莱对中国的税目自由化率分别为 86.4%、85.2%、100%、91.3%、86.0%、90.0%、86.0%、89.5%、87.1%和 97.9%。 澳大利亚、新西兰、日本、韩国对中国的税目自由化率分别为 98.3%、91.8%、88%和 86%	

数据来源：根据相关协定整理。

① 自由化率一般分为税目自由化率和贸易额自由化率两个指标，表格中前一个指标为税目自由化率，后一个指标为贸易额自由化率。中国—东盟自贸协定下各国自由化率不同，因此本表仅标明了大致范围。

② 中国—东盟自贸协定中，中国与东盟国家有部分产品为部分降税。

2020 年 11 月，RCEP 签署，中日首次达成自贸协定，双边关税减让安排实现历史性突破。这是中国首次与前十经济体达成自贸协定，是中国自由贸易区战略的重大突破，不仅有利于中日韩自贸协定的达成，也为中国加入 CPTPP 奠定基础。

（二）双边贸易情况

从双边贸易情况（见表 3-2）看，越南、新加坡、马来西亚分别是中国第三、第九、第十大出口目的国，以及第七、第十三、第八大进口来源国。整体上这些国家并不算中国较大的贸易伙伴国，但与中国经济往来日益密切。日本是中国第二大出口目的国、第一大进口来源国，双边贸易关系非常紧密。

表 3-2　中国与部分 CPTPP 成员的双边贸易情况

单位：亿美元

年　　份		2014	2015	2016	2017	2018	2019	2020
澳大利亚	进口额	976.3	738.7	702.3	946.3	1050.8	1196.1	1148.4
	出口额	391.5	403.8	376.3	415.8	475.5	481	534.8
新西兰	进口额	95.1	65.8	71.4	93.4	110.8	124.9	120.6
	出口额	47.4	49.2	48.1	51	58	57	60.6
智利	进口额	209.9	186.8	184.1	208.9	270	262.9	287.5
	出口额	130.2	133	128.8	144.6	159.2	146.9	153.4
秘鲁	进口额	81.4	81.8	94.4	131	152.1	152.1	141.5
	出口额	61	63.5	60.3	69.8	81	85.1	88.7
越南	进口额	199.1	251.3	372.2	503.7	640.9	640.8	784.7
	出口额	637.3	663.8	615.9	721.2	840.2	980	1138.1
新加坡	进口额	308.3	275.6	259.4	341.3	336.4	352.3	315.5
	出口额	489.1	531.4	458	456.7	498.2	550	575.4
马来西亚	进口额	556.5	532.6	491.2	539.6	633.2	716.3	747.3
	出口额	463.5	441.9	385.4	420	458.5	524.9	564.3
文莱	进口额	1.9	1	2.3	3.5	2.5	4.5	14.4
	出口额	17.5	14.1	5.7	6.5	16	6.5	4.7
日本	进口额	1629.2	1430.9	1457.7	1654.9	1804	1715.2	1748.7
	出口额	1493.9	1359	1294.5	1373.7	1472.4	1432.2	1426.4

来源：Trade Map 数据库。

1. 澳大利亚

中澳双边贸易规模呈增长态势，中国是澳大利亚最大的出口目的国，中澳贸易存在贸易逆差（见图 3-1）。进口方面，2014 年中国自澳大利亚进口 976.3 亿美元，2015 年、2016 年进口额下降至 738.7 亿美元、702.3 亿美元，2017 年、2018 年进口额大幅回升，分别为 946.3 亿美元和 1050.8 亿美元，2019 年呈小幅上涨趋势，达到1196.1亿美元，2020年中国自澳大利亚进口额小幅回落，达到1148.4亿美元。出口方面，2014—2020年中国向澳大利亚出口基本稳定，呈小幅上升趋势，2020年中国向澳大利亚出口534.8亿美元。中澳贸易逆差呈小幅增长趋势，2020年贸易逆差达到613.6亿美元。

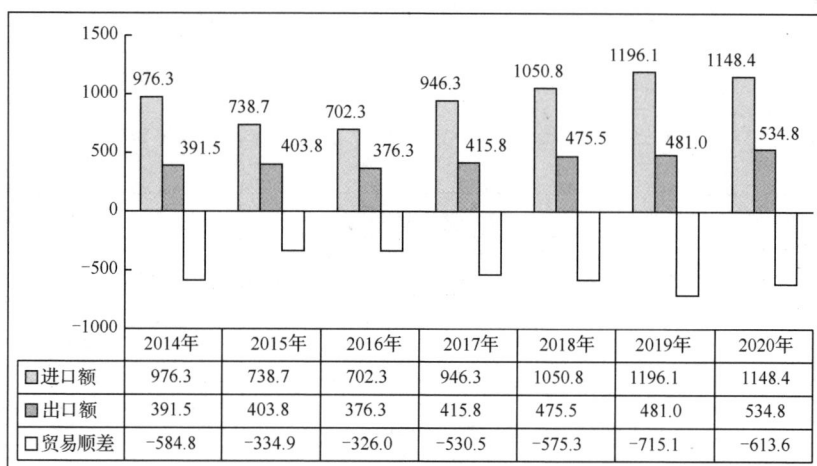

	2014年	2015年	2016年	2017年	2018年	2019年	2020年
进口额	976.3	738.7	702.3	946.3	1050.8	1196.1	1148.4
出口额	391.5	403.8	376.3	415.8	475.5	481.0	534.8
贸易顺差	−584.8	−334.9	−326.0	−530.5	−575.3	−715.1	−613.6

图3-1 2014—2020年中澳贸易额（亿美元）

（数据来源：根据Trade Map网站数据计算）

从贸易结构看，中国自澳大利亚主要进口矿产品，2020年进口额高达968.72亿美元，远高于排名第二的活动物、动物产品（36.32亿美元），贱金属及其制品排名第三，2020年进口额为28.25亿美元（见表3-3）。中国向澳大利亚主要出口的前五类商品为机电产品、杂项制品、纺织原料及纺织制品、贱金属及其制品、塑料与橡胶及其制品。其中，机电产品2020年出口额为185.57亿美元，远高于其他出口品（见表3-4）。

表3-3 2020年中国自澳大利亚主要进口商品构成

商品大类	商品名称	进口额/亿美元
第五类	矿产品	968.72
第一类	活动物、动物产品	36.32
第十五类	贱金属及其制品	28.25
第四类	食品、饮料、烟草	20.96
第六类	化学工业及其相关工业的产品	19.43
第二类	植物产品	17.76
第十一类	纺织原料及纺织制品	14.76
第十四类	珠宝、贵金属及制品；仿首饰；硬币	12.32

续表

商品大类	商品名称	进口额/亿美元
第九类	木及制品	10.71
第二十二类	特殊交易品及未分类	5.84
第十六类	机电产品	3.07
第三类	动、植物油；动、植物蜡	2.68
第八类	生皮、皮革、皮毛及制品；鞍具及挽具；旅行用品、手提包	2.26
第十八类	光学、医疗等仪器；钟表；乐器	1.70
第十类	木浆等；废纸；纸、纸板及其制品	1.62
第七类	塑料及其制品；橡胶及其制品	1.17
第二十类	杂项制品	0.46
第十七类	车辆、航空器、船舶及运输设备	0.21
第十三类	石料、石膏、水泥、石棉、云母及类似材料的制品；陶瓷产品；玻璃及其制品	0.11
第十二类	鞋帽伞等；已加工的羽毛及其制品；人造花；人发制品	0.02
第十九类	武器、弹药及其零件、附件	0.007
第二十一类	艺术品、收藏品及古物	0.003

数据来源：根据 Trade Map 网站数据计算。

表 3-4　2020 年中国向澳大利亚主要出口商品构成

商品大类	商品名称	出口额/亿美元
第十六类	机电产品	185.57
第二十类	杂项制品	65.57
第十一类	纺织原料及纺织制品	58.61
第十五类	贱金属及其制品	47.33
第七类	塑料及其制品；橡胶及其制品	35.14
第六类	化学工业及其相关工业的产品	30.36
第十七类	车辆、航空器、船舶及运输设备	23.13
第十三类	石料、石膏、水泥、石棉、云母及类似材料的制品；陶瓷产品；玻璃及其制品	15.78
第五类	矿产品	15.76
第十类	木浆等；废纸；纸、纸板及其制品	12.08
第十八类	光学、医疗等仪器；钟表；乐器	9.09
第十二类	鞋帽伞等；已加工的羽毛及其制品；人造花；人发制品	8.40
第二十二类	特殊交易品及未分类商品	6.55

续表

商 品 大 类	商 品 名 称	出口额/亿美元
第四类	食品、饮料、烟草	6.20
第九类	木及制品	5.55
第八类	生皮、皮革、皮毛及制品；鞍具及挽具、旅行用品、手提包	4.78
第二类	植物产品	2.16
第一类	活动物、动物产品	1.28
第十四类	珠宝、贵金属及制品；仿首饰；硬币	1.17
第三类	动植物油、脂、蜡；精制食用油脂	0.22
第二十一类	艺术品、收藏品及古物	0.06
第十九类	武器、弹药及其零件、附件	0.03

数据来源：根据 Trade Map 网站数据计算。

2. 新西兰

中新双边贸易自 2014 年以来，进口呈显著增长态势，出口保持稳定，中新贸易存在贸易逆差（见图 3-2）。进口方面，2014 年中国自新西兰进口 95.1 亿美元，2015 年下降至 65.8 亿美元，2019 年增至 125.0 亿美元，2020 年小幅回落，达到 120.6 亿美元。出口方面，2014—2020 年中国向新西兰出口基本稳定，呈小幅上升趋势，2020 年出口额达 60.6 亿美元。2015 年以来中新贸易逆差呈扩大趋势，2020 年贸易逆差为 60.0 亿美元。

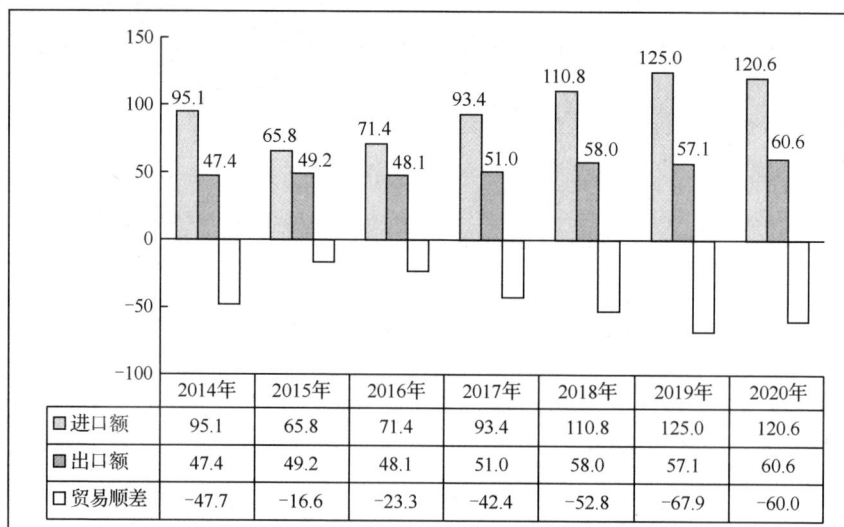

	2014年	2015年	2016年	2017年	2018年	2019年	2020年
进口额	95.1	65.8	71.4	93.4	110.8	125.0	120.6
出口额	47.4	49.2	48.1	51.0	58.0	57.1	60.6
贸易顺差	-47.7	-16.6	-23.3	-42.4	-52.8	-67.9	-60.0

图 3-2 2014—2020 年中新贸易额（亿美元）

（数据来源：根据 UNcomtrade 网站数据计算）

从贸易结构看，中国自新西兰主要进口活动物、动物产品，2020 年进口额为 62.95 亿美元，进口额排名第二的商品为木及制品，2020 年进口额为 19.72 亿美元；食品，饮料、酒及醋，烟草及制品排名第三，2020 年进口额为 16.94 亿美元（见表 3-5）。中国向新西兰主要出口的前五类商品为机电产品、纺织原料及纺织制品、杂项制品、贱金属及其制品、塑料与橡胶及其制品。其中，机电产品 2020 年出口额为 15.84 亿美元，远高于其他出口品（见表 3-6）。

表 3-5　2020 年中国自新西兰主要进口商品构成

商品大类	商品名称	进口额/亿美元
第一类	活动物、动物产品	62.95
第九类	木及制品	19.72
第四类	食品；饮料、酒及醋；烟草及制品	16.94
第六类	化学工业及其相关工业的产品	6.69
第二类	植物产品	5.51
第十类	木浆等；废纸；纸、纸板及其制品	2.42
第五类	矿产品	1.90
第十一类	纺织原料及纺织制品	1.05
第二十二类	特殊交易品及未分类商品	0.70
第八类	生皮、皮革、毛皮及其制品；鞍具及挽具；旅行用品、手提包	0.60
第十六类	机电产品	0.59
第十五类	贱金属及其制品	0.46
第十八类	光学、医疗等仪器；钟表；乐器	0.43
第三类	动植物油、脂、蜡；精制食用油脂	0.35
第十三类	石料、石膏、水泥、石棉、云母及类似材料的制品；陶瓷产品；玻璃及其制品	0.11
第二十类	杂项制品	0.10
第七类	塑料及其制品；橡胶及其制品	0.08
第十七类	车辆、航空器、船舶及运输设备	0.01
第十二类	鞋帽伞等；已加工的羽毛及其制品；人造花；人发制品	0.001
第二十一类	艺术品、收藏品及古物	0.0009
第十九类	武器、弹药及其零件、附件	0.00059
第十四类	珠宝、贵金属及制品；仿首饰；硬币	0.00005

数据来源：根据 Trade Map 网站数据计算。

表 3-6 2020 年中国向新西兰主要出口商品构成

商品大类	商品名称	出口额/亿美元
第十六类	机电产品	15.84
第十一类	纺织原料及纺织制品	8.57
第二十类	杂项制品	7.57
第十五类	贱金属及其制品	6.15
第七类	塑料及其制品；橡胶及其制品	4.70
第六类	化学工业及其相关工业的产品	4.52
第十三类	石料、石膏、水泥、石棉、云母及类似材料的制品；陶瓷产品；玻璃及其制品	2.30
第十七类	车辆、航空器、船舶及运输设备	2.09
第十类	木浆等；废纸；纸、纸板及其制品	1.70
第四类	食品；饮料、酒及醋；烟草及制品	1.44
第十八类	光学、医疗等仪器；钟表；乐器	1.28
第十二类	鞋帽伞等；已加工的羽毛及其制品；人造花；人发制品	1.08
第二十二类	特殊交易品及未分类商品	0.99
第九类	木及制品	0.57
第八类	生皮、皮革、毛皮及其制品；鞍具及挽具；旅行用品、手提包	0.56
第二类	植物产品	0.47
第五类	矿产品	0.37
第一类	活动物、动物产品	0.24
第三类	动植物油、脂、蜡；精制食用油脂	0.06
第十四类	珠宝、贵金属及制品；仿首饰；硬币	0.05
第二十一类	艺术品、收藏品及古物	0.005
第十九类	武器、弹药及其零件、附件	0.004

数据来源：根据 Trade Map 网站数据计算。

3. 智利

中智双边贸易规模保持增长态势，中国是智利最大的出口目的国和进口来源国，中智贸易存在贸易逆差（见图 3-3）。进口方面，2014 年中国自智利进口 209.9 亿美元，2015 年、2016 年进口额有所下降，分别为 186.8 亿美元和 184.1 亿美元，2017 年、2018 年连续回升，分别为 208.9 亿美元、270.0 亿美元。2019 年回落至 262.9 亿美元，2020 年增至 287.5 亿美元。出口方面，2014—2020 年中国向智利出口趋势稳中有升，2020 年中国向智利出口 153.4 亿美元。中国对智利贸易逆差额总体呈扩大趋势，2020 年达到 134.1 亿美元。

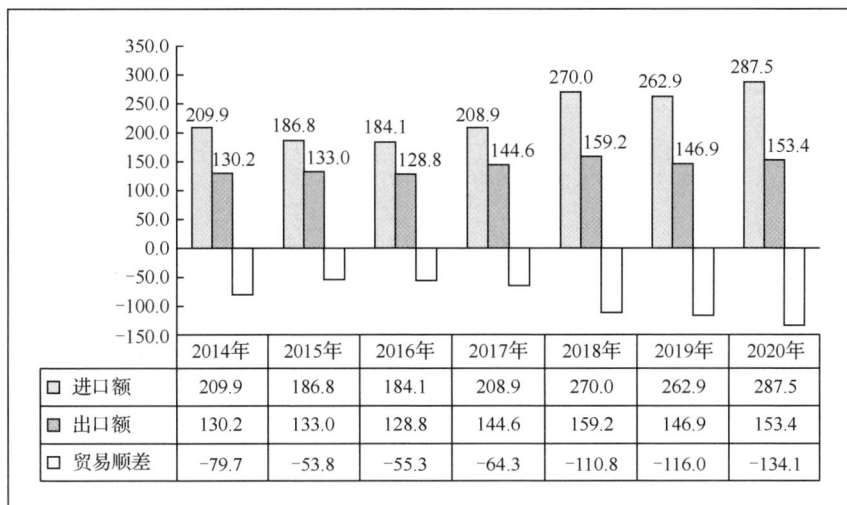

	2014年	2015年	2016年	2017年	2018年	2019年	2020年
□ 进口额	209.9	186.8	184.1	208.9	270.0	262.9	287.5
■ 出口额	130.2	133.0	128.8	144.6	159.2	146.9	153.4
□ 贸易顺差	−79.7	−53.8	−55.3	−64.3	−110.8	−116.0	−134.1

图 3-3　2014—2020 年中智贸易额（亿美元）

（数据来源：根据 Trade Map 网站数据计算）

从贸易结构看，中国自智利主要进口矿产品和贱金属及其制品，2020 年进口额分别为 138.50 亿美元和 89.17 亿美元，远高于排名第三的植物产品（22.67 亿美元）。木浆等，废纸，纸、纸板及其制品进口额排名第四，2020 年进口额为 13.65 亿美元（见表 3-7）。中国向智利主要出口的前五类商品为机电产品、纺织原料及纺织制品、贱金属及其制品、杂项制品、塑料与橡胶及其制品。其中，机电产品和纺织原料及纺织制品出口额分别为 49.91 亿美元和 24.16 亿美元，相较于其他出口品有较大优势（见表 3-8）。

表 3-7　2020 年中国自智利主要进口商品构成

商 品 大 类	商 品 名 称	进口额/亿美元
第五类	矿产品	138.50
第十五类	贱金属及其制品	89.17
第二类	植物产品	22.67
第十类	木浆等；废纸；纸、纸板及其制品	13.65
第一类	活动物、动物产品	10.33
第六类	化学工业及其相关工业的产品	4.92
第四类	食品；饮料、酒及醋；烟草及制品	4.23
第九类	木及制品	3.95
第三类	动植物油、脂、蜡；精制食用油脂	1.36

商品大类	商品名称	进口额/亿美元
第八类	生皮、皮革、毛皮及其制品；鞍具及挽具；旅行用品、手提包	0.92
第十一类	纺织原料及纺织制品	0.48
第十六类	机电产品	0.28
第七类	塑料及其制品；橡胶及其制品	0.17
第二十二类	特殊交易品及未分类商品	0.09
第十八类	光学、医疗等仪器；钟表；乐器	0.03
第二十一类	艺术品、收藏品及古物	0.005
第十三类	石料、石膏、水泥、石棉、云母及类似材料的制品；陶瓷产品；玻璃及其制品	0.002
第二十类	杂项制品	0.001
第十七类	车辆、航空器、船舶及运输设备	0.0006
第十二类	鞋帽伞等；已加工的羽毛及其制品；人造花；人发制品	0.0005

数据来源：根据 Trade Map 网站数据计算。

表 3-8　2020 年中国向智利主要出口商品构成

商品大类	商品名称	出口额/亿美元
第十六类	机电产品	49.91
第十一类	纺织原料及纺织制品	24.16
第十五类	贱金属及其制品	17.14
第二十类	杂项制品	12.31
第七类	塑料及其制品；橡胶及其制品	9.71
第十七类	车辆、航空器、船舶及运输设备	9.15
第六类	化学工业及其相关工业的产品	8.98
第十二类	鞋帽伞等；已加工的羽毛及其制品；人造花；人发制品	5.03
第十三类	石料、石膏、水泥、石棉、云母及类似材料的制品；陶瓷产品；玻璃及其制品	3.32
第五类	矿产品	2.92
第四类	食品；饮料、酒及醋；烟草及制品	2.47
第十八类	光学、医疗等仪器；钟表；乐器	2.44
第二十二类	特殊交易品及未分类商品	1.48
第八类	生皮、皮革、毛皮及其制品；鞍具及挽具；旅行用品、手提包	1.38
第十类	木浆等；废纸；纸、纸板及其制品	1.17
第九类	木及制品	0.61

续表

商品大类	商品名称	出口额/亿美元
第二类	植物产品	0.44
第一类	活动物、动物产品	0.27
第三类	动植物油、脂、蜡；精制食用油脂	0.15
第十四类	珠宝、贵金属及制品；仿首饰；硬币	0.05
第十九类	武器、弹药及其零件、附件	0.02
第二十一类	艺术品、收藏品及古物	0.003

数据来源：根据 Trade Map 网站数据计算。

4. 秘鲁

中秘双边贸易规模呈上升趋势，中国是秘鲁最大的出口目的国和进口来源国，中秘贸易存在贸易逆差（见图 3-4）。进口方面，2014 年中国自秘鲁进口 81.4 亿美元，2015 年增至 81.8 亿美元，2016—2019 年的进口额分别为 94.4 亿美元、131.0 亿美元、152.1 亿美元和 152.1 亿美元，2020 年进口额小幅下降，为 141.5 亿美元。出口方面，2016—2020 年中国向秘鲁出口规模稳中有升，2020 年中国向秘鲁出口 88.7 亿美元。中国对秘鲁贸易逆差规模呈下降趋势，2020 年中秘贸易逆差为 52.8 亿美元。

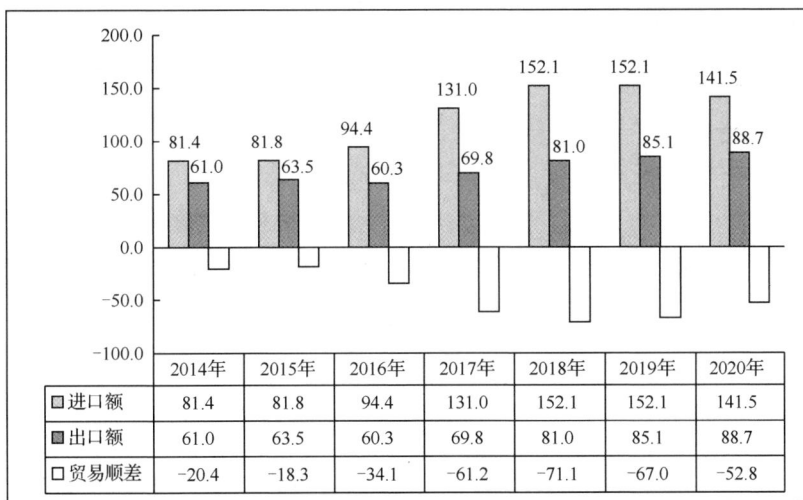

	2014年	2015年	2016年	2017年	2018年	2019年	2020年
进口额	81.4	81.8	94.4	131.0	152.1	152.1	141.5
出口额	61.0	63.5	60.3	69.8	81.0	85.1	88.7
贸易顺差	-20.4	-18.3	-34.1	-61.2	-71.1	-67.0	-52.8

图 3-4 2014—2020 年中秘贸易额（亿美元）

（数据来源：根据 Trade Map 网站数据计算）

从贸易结构看，中国自秘鲁主要进口矿产品，2020 年进口额为 111.82 亿美元，远高于进口额排名第二的贱金属及其制品（13.94 亿美元），食品、饮料、烟草等产品排名第三，2020年进口额为9.60亿美元（见表3-9）。中国向秘鲁主要出口的前五类商品为机电产品、贱金属及其制品、纺织原料及纺织制品、杂项制品、化学工业及其相关工业的产品。其中，机电产品出口额为25.47亿美元，高于其他出口品（见表3-10）。

表3-9　2020年中国自秘鲁主要进口商品构成

商品大类	商 品 名 称	进口额/亿美元
第五类	矿产品	111.82
第十五类	贱金属及其制品	13.94
第四类	食品；饮料、酒及醋；烟草及制品	9.60
第二类	植物产品	3.60
第一类	活动物、动物产品	0.96
第三类	动植物油、脂、蜡；精制食用油脂	0.45
第十一类	纺织原料及纺织制品	0.41
第九类	木及制品	0.35
第六类	化学工业及其相关工业的产品	0.30
第十二类	石料、石膏、水泥、石棉、云母及类似材料的制品；陶瓷产品；玻璃及其制品	0.02
第八类	生皮、皮革、毛皮及其制品；鞍具及挽具；旅行用品、手提包	0.01
第二十二类	特殊交易品及未分类商品	0.006
第十六类	机电产品	0.006
第七类	塑料及其制品；橡胶及其制品	0.003
第二十类	杂项制品	0.003
第十类	木浆等；废纸；纸、纸板及其制品	0.0007
第十四类	珠宝、贵金属及制品；仿首饰；硬币	0.0006
第十二类	鞋帽伞等；已加工的羽毛及其制品；人造花；人发制品	0.0004
第二十一类	艺术品、收藏品及古物	0.0003
第十八类	光学、医疗等仪器；钟表；乐器	0.0003
第十七类	车辆、航空器、船舶及运输设备	0.00002

数据来源：根据Trade Map网站数据计算。

表3-10　2020年中国向秘鲁主要出口商品构成

商 品 大 类	商 品 名 称	出口额/亿美元
第十六类	机电产品	25.47
第十五类	贱金属及其制品	13.36

续表

商品大类	商品名称	出口额/亿美元
第十一类	纺织原料及纺织制品	11.26
第二十类	杂项制品	7.54
第六类	化学工业及其相关工业的产品	7.30
第十七类	车辆、航空器、船舶及运输设备	6.79
第七类	塑料及其制品；橡胶及其制品	6.46
第十三类	石料、石膏、水泥、石棉、云母及类似材料的制品；陶瓷产品；玻璃及其制品	2.90
第十八类	光学、医疗等仪器；钟表；乐器	2.28
第十二类	鞋帽伞等；已加工的羽毛及其制品；人造花；人发制品	1.90
第十类	木浆等；废纸；纸、纸板及其制品	0.77
第四类	食品；饮料、酒及醋；烟草及制品	0.65
第九类	木及制品	0.67
第八类	生皮、皮革、毛皮及其制品；鞍具及挽具；旅行用品、手提包	0.62
第五类	矿产品	0.25
第二十二类	特殊交易品及未分类商品	0.23
第二类	植物产品	0.20
第十四类	珠宝、贵金属及制品；仿首饰；硬币	0.03
第一类	活动物、动物产品	0.02
第三类	动植物油、脂、蜡；精制食用油脂	0.009
第十九类	武器、弹药及其零件、附件	0.0006
第二十一类	艺术品、收藏品及古物	0.0005

数据来源：根据 Trade Map 网站数据计算。

5. 越南

2014 年以来，中越双边贸易规模逐年增长（见图 3-5）。进口方面，中国自越南进口额增长较快。2014 年中国自越南进口仅 199.1 亿美元，到 2020 年已经达到 784.7 亿美元，是 2014 年进口额的近 4 倍。出口方面，除 2016 年，中国对越南出口额也稳步增长。2014 年中国对越南出口额为 637.3 亿美元，到 2020 年出口额已经达到 1138.1 亿美元。贸易顺差方面，2014—2020 年，中越贸易顺差呈先降低后增加趋势，2020 年贸易顺差扩大至 353.4 亿美元。

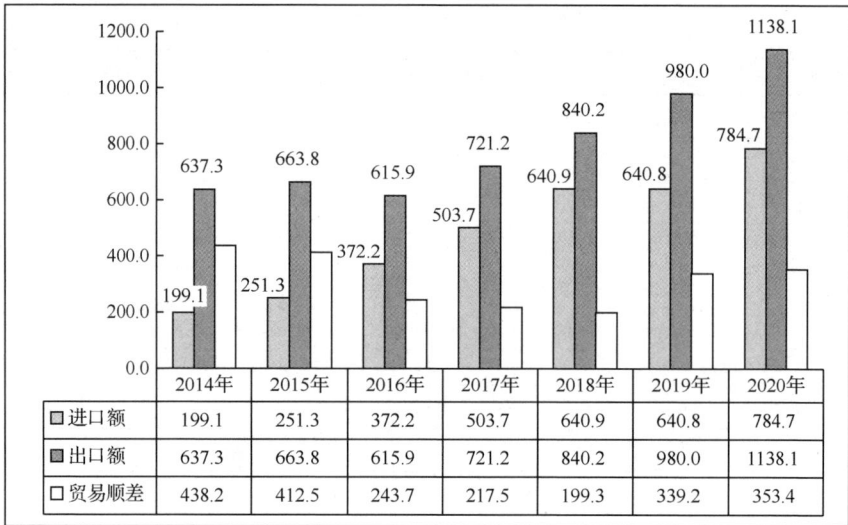

图 3-5 2014—2020 年中越贸易额（亿美元）

（数据来源：根据 Trade Map 网站数据计算）

从贸易结构看，2020 年中国自越南进口额排名前五的商品大类分别为机电产品、特殊交易品及未分类商品、纺织原料及纺织制品、鞋帽伞等、塑料与橡胶及其制品，进口额分别为 489.56 亿美元、44.20 亿美元、41.57 亿美元、29.33 亿美元和 25.83 亿美元（见表 3-11）。中国对越南最主要的出口商品也是机电产品和纺织原料及纺织制品，出口额分别为 524.97 亿美元和 150.21 亿美元，之后是贱金属及其制品（91.42 亿美元）、塑料与橡胶及其制品（57.65 亿美元）、化学工业及其相关工业的产品（49.40 亿美元），见表 3-12。

表 3-11 2020 年中国自越南主要进口商品构成

商品大类	商品名称	进口额/亿美元
第十六类	机电产品	489.56
第二十二类	特殊交易品及未分类商品	44.20
第十一类	纺织原料及纺织制品	41.57
第十二类	鞋帽伞等；已加工的羽毛及其制品；人造花；人发制品	29.33
第七类	塑料及其制品；橡胶及其制品	25.83
第五类	矿产品	21.48
第二类	植物产品	21.08
第十五类	贱金属及其制品	20.25
第十八类	光学、医疗等仪器；钟表；乐器	14.48
第九类	木及制品	13.01

续表

商品大类	商品名称	进口额/亿美元
第一类	活动物、动物产品	10.81
第六类	化学工业及其相关工业的产品	8.67
第四类	食品；饮料、酒及醋；烟草及制品	7.19
第八类	生皮、皮革、毛皮及其制品；鞍具及挽具；旅行用品、手提包	4.49
第十类	木浆等；废纸；纸、纸板及其制品	4.13
第十七类	车辆、航空器、船舶及运输设备	3.56
第二十类	杂项制品	2.90
第十三类	石料、石膏、水泥、石棉、云母及类似材料的制品；陶瓷产品；玻璃及其制品	0.45
第三类	动植物油、脂、蜡；精制食用油脂	0.24
第十四类	珠宝、贵金属及制品；仿首饰；硬币	0.12
第二十一类	艺术品、收藏品及古物	0.001

数据来源：根据 Trade Map 网站数据计算。

表 3-12 2020 年中国向越南主要出口商品构成

商品大类	商品名称	出口额/亿美元
第十六类	机电产品	524.97
第十一类	纺织原料及纺织制品	150.21
第十五类	贱金属及其制品	91.42
第七类	塑料及其制品；橡胶及其制品	57.65
第六类	化学工业及其相关工业的产品	49.40
第二十类	杂项制品	44.90
第二类	植物产品	41.06
第十八类	光学、医疗等仪器；钟表；乐器	37.05
第十三类	石料、石膏、水泥、石棉、云母及类似材料的制品；陶瓷产品；玻璃及其制品	36.69
第十二类	鞋帽伞等；已加工的羽毛及其制品；人造花；人发制品	19.11
第十七类	车辆、航空器、船舶及运输设备	18.47
第十类	木浆等；废纸；纸、纸板及其制品	15.14
第二十二类	特殊交易品及未分类商品	11.54
第五类	矿产品	11.41
第四类	食品；饮料、酒及醋；烟草及制品	8.29
第八类	生皮、皮革、毛皮及其制品；鞍具及挽具；旅行用品、手提包	7.73

续表

商 品 大 类	商 品 名 称	出口额/亿美元
第九类	木及制品	7.70
第一类	活动物、动物产品	4.98
第十四类	珠宝、贵金属及制品；仿首饰；硬币	3.12
第三类	动植物油、脂、蜡；精制食用油脂	1.03
第二十一类	艺术品、收藏品及古物	0.05
第十九类	武器、弹药及其零件、附件	0.007

数据来源：根据 Trade Map 网站数据计算。

6. 新加坡

2014—2020 年，中新双边贸易规模波动增长（见图 3-6）。进口方面，2014 年，中国自新加坡进口 308.3 亿美元，2015—2016 年出现小幅下降之后，2017 年开始恢复增长，2018 年进口额达 336.4 亿美元，2019 年、2020 年进口额分别为 352.3 亿美元、315.5 亿美元。出口方面，2014 年中国对新加坡出口达 489.1 亿美元，2017 年下降至 456.7 亿美元，此后逐年回升，2020 年达到 575.4 亿美元。中新贸易顺差呈先下降后上升趋势，2020 年中国对新加坡贸易顺差为 259.9 亿美元。

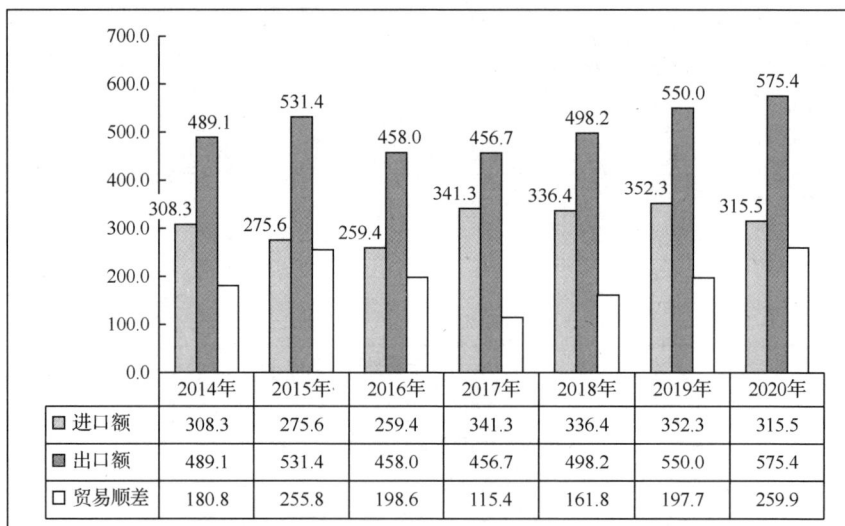

图 3-6 2014—2020 年中新贸易额（亿美元）

（数据来源：根据 Trade Map 网站数据计算）

从贸易结构看，中国自新加坡主要进口机电产品，2020 年进口额为 139.06 亿美元，远高于进口额排名第二的化学工业及其相关工业的产品（38.32 亿美元),塑料与橡胶及其制品排名第三,2020 年进口额为 37.03 亿美元(见表 3-13)。中国向新加坡主要出口的前五类商品分别为机电产品,车辆、航空器、船舶及运输设备,杂项制品,矿产品,贱金属及其制品。其中,机电产品 2020 年出口额为 246.57 亿美元,远高于其他出口品(见表 3-14)。

表 3-13 2020 年中国自新加坡主要进口商品构成

商品大类	商品名称	进口额/亿美元
第十六类	机电产品	139.06
第六类	化学工业及其相关工业的产品	38.32
第七类	塑料及其制品;橡胶及其制品	37.03
第五类	矿产品	33.01
第十八类	光学、医疗等仪器;钟表;乐器	31.54
第十四类	珠宝、贵金属及制品;仿首饰;硬币	22.36
第十类	木浆等;废纸;纸、纸板及其制品	5.14
第四类	食品;饮料、酒及醋;烟草及制品	2.84
第十五类	贱金属及其制品	2.29
第十七类	车辆、航空器、船舶及运输设备	2.15
第十一类	纺织原料及纺织制品	0.51
第十三类	石料、石膏、水泥、石棉、云母及类似材料的制品;陶瓷产品;玻璃及其制品	0.35
第一类	活动物、动物产品	0.32
第二十二类	特殊交易品及未分类商品	0.27
第三类	动植物油、脂、蜡;精制食用油脂	0.12
第二十类	杂项制品	0.08
第八类	生皮、皮革、毛皮及其制品;鞍具及挽具;旅行用品、手提包	0.07
第二类	植物产品	0.03
第十二类	鞋帽伞等;已加工的羽毛及其制品;人造花;人发制品	0.004
第九类	木及制品	0.004
第二十一类	艺术品、收藏品及古物	0.0007

数据来源:根据 Trade Map 网站数据计算。

表 3-14 2020 年中国向新加坡主要出口商品构成

商品大类	商品名称	出口额/亿美元
第十六类	机电产品	246.57
第十七类	车辆、航空器、船舶及运输设备	62.00

商 品 大 类	商 品 名 称	出口额/亿美元
第二十类	杂项制品	52.54
第五类	矿产品	51.76
第十五类	贱金属及其制品	31.30
第十一类	纺织原料及纺织制品	22.30
第七类	塑料及其制品；橡胶及其制品	21.96
第六类	化学工业及其相关工业的产品	18.82
第十八类	光学、医疗等仪器；钟表；乐器	14.37
第十三类	石料、石膏、水泥、石棉、云母及类似材料的制品；陶瓷产品；玻璃及其制品	12.47
第十类	木浆等；废纸；纸、纸板及其制品	8.19
第十二类	鞋帽伞等；已加工的羽毛及其制品；人造花；人发制品	6.35
第二十二类	特殊交易品及未分类商品	5.26
第八类	生皮、皮革、毛皮及其制品；鞍具及挽具；旅行用品、手提包	5.15
第四类	食品；饮料、酒及醋；烟草及制品	4.92
第二类	植物产品	3.88
第十四类	珠宝、贵金属及制品；仿首饰；硬币	3.60
第九类	木及制品	2.10
第三类	动植物油、脂、蜡；精制食用油脂	0.93
第一类	活动物、动物产品	0.70
第二十一类	艺术品、收藏品及古物	0.21
第十九类	武器、弹药及其零件、附件	0.001

数据来源：根据 Trade Map 网站数据计算。

7. 马来西亚

2016—2020 年中马双边贸易规模整体呈快速增长态势（见图 3-7）。进口方面，2014—2016 年，中马进口额有一定程度的下降，而 2016—2020 年中国自马来西亚进口额从 491.2 亿美元增长到 747.3 亿美元。出口方面，增长态势与进口类似，2016 年之后，中国对马来西亚出口规模逐年回升，到 2020 年出口额已经达到 564.3 亿美元。贸易差额方面，中国对马来西亚贸易逆差逐年扩大，2020 年逆差有所回落，达到 183.1 亿美元。

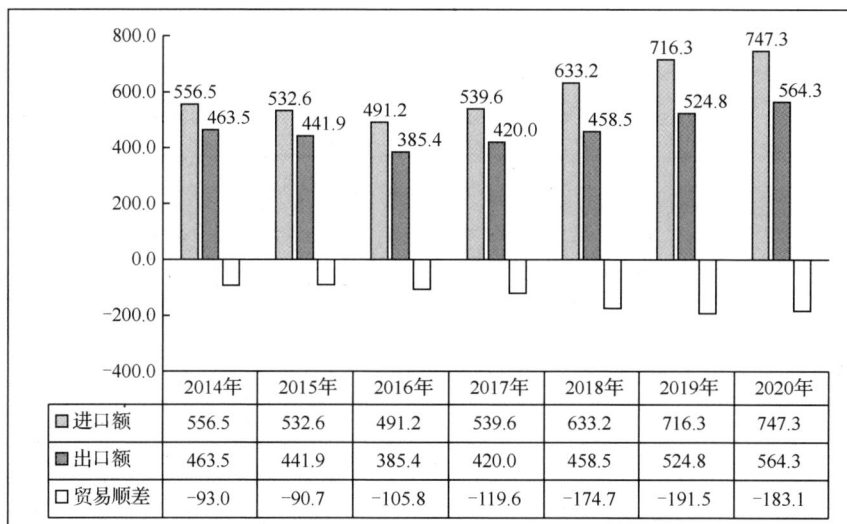

	2014年	2015年	2016年	2017年	2018年	2019年	2020年
□ 进口额	556.5	532.6	491.2	539.6	633.2	716.3	747.3
■ 出口额	463.5	441.9	385.4	420.0	458.5	524.8	564.3
□ 贸易顺差	-93.0	-90.7	-105.8	-119.6	-174.7	-191.5	-183.1

图 3-7 2014—2020 年中马贸易额（亿美元）

（数据来源：根据 Trade Map 网站数据计算）

从贸易结构看，中国自马来西亚主要进口机电产品和矿产品，2020 年进口额分别为 432.90 亿美元和 141.99 亿美元，其次是塑料与橡胶及其制品（44.68 亿美元），详见表 3-15。中国对马来西亚的出口也以机电产品为重，2020 年出口额为 226.95 亿美元，出口额排名第一；其次是杂项制品（45.73 亿美元）、贱金属及其制品（45.60 亿美元）、纺织原料及纺织制品（40.26 亿美元），详见表 3-16。

表 3-15 2020 年中国自马来西亚主要进口商品构成

商品大类	商品名称	进口额/亿美元
第十六类	机电产品	432.90
第五类	矿产品	141.99
第十五类	贱金属及其制品	44.68
第七类	塑料及其制品；橡胶及其制品	38.42
第十八类	光学、医疗等仪器；钟表；乐器	23.94
第六类	化学工业及其相关工业的产品	21.90
第三类	动植物油、脂、蜡；精制食用油脂	20.03
第四类	食品；饮料、酒及醋；烟草及制品	5.20
第一类	活动物、动物产品	3.92
第十三类	石料、石膏、水泥、石棉、云母及类似材料的制品；陶瓷产品；玻璃及其制品	2.53

续表

商品大类	商品名称	进口额/亿美元
第十类	木浆等；废纸；纸、纸板及其制品	2.47
第十一类	纺织原料及纺织制品	2.18
第二类	植物产品	1.91
第十七类	车辆、航空器、船舶及运输设备	1.79
第二十类	杂项制品	1.61
第九类	木及制品	1.30
第十四类	珠宝、贵金属及制品；仿首饰；硬币	0.25
第二十二类	特殊交易品及未分类商品	0.17
第八类	生皮、皮革、毛皮及其制品；鞍具及挽具；旅行用品、手提包	0.14
第十二类	鞋帽伞等；已加工的羽毛及其制品；人造花；人发制品	0.009
第二十一类	艺术品、收藏品及古物	0.00017

数据来源：根据 Trade Map 网站数据计算。

表3-16 2020年中国向马来西亚主要出口商品构成

商品大类	商品名称	出口额/亿美元
第十六类	机电产品	226.95
第二十类	杂项制品	45.73
第十五类	贱金属及其制品	45.60
第十一类	纺织原料及纺织制品	40.26
第七类	塑料及其制品；橡胶及其制品	32.60
第六类	化学工业及其相关工业的产品	28.92
第十三类	石料、石膏、水泥、石棉、云母及类似材料的制品；陶瓷产品；玻璃及其制品	19.86
第十七类	车辆、航空器、船舶及运输设备	18.59
第五类	矿产品	17.65
第十八类	光学、医疗等仪器；钟表；乐器	17.27
第二类	植物产品	15.48
第四类	食品、饮料、酒及醋；烟草及制品	15.08
第十类	木浆等；废纸；纸、纸板及其制品	9.85
第十二类	鞋帽伞等；已加工的羽毛及其制品；人造花；人发制品	7.89
第二十二类	特殊交易品及未分类商品	7.11

续表

商品大类	商品名称	出口额/亿美元
第八类	生皮、皮革、毛皮及其制品；鞍具及挽具；旅行用品、手提包	6.82
第九类	木及制品	3.39
第一类	活动物、动物产品	2.79
第三类	动植物油、脂、蜡；精制食用油脂	1.31
第十四类	珠宝、贵金属及制品；仿首饰；硬币	1.04
第二十一类	艺术品、收藏品及古物	0.06

数据来源：根据 Trade Map 网站数据计算。

8. 文莱

中文双边贸易规模整体呈现波动态势，2014—2016 年出现大幅下降后逐步回升，2019 年再次出现明显下降（见图 3-8）。进口方面，2019 年、2020 年中国自文莱进口额增长较快，进口额分别为 4.5 亿美元和 14.4 亿美元。出口方面，中国对文莱出口规模呈现波动下降态势，出口额在 2016 年下降到 5.7 亿美元，2018 年上升至 16.0 亿美元后再次大幅下降，2020 年出口额为 4.7 亿美元。贸易差额方面，受中国对文莱出口波动影响，双边贸易差额也波动起伏，2020 年中国对文莱贸易呈现逆差，金额为 9.7 亿美元。

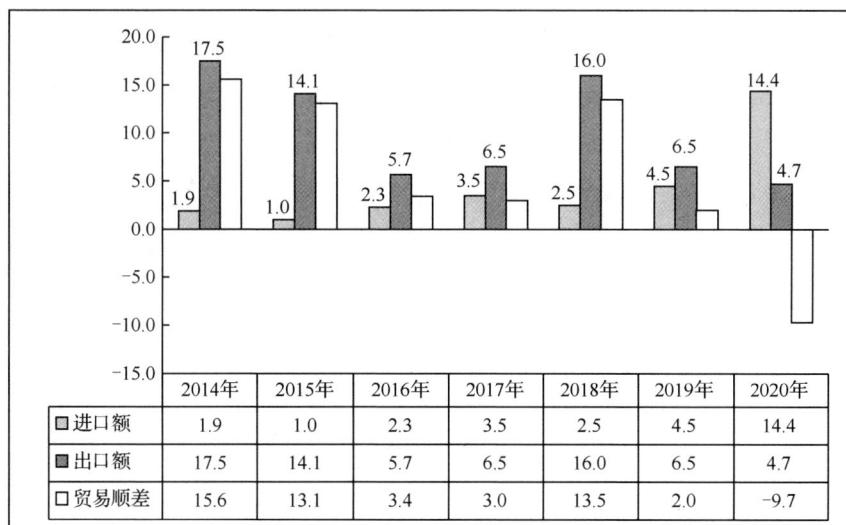

	2014年	2015年	2016年	2017年	2018年	2019年	2020年
进口额	1.9	1.0	2.3	3.5	2.5	4.5	14.4
出口额	17.5	14.1	5.7	6.5	16.0	6.5	4.7
贸易顺差	15.6	13.1	3.4	3.0	13.5	2.0	-9.7

图 3-8　2014—2020 年中文贸易额（亿美元）

（数据来源：根据 Trade Map 网站数据计算）

从贸易结构看，中国自文莱主要进口化学工业及其相关工业的产品和矿产品，2020 年进口额分别为 8.72 亿美元和 5.63 亿美元（见表 3-17）。中国对文莱的主要出口商品是机电产品和贱金属及其制品，出口额分别为 1.00 亿美元和 0.74 亿美元（见表 3-18）。

表 3-17　2020 年中国自文莱主要进口商品构成

商品大类	商品名称	进口额/亿美元
第六类	化学工业及其相关工业的产品	8.72
第五类	矿产品	5.63
第十类	木浆等；废纸；纸、纸板及其制品	0.004
第一类	活动物、动物产品	0.004
第十六类	机电产品	0.0012
第二类	植物产品	0.0011
第二十二类	特殊交易品及未分类商品	0.00057
第四类	食品；饮料、酒及醋；烟草及制品	0.00045
第十八类	光学、医疗等仪器；钟表；乐器	0.0002
第十五类	贱金属及其制品	0.00009
第十一类	纺织原料及纺织制品	0.00008
第七类	塑料及其制品；橡胶及其制品	0.00001
第十二类	鞋帽伞等；已加工的羽毛及其制品；人造花；人发制品	0.00001
第八类	生皮、皮革、毛皮及其制品；鞍具及挽具；旅行用品、手提包	0
第二十类	杂项制品	0
第二十一类	艺术品、收藏品及古物	0
第九类	木及制品	0
第三类	动植物油、脂、蜡；精制食用油脂	0
第十九类	武器、弹药及其零件、附件	0
第十七类	车辆、航空器、船舶及运输设备	0
第十三类	石料、石膏、水泥、石棉、云母及类似材料的制品；陶瓷产品；玻璃及其制品	0
第十四类	珠宝、贵金属及制品；仿首饰；硬币	0

数据来源：根据 Trade Map 网站数据计算。

表 3-18　2020 年中国向文莱主要出口商品构成

商品大类	商品名称	出口额/亿美元
第十六类	机电产品	1.00
第十五类	贱金属及其制品	0.74

续表

商品大类	商　品　名　称	出口额/亿美元
第五类	矿产品	0.67
第二十类	杂项制品	0.54
第七类	塑料及其制品；橡胶及其制品	0.34
第十一类	纺织原料及纺织制品	0.29
第十三类	石料、石膏、水泥、石棉、云母及类似材料的制品；陶瓷产品；玻璃及其制品	0.25
第十七类	车辆、航空器、船舶及运输设备	0.24
第六类	化学工业及其相关工业的产品	0.17
第二类	植物产品	0.08
第十八类	光学、医疗等仪器；钟表；乐器	0.07
第四类	食品；饮料、酒及醋；烟草及制品	0.07
第十类	木浆等；废纸；纸、纸板及其制品	0.07
第十二类	鞋帽伞等；已加工的羽毛及其制品；人造花；人发制品	0.05
第八类	生皮、皮革、毛皮及其制品；鞍具及挽具；旅行用品、手提包	0.03
第一类	活动物、动物产品	0.02
第二十二类	特殊交易品及未分类商品	0.01
第九类	木及制品	0.01
第三类	动植物油、脂、蜡；精制食用油脂	0.001
第十四类	珠宝、贵金属及制品；仿首饰；硬币	0
第二十一类	艺术品、收藏品及古物	0
第十九类	武器、弹药及其零件、附件	0

数据来源：根据 Trade Map 网站数据计算。

9. 日本

目前，日本已成为中国最重要的贸易伙伴之一，2016—2020 年中日双边贸易规模呈现稳中有升趋势（见图 3-9）。日本是中国第二大出口目的国、第一大进口来源国；中国是日本第一大出口目的国，同时也是第一大进口来源国。中日贸易存在贸易逆差。进口方面，2016 年中国自日本进口 1457.7 亿美元，2017年、2018 年进口额连续增长，分别为 1654.9 亿美元和 1804.0 亿美元，2019 年、2020 年有所回落，2020 年中国自日本进口额达到 1748.7 亿美元。出口方面，2016—2020 年中国向日本出口规模较为稳定，2020 年中国向日本出口 1426.4亿美元。中日贸易逆差呈小幅波动，2020 年为 322.3 亿美元。

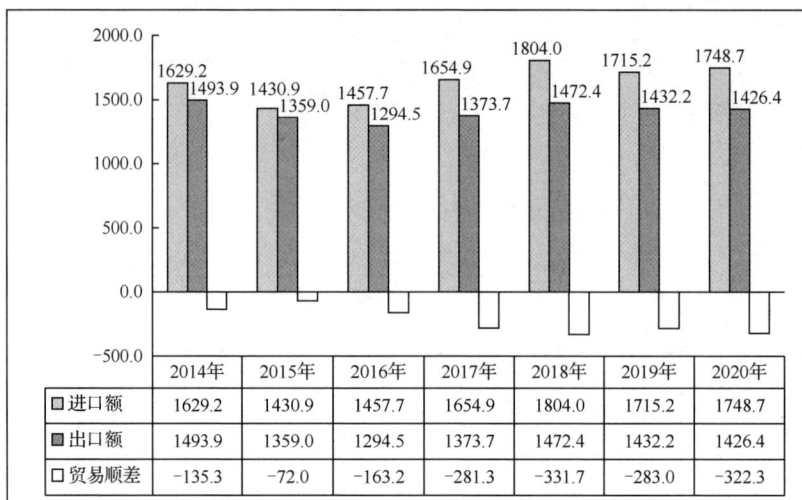

	2014年	2015年	2016年	2017年	2018年	2019年	2020年
□ 进口额	1629.2	1430.9	1457.7	1654.9	1804.0	1715.2	1748.7
■ 出口额	1493.9	1359.0	1294.5	1373.7	1472.4	1432.2	1426.4
□ 贸易顺差	-135.3	-72.0	-163.2	-281.3	-331.7	-283.0	-322.3

图 3-9　2014—2020 年中日贸易额（亿美元）

（数据来源：根据 Trade Map 网站数据计算）

从贸易结构看，中国自日本主要进口机电产品、化工产品、汽车、光学仪器、乐器、钟表等产品。2020 年机电产品进口额高达 832.26 亿美元，远高于排名第二的化学工业及其相关工业的产品（204.85 亿美元），详见表 3-19。中国向日本主要出口机电产品、纺织原料及纺织制品、杂项制品、贱金属及其制品、化学工业及其相关工业的产品等（见表 3-20）。

表 3-19　2020 年中国自日本主要进口商品构成

商品大类	商品名称	进口额/亿美元
第十六类	机电产品	832.26
第六类	化学工业及其相关工业的产品	204.85
第十七类	车辆、航空器、船舶及运输设备	169.65
第十八类	光学、医疗等仪器；钟表；乐器	166.83
第十五类	贱金属及其制品	138.90
第七类	塑料及其制品；橡胶及其制品	114.49
第十一类	纺织原料及纺织制品	21.97
第十四类	珠宝、贵金属及制品；仿首饰；硬币	19.83
第十三类	石料、石膏、水泥、石棉、云母及类似材料的制品；陶瓷产品；玻璃及其制品	19.27
第二十类	杂项制品	16.10
第五类	矿产品	14.05
第十类	木浆等；废纸；纸、纸板及其制品	11.53

续表

商品大类	商品名称	进口额/亿美元
第四类	食品；饮料、酒及醋；烟草及制品	8.42
第二十二类	特殊交易品及未分类商品	3.19
第一类	活动物、动物产品	2.32
第九类	木及制品	1.79
第二类	植物产品	1.75
第十二类	鞋帽伞等；已加工的羽毛及其制品；人造花；人发制品	0.65
第八类	生皮、皮革、毛皮及其制品；鞍具及挽具；旅行用品、手提包	0.38
第二十一类	艺术品、收藏品及古物	0.34
第三类	动植物油、脂、蜡；精制食用油脂	0.08
第十九类	武器、弹药及其零件、附件	0.0002

数据来源：根据 Trade Map 网站数据计算。

表 3-20　2020 年中国向日本主要出口商品构成

商品大类	商品名称	出口额/亿美元
第十六类	机电产品	590.62
第十一类	纺织原料及纺织制品	207.60
第二十类	杂项制品	102.11
第十五类	贱金属及其制品	80.26
第六类	化学工业及其相关工业的产品	76.03
第七类	塑料及其制品；橡胶及其制品	58.91
第四类	食品；饮料、酒及醋；烟草及制品	52.53
第十八类	光学、医疗等仪器；钟表；乐器	46.15
第十七类	车辆、航空器、船舶及运输设备	45.83
第十二类	鞋帽伞等；已加工的羽毛及其制品；人造花；人发制品	23.80
第五类	矿产品	22.92
第二类	植物产品	22.17
第八类	生皮、皮革、毛皮及其制品；鞍具及挽具；旅行用品、手提包	20.30
第一类	活动物、动物产品	20.20
第十三类	石料、石膏、水泥、石棉、云母及类似材料的制品；陶瓷产品；玻璃及其制品	19.02
第十类	木浆等；废纸；纸、纸板及其制品	13.68
第九类	木及制品	12.81

续表

商品大类	商品名称	出口额/亿美元
第二十二类	特殊交易品及未分类商品	9.68
第十四类	珠宝、贵金属及制品；仿首饰；硬币	1.39
第三类	动植物油、脂、蜡；精制食用油脂	0.34
第十九类	武器、弹药及其零件、附件	0.03
第二十一类	艺术品、收藏品及古物	0.02

数据来源：根据 Trade Map 网站数据计算。

二、中国与 CPTPP 中未与中国达成自贸协定成员间的关税和贸易情况

（一）进口关税情况

2019 年，加拿大平均进口关税税率为 3.9%，其中农产品平均税率为 15.1%，非农产品平均税率为 2.1%。农产品方面，加拿大动物产品、奶制品、谷物及制品、咖啡和茶、其他农产品等产品的进口关税较高，其中，动物产品的最高税率达到 511%，其他农产品最高税率达到 270%。非农产品方面，运输设备、皮革及鞋、纺织品和服装等产品的进口关税较高，其中，运输设备最高税率达到 25%，皮革及鞋等最高税率达到 20%，纺织品、服装最高税率达到 18%。

2019 年，墨西哥平均进口关税税率为 7.1%，其中农产品平均税率为 13.9%，非农产品平均税率为 6.0%。农产品方面，墨西哥动物产品，水果、蔬菜、植物，糖和糖果等产品的进口关税较高，上述产品最高税率均达到 75%。非农产品方面，运输设备、皮革及鞋、化工品、纺织品和服装等产品的进口关税较高。其中，墨西哥运输设备和皮革及鞋的最高税率均达到 50%，化工品最高税率为 28%，纺织品、服装最高税率达到 25%。

随着 2018 年下调汽车等工业品关税税率，2019 年中国关税税率总水平降至 7.6%，2021 年降至 7.4%。其中农产品平均税率为 13.9%，谷物及制品的平均税率不到 20%，最高税率高达 65%。非农产品平均税率为 6.5%，矿物和金属、运输设备的最高税率在 45% 及以上。但中国的关税税率分布相对均衡，所有产品的最高税率均未超过 100%，其中工业品最高税率均在 50% 以下。2018 年，中国主动降低关税税率取得显著成效，汽车整车最高税率从 25% 降至 15%，汽

车零部件最高税率从 25%降至 6%，工程机械、仪器仪表等机电设备平均税率由 12.2%降至 8.8%，纺织品、建材等商品平均税率由 11.5%降至 8.4%，纸制品平均税率由 6.6%降至 5.4%。

以上各国 2019 年具体进口关税情况详见表 3-21。

表 3-21　2019 年中国、加拿大、墨西哥进口关税税率情况

单位：%

产品种类	中国			加拿大			墨西哥		
	平均税率	零关税比例	最高税率	平均税率	零关税比例	最高税率	平均税率	零关税比例	最高税率
动物产品	13.3	13.8	25	24.1	66	511	16.7	13.3	75
奶制品	12.3	0	20	249	0	314	23.2	3.1	45
水果、蔬菜、植物	12.2	4.9	30	2.3	73.2	17	16	5.2	75
咖啡和茶	12.3	0	30	10.1	81.9	265	20.4	20.8	45
谷物及制品	19.5	8.8	65	19.8	46.8	277	9.5	28.8	45
油料籽、动植物油	10.9	9.1	30	3	75.2	218	7.2	41.9	45
糖和糖果	28.7	0	50	3.5	34.3	13	30.2	0	75
饮料和烟草	18.2	2	65	3.6	52.9	256	27.3	2.6	67
棉花	22	0	40	0	100	0	0	100	0
其他农产品	11.8	8.5	38	2.6	90.7	270	6.6	48.9	36
鱼和鱼制品	7.2	4.4	15	0.9	80.2	11	14	9.6	20
矿物和金属	6.3	5.9	50	1	85	16	4.2	66.9	15
石油	5.3	16.7	9	0.9	82.8	5	0	98.5	3
化工品	6	1.8	35	0.7	88.8	16	2.3	72	28
木、纸张等	3.2	41	12	1	86.6	18	4.5	50.6	20
纺织品	7	0	38	2.3	83.2	18	9.8	11.3	25
服装	6.8	0	12	16.6	5.4	18	21.3	0	25
皮革及鞋等	10.6	0.6	25	3.8	67.6	20	6.1	62.2	50

续表

产品种类	中国			加拿大			墨西哥		
	平均税率	零关税比例	最高税率	平均税率	零关税比例	最高税率	平均税率	零关税比例	最高税率
非电子设备	6.8	9.1	25	0.4	94.1	9	2.8	77.7	20
电子设备	6	23.4	20	0.8	87.6	9	3.5	69.4	20
运输设备	9.6	0.8	45	5.5	41.6	25	8.5	45.7	50
其他制造业	7.1	10	20	2.4	63.6	16	5.1	57.4	20

数据来源：WTO 官网，*World Tariff Profile 2020*。

（二）双边贸易情况

1. 加拿大

2016 年以来，中加双边贸易规模呈稳步增长态势（见图 3-10）。进口方面，2016 年中国自加拿大进口 182.7 亿美元，2019 年达到 280.3 亿美元，2020 年出现较大回落，进口额为 218.8 亿美元。出口方面，2016 年中国向加拿大出口 276.4 亿美元，此后逐年上升，2020 年出口额达到 421.1 亿美元。贸易差额方面，2016 年和 2017 年中加贸易顺差较大，分别为 93.8 亿美元和 112.3 亿美元，2020 年中加贸易顺差大幅上升，达到 202.3 亿美元。

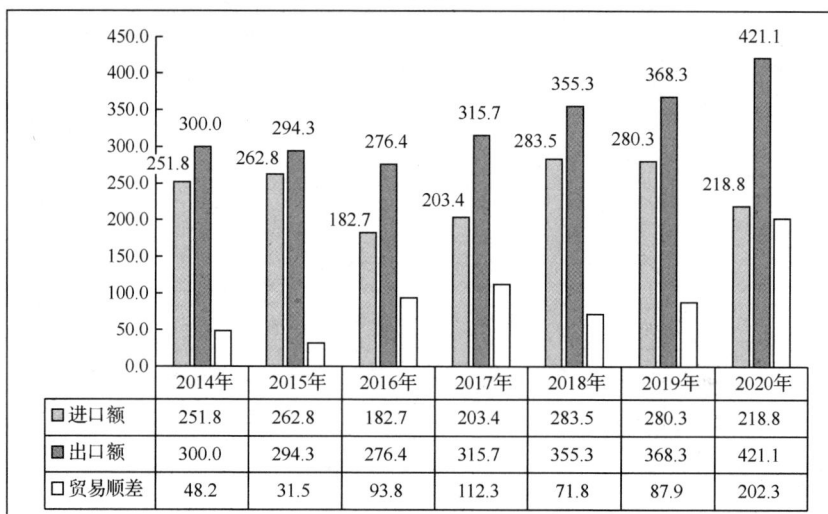

图 3-10　2014—2020 年中加贸易额（亿美元）

（数据来源：根据 Trade Map 网站数据计算）

从贸易结构看，中国自加拿大主要进口矿产品、植物产品和化学工业及其相关工业的产品，2020 年，矿产品进口额为 47.04 亿美元；植物产品排名第二，进口额为 31.74 亿美元；化学工业及其相关工业的产品排名第三，进口额为 27.28 亿美元（见表 3-22）。中国向加拿大主要出口的前五类商品为机电产品、杂项制品、纺织原料及纺织制品、贱金属及其制品、塑料与橡胶及其制品。其中，机电产品 2020 年出口额为 132.31 亿美元，远高于其他出口品（见表 3-23）。

表 3-22　2020 年中国自加拿大主要进口商品构成

商品大类	商品名称	进口额/亿美元
第五类	矿产品	47.04
第二类	植物产品	31.74
第六类	化学工业及其相关工业的产品	27.28
第十类	木浆等；废纸；纸、纸板及其制品	26.24
第一类	活动物、动物产品	21.23
第十六类	机电产品	11.58
第四类	食品；饮料、酒及醋；烟草及制品	9.87
第三类	动植物油、脂、蜡；精制食用油脂	8.54
第九类	木及制品	8.06
第十五类	贱金属及其制品	7.19
第十八类	光学、医疗等仪器；钟表；乐器	5.91
第七类	塑料及其制品；橡胶及其制品	5.79
第十七类	车辆、航空器、船舶及运输设备	4.13
第二十二类	特殊交易品及未分类商品	1.34
第十一类	纺织原料及纺织制品	0.98
第八类	生皮、皮革、毛皮及其制品；鞍具及挽具；旅行用品、手提包	0.76
第二十类	杂项制品	0.74
第十四类	珠宝、贵金属及制品；仿首饰；硬币	0.27
第十三类	石料、石膏、水泥、石棉、云母及类似材料的制品；陶瓷产品；玻璃及其制品	0.08
第十二类	鞋帽伞等；已加工的羽毛及其制品；人造花；人发制品	0.01
第二十一类	艺术品、收藏品及古物	0.01
第十九类	武器、弹药及其零件、附件	0.00

数据来源：根据 Trade Map 网站数据计算。

表 3-23　2020 年中国向加拿大主要出口商品构成

商品大类	商 品 名 称	出口额/亿美元
第十六类	机电产品	132.31
第二十类	杂项制品	63.00
第十一类	纺织原料及纺织制品	56.81
第十五类	贱金属及其制品	38.21
第七类	塑料及其制品；橡胶及其制品	34.50
第十七类	车辆、航空器、船舶及运输设备	16.88
第六类	化学工业及其相关工业的产品	14.27
第十三类	石料、石膏、水泥、石棉、云母及类似材料的制品；陶瓷产品；玻璃及其制品	14.02
第十二类	鞋帽伞等；已加工的羽毛及其制品；人造花；人发制品	9.99
第十八类	光学、医疗等仪器；钟表；乐器	6.84
第二十二类	特殊交易品及未分类商品	6.52
第四类	食品、饮料、酒及醋；烟草及制品	5.20
第十类	木浆等；废纸；纸、纸板及其制品	5.06
第八类	生皮、皮革、毛皮及其制品；鞍具及挽具；旅行用品、手提包	4.88
第九类	木及制品	4.88
第二类	植物产品	3.12
第一类	活动物、动物产品	2.86
第五类	矿产品	0.87
第十四类	珠宝、贵金属及制品；仿首饰；硬币	0.48
第三类	动、植物油、脂、蜡；精制食用油脂	0.22
第二十一类	艺术品、收藏品及古物	0.14
第十九类	武器、弹药及其零件、附件	0.01

数据来源：根据 Trade Map 网站数据计算。

2. 墨西哥

中墨双边贸易规模整体呈增长态势（见图 3-11）。进口方面，2016—2020 年中国自墨西哥进口额从 102.9 亿美元增长到 160.0 亿美元。出口方面，2016—2019 年中国向加拿大出口额从 324.5 亿美元增长到 463.8 亿美元，2020 年出口额出现小幅下降，达到 448.5 亿美元。贸易差额方面，2014—2020 年中墨之间保持 200 亿～320 亿美元的顺差，2020 年贸易顺差为 288.6 亿美元。

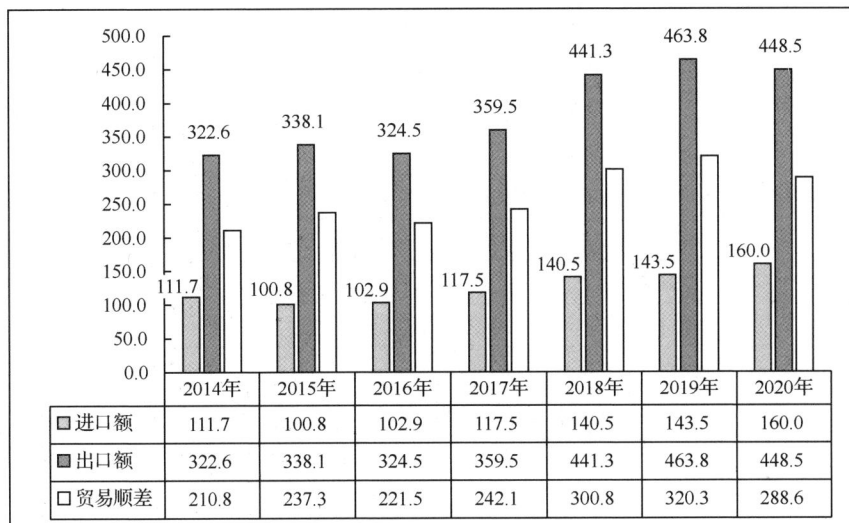

	2014年	2015年	2016年	2017年	2018年	2019年	2020年
进口额	111.7	100.8	102.9	117.5	140.5	143.5	160.0
出口额	322.6	338.1	324.5	359.5	441.3	463.8	448.5
贸易顺差	210.8	237.3	221.5	242.1	300.8	320.3	288.6

图 3-11 2014—2020 年中墨贸易额（亿美元）

（数据来源：根据 Trade Map 网站数据计算）

从贸易结构看，中国自墨西哥主要进口机电产品，2020 年进口额为 63.57 亿美元；矿产品排名第二，进口额为 41.89 亿美元；光学、医疗等仪器和钟表、乐器等排名第三，进口额为 19.21 亿美元（见表 3-24）。中国向墨西哥主要出口的前五类商品为机电产品，光学、医疗等仪器和钟表、乐器，车辆、航空器、船舶及运输设备，贱金属及其制品，以及纺织原料及纺织制品。其中，机电产品出口额为 210.41 亿美元，远高于其他出口品（见表 3-25）。

表 3-24 2020 年中国自墨西哥主要进口商品构成

商 品 大 类	商 品 名 称	进口额/亿美元
第十六类	机电产品	63.57
第五类	矿产品	41.89
第十八类	光学、医疗等仪器；钟表；乐器	19.21
第十七类	车辆、航空器、船舶及运输设备	14.29
第十五类	贱金属及其制品	5.34
第一类	活动物、动物产品	4.63
第七类	塑料及其制品；橡胶及其制品	2.96
第六类	化学工业及其相关工业的产品	2.45
第四类	食品；饮料、酒及醋；烟草及制品	1.67
第二类	植物产品	1.24
第十一类	纺织原料及纺织制品	0.77

商 品 大 类	商 品 名 称	进口额/亿美元
第十三类	石料、石膏、水泥、石棉、云母及类似材料的制品；陶瓷产品；玻璃及其制品	0.59
第八类	生皮、皮革、毛皮及其制品；鞍具及挽具；旅行用品、手提包	0.55
第二十类	杂项制品	0.49
第九类	木及制品	0.12
第十类	木浆等；废纸；纸、纸板及其制品	0.08
第二十二类	特殊交易品及未分类商品	0.05
第三类	动植物油、脂、蜡；精制食用油脂	0.02
第十四类	珠宝、贵金属及制品；仿首饰；硬币	0.01
第二十一类	艺术品、收藏品及古物	0.01
第十二类	鞋帽伞等；已加工的羽毛及其制品；人造花；人发制品	0.00

数据来源：根据 Trade Map 网站数据计算。

表 3-25   2020 年中国向墨西哥主要出口商品构成

商 品 大 类	商 品 名 称	出口额/亿美元
第十六类	机电产品	210.41
第十八类	光学、医疗等仪器；钟表；乐器	43.39
第十七类	车辆、航空器、船舶及运输设备	33.54
第十五类	贱金属及其制品	30.53
第十一类	纺织原料及纺织制品	29.25
第二十类	杂项制品	26.02
第七类	塑料及其制品；橡胶及其制品	21.51
第六类	化学工业及其相关工业的产品	19.19
第十三类	石料、石膏、水泥、石棉、云母及类似材料的制品；陶瓷产品；玻璃及其制品	6.94
第四类	食品；饮料、酒及醋；烟草及制品	5.59
第十二类	鞋帽伞等；已加工的羽毛及其制品；人造花；人发制品	4.31
第八类	生皮、皮革、毛皮及其制品；鞍具及挽具；旅行用品、手提包	4.29
第五类	矿产品	3.90
第二十二类	特殊交易品及未分类商品	3.04
第十类	木浆等；废纸；纸、纸板及其制品	2.35
第二类	植物产品	2.03
第九类	木及制品	1.66

续表

商品大类	商品名称	出口额/亿美元
第一类	活动物、动物产品	0.31
第十四类	珠宝、贵金属及制品；仿首饰；硬币	0.19
第二十一类	艺术品、收藏品及古物	0.03
第三类	动植物油、脂、蜡；精制食用油脂	0.02
第十九类	武器、弹药及其零件、附件	0.01

数据来源：根据 Trade Map 网站数据计算。

三、贸易竞争力分析

本书主要采用显示性比较优势（Revealed Comparative Advantage，RCA）指数分析中国与日本、加拿大、墨西哥三国相关产品的竞争力。其中，RCA 指数是指一个国家或地区某种产品出口额占该国或地区出口总值份额与世界该类商品出口额占世界出口总值份额的比率，从而反映一个国家或地区在国际贸易中的竞争地位，其计算公式为：

$$RCA_{ij} = \frac{X_{ij}/X_i}{W_j/W}$$

其中，RCA_{ij} 代表 i 国（地区）j 产品的显示性比较优势指数，X_{ij} 代表 i 国（地区）对世界市场出口 j 产品的出口额，X_i 代表 i 国（地区）对世界市场的总出口额，W_j 代表世界市场 j 产品的出口额，W 代表世界市场产品的总出口额。根据 RCA 指数判断某种出口商品比较优势强弱的经验准则是：RCA>2.5，表明比较优势极强；1.25<RCA<2.5，表明比较优势较强；0.8<RCA<1.25，表明比较优势处于中等水平；RCA<0.8，表明比较优势较弱。

根据计算结果[①]，由于在自然条件、资源要素、政治文化等方面的不同，各国竞争优势存在较大差异。加拿大在动物制品、蔬菜、菜籽油、木制品等产品上具备极强的竞争优势；在鱼产品、谷物及制品、面粉、动物油、纸制品、车辆、航空器、铝及铝制品等产品上具备较强的竞争优势；在塑料及其制品、珠宝首饰、贱金属制品、家具等产品上具有中等竞争优势；在纺织品、服装、钢铁、机电产品、船舶、铁道车辆、玩具、仪器仪表、乐器、钟表等产品上不具

---

① 受篇幅限制，具体分析结果省略，读者若需要请与作者联系。

备竞争优势。

墨西哥在蔬菜、铁道车辆、机动车辆等产品上具备极强的竞争优势；在动物制品、水果、糖、饮料、贱金属、机电产品、仪器仪表、家具等产品上具备较强的竞争优势；在面粉、蔬菜制品、精油、陶瓷玻璃、钢铁制品、锌及其制品等产品上具备一定竞争力；在大部分农产品、化工品、纺织品、服装、鞋、船舶、航空器、钟表、玩具、乐器等产品上不具有竞争优势。

日本在汽车、船舶、照相及电影用品等产品上具备极强的竞争优势；在化工品、铜及其制品、橡胶、钢铁、机电产品、光学和医疗设备、乐器等产品上具备较强的竞争优势；在大部分农产品、纺织品、服装、鞋、贱金属、玩具等产品上不具有竞争优势。

中国在皮革及其制品、纺织品、服装、轻工制品等产品上具有极强的竞争优势；在动物制品、机电产品、钢铁、贱金属等产品上具有较强的竞争优势；在鱼产品、蔬菜、橡胶、塑料、木制品、纸制品、仪器仪表等产品上处于中等竞争优势；在汽车、航空器、化工产品、贱金属制品等产品上的竞争优势较弱。

四、贸易互补性分析

本书用贸易互补性指数（Trade Complementary Index，TCI）来衡量中国与日本、加拿大、墨西哥的贸易互补程度。TCI 的计算公式如下：

$$TCI_{ijk} = RCA_{ik} \times RCA_{jk}$$

上述公式中，当 TCI>1 时，表明 i 国和 j 国在 k 产品上的互补性高于平均水平，贸易往来比较紧密；当 TCI<1 时，表明 i 国和 j 国在 k 产品上的互补性低于平均水平，贸易往来并不紧密。

根据计算结果，中国与加拿大在蔬菜、鱼产品、毛皮、纺织品、服装、鞋帽、陶瓷、钢铁制品、电子电气产品、家具和玩具等产品上具有较强的互补性；与日本在鱼产品、蔬菜、木制品、毛皮及其制品、纺织品、服装、鞋帽、电子电气产品、轻工产品、杂项制品等产品上具有较强的互补性；与墨西哥在动物制品、皮革制品、纺织品、服装、鞋帽、陶瓷、玻璃、铝及其制品、铅金属制品、机电产品、仪器仪表、家具、玩具、杂项制品等产品上具有较强的互补性。

第二篇

出价篇

第四章　CPTPP 成员货物贸易谈判出价规律

　　各国在自贸协定中的货物贸易出价一般包括降税模式、敏感产品清单和例外措施三个方面。过渡期越短、降税分类越简单、敏感产品和例外措施越少，表明该国的货物贸易自由化水平越高。但是即便是在 CPTPP 等高水平自贸协定中，各国并非完全货物贸易自由化，而是均采用不同模式，尽可能降低自由化对本国产业的冲击，并加大对敏感产品等的额外保护。本章在对 CPTPP 各成员在其项下的出价模式和降税方案进行逐个梳理的基础上，探究其如何在实质性全面开放的情况下，根据本国产业特点，通过制定不同降税模式和例外措施来保护本国相对弱势产业，避免其遭受货物贸易自由化的过度冲击，为对后续中国参与 CPTPP 等高水平自贸协定谈判提供有意义的借鉴和参考。

一、CPTPP 货物贸易自由化水平及降税模式

（一）CPTPP 货物贸易自由化水平整体情况

　　在新一轮区域主义浪潮中，《全面与进步跨太平洋伙伴关系协定》（CPTPP）以其高标准、规则导向和巨大经济体量，在谈判启动之日就备受各界关注。在货物出价方面，CPTPP 成员间贸易以低关税、高自由化为特征。对 CPTPP 中各成员的关税减让表进行归纳总结，可以看出三大主要特点：一是各成员在协定中的总体税目自由化水平高，近乎 100%；二是工业品几乎全部降税为零；三是协定达成后立即降税为零产品的比例较高，大部分均超过 80%，其中，新加坡高达 100%（见表 4-1）。

表 4-1　CPTPP 成员货物贸易自由化情况

国家	产品数量/种	工业品数量/种	最长过渡期/年	总体税目自由化率	工业品自由化税目占全部税目比例	工业品税目自由化率	立即降税为零产品占全部税目比例
澳大利亚	6007	5201	4	99.9%	86.4%	99.8%	93.0%
日本	8834	6932	21	96.3%	78.4%	99.9%	86.1%
加拿大	8331	6894	11	98.9%	82.7%	100%	94.9%
新加坡	8300	7029	0	100%	84.69%	100%	100%
新西兰	7492	5583	7	100%	74.5%	100%	95.1%
马来西亚	10402	9090	16	99.86%	87.39%	100%	84.71%
秘鲁	7370	6313	16	99.4%	85.6%	99.9%	80.7%
墨西哥	12115	10896	16	99.4%	89.8%	99.8%	77.0%
文莱	8300	7029	11	99.64%	84.33%	99.57%	91.67%
越南	9347	8096	16	97.86%	73.16%	97.28%	65.74%
智利	7715	6231	8	99.9%（对加拿大 99.3%）	80.76%	100%	95.0%（对加拿大 93.8%）

数据来源：根据 CPTPP 市场准入附件计算。

（二）澳大利亚货物贸易出价情况

1. 降税模式

澳大利亚最长过渡期仅为 4 年，过渡期较短（仅次于新加坡），立即降税为零产品占全部税目比例为 93.0%，4 年后全部降税为零的产品占税目总数的 99.9%。降税模式具体如下：

（1）属于降税模式 AU3-A[①]项下的原产货物共计 188 项，占税目总数的 3.1%，该类货物关税应于协定生效之日起立即降至 2%，并于第 2 年降至 1%，于第 3 年免除。

（2）属于降税模式 AU3-B 项下的原产货物共计 20 项，占税目总数的 0.3%，该类货物关税应于协定生效之日起立即降至 5%，并在第 1 年至第 2 年 12 月 31 日期间保持该税率，自第 3 年起免除。此类货物主要是针织或钩编的服装及衣着附件（HS61）。

（3）属于降税模式 AU3-C 项下的原产货物共计 2 项（HS52085200、

---

① AU3-A，AU 指澳大利亚，3 为关税免除的过渡期年限，A 代表降税路径。

HS52092200），该类货物关税应于协定生效之日起保持基准税率，并在第 1 年至第 2 年 12 月 31 日期间维持该税率，自第 3 年起免除。

（4）属于降税模式 B4[①]项下的原产货物共计 20 项，此类货物关税应分 4 年削减，自第 4 年起免除。此类货物主要是鞋帽伞、已加工的羽毛及其制品（HS64）。

（5）属于降税模式 AU4-A 项下的原产货物共计 127 项，此类货物关税应于协定生效之日起降至 5%，并在第 1 年至第 3 年 12 月 31 日期间保持该税率，自第 4 年起免除。此类货物主要集中在纺织产品。

（6）属于降税模式 AU4-B 项下的原产货物共计 53 项，此类货物关税应保持基准税率至第 3 年 12 月 31 日，自第 4 年起免除。此类货物主要集中在纺织原料及纺织制品（HS54、HS57）、化学工业及其相关工业的产品（HS38）和塑料及其制品（HS39）。

（7）属于降税模式 AUR-1[②]项下的原产货物共计 8 项，此类货物关税的从价税部分应于协定生效之日起立即取消，非从价税部分应予以保留。

2. 敏感产品梳理

经梳理，澳大利亚的敏感产品共计 180 项，均为过渡期为 4 年且税率维持在 5% 的产品（见表 4-2）。其中，纺织原料及纺织制品占比超过 80%，共计 145 项，以成衣服装为主；生皮与皮革制品、化学工业及其相关工业的产品和机电产品各有 6 项，共占比 9.99%；塑料与橡胶及其制品、贱金属及其制品、木及制品均有个别敏感产品。敏感产品中工业品占比 99.44%。

表 4-2　澳大利亚敏感产品梳理

大　类	项　数	占　比	税　号
纺织原料及纺织制品	145	80.56%	略
化学工业及其相关工业的产品	6	3.33%	29053100；30061012；30061019；38085090；38089190；38089300
机电产品	6	3.33%	84289000；84741000；84798200；84864090；85258090；85279900
家具	2	1.11%	94016100；94033000

① B4，指分 4 年平均削减直至免除关税的降税模式。

② AUR-1，指澳大利亚针对同时征收从价税和从量税产品的降税模式，即从价税立即降税为零，从量税保留。

续表

大　类	项　数	占　比	税　号
贱金属及其制品	5	2.78%	73041100；73041900；73051200；73066100；73066900
木及制品	4	2.22%	44111290；44111390；44111490；44119300
生皮与皮革制品	6	3.33%	41071100；41071200；41079100；41079200；42034090；42050010
食品	1	0.56%	20059100
塑料与橡胶及其制品	5	2.78%	39201000；39209900；39262029；40151990；40159029；41071100
总计	180	100%	—

数据来源：根据 CPTPP 文本整理。

（三）新西兰货物贸易出价情况

1. 降税模式

新西兰最长过渡期仅为 7 年，立即降税为零产品占全部税目比例为 95.1%，7 年后全部降税为零的产品占税目总数的 100%。降税模式具体如下：

（1）属于降税模式 B2[①]项下的原产货物共计 8 项，占税目总数的 0.1%，该类产品的原产货物关税应自协定对新西兰生效之日起分 2 年削减。此类货物应自第 2 年 1 月 1 日起免除关税。

（2）属于降税模式 B5 项下的原产货物共计 125 项，占税目总数的 1.7%，该类产品的原产货物关税应自协定对新西兰生效之日起分 5 年削减。此类货物应自第 5 年 1 月 1 日起免除关税。

（3）属于降税模式 B7 项下的原产货物共计 228 项，占税目总数的 3.1%，该类产品的原产货物关税应自协定对新西兰生效之日起分 7 年削减。此类货物应自第 7 年 1 月 1 日起免除关税，主要包括表 4-3 所列产品。

---

① B2，指分 2 年平均削减直至免除关税的降税模式。

表 4-3　B7 项下主要产品类别

大　类	项　数
第十一类　纺织原料及纺织制品	134
第十六类　机电产品	18
第二十类　杂项制品	14
第七类　塑料及其制品；橡胶及其制品	13
第十五类　贱金属及其制品	13
第九类　木及制品	12
第六类　化学工业及其相关工业的产品	9
第十三类　石料、石膏、水泥、石棉、云母及类似材料的制品；陶瓷产品；玻璃及其制品	7
第十二类　鞋帽伞等；已加工的羽毛及其制品；人造花；人发制品	3
第八类　生皮、皮革、毛皮及其制品；鞍具及挽具；旅行用品、手提包	2
第十四类　珠宝、贵金属及制品；仿首饰；硬币	2
第十七类　车辆、航空器、船舶及运输设备	1
总计	228

数据来源：根据 CPTPP 市场准入附件计算。

（4）属于降税模式 NZ-Parts[①]项下的原产货物共计 32 项（见表 4-4），占税目总数的 0.4%，该类产品原产货物应与相应的非零部件类税目项下原产货物的关税安排相同。

表 4-4　NZ-Parts 项下主要产品类别

大　类	项　数
第十六类　机电产品	16
第十八类　光学、医疗等仪器；钟表；乐器	8
第二十类　杂项制品	2
第十九类　武器、弹药及其零件、附件	2
第十一类　纺织原料及纺织制品	2
第七类　塑料及其制品；橡胶及其制品	1
第十七类　车辆、航空器、船舶及运输设备	1
总计	32

数据来源：根据 CPTPP 市场准入附件计算。

---

① NZ-Parts，指新西兰（NZ）对于零部件类货物的关税安排。

2. 敏感产品梳理

经梳理，新西兰的敏感产品共计 393 项（见表 4-5）。其中，纺织原料及纺织制品占比达 49.4%，共计 194 项；贱金属及其制品 42 项，占比 10.7%；机电产品 35 项，占比 8.9%。敏感产品中工业品占比 96.7%。

表 4-5　新西兰敏感产品梳理

大　类	项　数	占　比
第十一类 纺织原料及纺织制品	194	49.4%
第十五类 贱金属及其制品	42	10.7%
第十六类 机电产品	35	8.9%
第十二类 鞋帽伞等；已加工的羽毛及其制品；人造花；人发制品	23	5.9%
第二十类 杂项制品	16	4.1%
第九类 木及制品	16	4.1%
第七类 塑料及其制品；橡胶及其制品	16	4.1%
农产品	13	3.3%
第六类 化学工业及其相关工业的产品	12	3.1%
第十八类 光学、医疗等仪器；钟表；乐器	8	2.0%
第十三类 石料、石膏、水泥、石棉、云母及类似材料的制品；陶瓷产品；玻璃及其制品	8	2.0%
第八类 生皮、皮革、毛皮及其制品；鞍具及挽具；旅行用品、手提包	3	0.8%
第十七类 车辆、航空器、船舶及运输设备	3	0.8%
第十九类 武器、弹药及其零件、附件	2	0.5%
第十四类 珠宝、贵金属及制品；仿首饰；硬币	2	0.5%
总计	393	100%

数据来源：根据 CPTPP 市场准入附件计算。

（四）日本货物贸易出价情况

1. 降税模式

日本最长过渡期为 21 年，是过渡期最长的国家，降税模式多达 62 种，是 CPTPP 成员中降税情况最复杂的国家。立即降税为零产品占全部税目比例为 86.1%，过渡期满后全部降税为零的产品占税目总数的 96.3%。降税模式具体如下：

（1）属于降税模式 EIF*[①]项下的原产货物关税（不包含税费）应自协定对日本生效之日起取消。此类原产货物的税费应为税目对 170111.190 项下的离心甘蔗糖（按重量计干燥状态的糖含量对应的旋光读数低于 98.5°）征收的税费税率减去 1.5 日元/千克。

（2）属于降税模式 B4[②]项下的原产货物共计 9 项，占比 0.1%，此类货物关税应自协定对日本生效之日起分 4 年均等削减，自第 4 年 4 月 1 日起免除。此类货物主要集中在农产品。

（3）属于降税模式 B6 项下的原产货物共计 262 项，占比 0.3%，此类货物关税应自协定对日本生效之日起分 6 年均等削减，自第 6 年 4 月 1 日起免除。此类货物主要集中在农产品。

（4）属于降税模式 JPB6*[③]项下的原产货物关税应于协定对日本生效之日起削减基准税率的 20%；且自第 2 年 4 月 1 日起，按上述削减后的税率分 5 年均等削减。此类货物应自第 6 年 4 月 1 日起免除关税。

（5）属于降税模式 JPB6**项下的原产货物关税应于协定对日本生效之日起削减基准税率的 50%；且自第 2 年 4 月 1 日起，按上述削减后的税率分 5 年均等削减。此类货物应自第 6 年 4 月 1 日起免除关税。

（6）属于降税模式 JPB6***项下的原产货物关税应保持基准税率至第 5 年 3 月 31 日。此类货物应自第 6 年 4 月 1 日起免除关税。

（7）属于降税模式 JPB6****项下的原产货物关税应于协定对日本生效之日起削减至"25%+40 日元/千克"；且自第 2 年 4 月 1 日起，按上述削减后的税率分 5 年均等削减。此类货物应自第 6 年 4 月 1 日起免除关税。

（8）属于降税模式 JPB6*****项下的原产货物关税应于协定对日本生效之日起削减至"35%+40 日元/千克"；且自第 2 年 4 月 1 日起，按上述削减后的税率分 5 年均等削减。此类货物应自第 6 年 4 月 1 日起免除关税。

（9）属于降税模式 B8 项下的原产货物共计 35 项，占比 0.4%，此类货物关税应自协定对日本生效之日起分 8 年均等削减，自第 8 年 4 月 1 日起免除。此类货物主要集中在农产品。

---

① EIF*，指的是日本实施的有条件的立即取消关税模式，Eliminated immediately from the date of entry into force of the CPTPP for that Party。

② B4，指分 4 年平均削减直至免除关税的降税模式。

③ JPB6*，JP 指日本，6 为关税免除的过渡期年限，B 通常代表降税模式中存在均等削减安排，*号用于区别相同过渡期内的不同降税路径。

（10）属于降税模式 JPB8*项下的原产货物关税应于协定对日本生效之日起削减基准税率的 50%；且自第 2 年 4 月 1 日起，按上述削减后的税率分 7 年均等削减。此类货物应自第 8 年 4 月 1 日起免除关税。

（11）属于降税模式 JPB8**项下的原产货物关税应于协定对日本生效之日起削减基准税率的 20%；且应保持上述削减后的税率至第 3 年 3 月 31 日；自第 4 年 4 月 1 日起，按上述削减后的税率分 5 年均等削减。此类货物应自第 8 年 4 月 1 日起免除关税。

（12）属于降税模式 JPB8***项下的原产货物关税应于协定对日本生效之日起削减基准税率的 1/3；且自第 2 年 4 月 1 日起，按上述削减后的税率分 7 年均等削减。此类货物应自第 8 年 4 月 1 日起免除关税。

（13）属于降税模式 JPB8****项下的原产货物关税应于协定对日本生效之日起削减至 10%或 125 日元/升，以两者中较低者为准，但不得低于 44.67 日元/升；自第 2 年 4 月 1 日起，关税应削减至 8.5%或 125 日元/升，以两者中较低者为准，但不得低于 35.73 日元/升；自第 3 年 4 月 1 日起，关税应削减至 7.1%或 125 日元/升，以两者中较低者为准，但不得低于 26.80 日元/升；自第 4 年 4 月 1 日起，关税应削减至 5.7%或 125 日元/升，以两者中较低者为准，但不得低于 17.87 日元/升；自第 5 年 4 月 1 日起，关税应削减至 4.2%或 125 日元/升，以两者中较低者为准，但不得低于 8.93 日元/升；自第 6 年 4 月 1 日起，关税应削减至 2.8%或 125 日元/升，以两者中较低者为准；自第 7 年 4 月 1 日起，关税应削减至 1.4%或 125 日元/升，以两者中较低者为准。此类货物应自第 8 年 4 月 1 日起免除关税。

（14）属于降税模式 JPB8*****项下的原产货物关税应于协定对日本生效之日起削减至 10%或 125 日元/升，以两者中较低者为准，但不得低于 44.67 日元/升；自第 2 年 4 月 1 日起，关税应削减至 8.5%或 125 日元/升，以两者中较低者为准，但不得低于 38.29 日元/升；自第 3 年 4 月 1 日起，关税应削减至 7.1%或 125 日元/升，以两者中较低者为准，但不得低于 31.90 日元/升；自第 4 年 4 月 1 日起，关税应削减至 5.7%或 125 日元/升，以两者中较低者为准，但不得低于 25.52 日元/升；自第 5 年 4 月 1 日起，关税应削减至 4.2%或 125 日元/升，以两者中较低者为准，但不得低于 19.14 日元/升；自第 6 年 4 月 1 日起，关税应削减至 2.8%或 125 日元/升，以两者中较低者为准，但不得低于 12.76 日元/升；自第 7 年 4 月 1 日起，关税应削减至 1.4%或 125 日元/升，以两者中较低者为准，但不得低于 6.38 日元/升。此类货物应自第 8 年 4 月 1 日起免除关税。

（15）属于降税模式 B9 项下的原产货物共计 7 项，占比 0.08%，此类货物关税应自协定对日本生效之日起分 9 年均等削减，自第 9 年 4 月 1 日起免除。此类货物主要集中在农产品。

（16）属于降税模式 JPB10*项下的原产货物关税应自协定对日本生效之日起削减至 2.2%；且自第 2 年 4 月 1 日起，按上述削减后的税率分 9 年均等削减。此类货物应自第 10 年 4 月 1 日起免除关税。

（17）属于降税模式 B11 项下的原产货物共计 456 项，占比 5.2%，此类货物关税应自协定对日本生效之日起分 11 年均等削减，自第 11 年 4 月 1 日起免除。此类货物主要集中在生皮、皮革、皮毛及制品（HS41、HS42），木及制品（HS44），纺织制品（HS50、HS61、HS62）、贱金属及其制品（HS74、HS78、HS79）、钟表（HS91）和杂项制品（HS94）。

（18）属于降税模式 JPB11*项下的原产货物关税应自协定对日本生效之日起至第 10 年 3 月 31 日期间，为下述（A）和（B）之差。此类货物应自第 11 年 4 月 1 日起免除关税。

（A）每千克货物所征关税金额乘以系数所得的每千克价值与表 4-6 第 2 栏规定的每千克价值之和。就本项而言，系数应为下述（a）和（b）之差：

（a）100%加上表 4-6 第 3 栏所列比率；

（b）表 4-6 第 2 栏所列每千克价值除以 897.59 日元所得比率。

表 4-6　JPB11*项下每千克价值规定

年　　份	每千克价值/日元	百分比/%
1	307.87	4.3
2	269.50	3.7
3	231.13	3.2
4	192.75	2.7
5	154.38	2.2
6	128.65	1.8
7	102.91	1.4
8	77.19	1.1
9	51.46	0.7
10	25.72	0.3

数据来源：CPTPP 文本附件。

（B）每千克货物所征收关税金额。

（19）属于降税模式 JPB11** 项下的原产货物关税应于协定对日本生效之日起削减至 4.3%；且自第 2 年 4 月 1 日起，按上述削减后的税率分 4 年均等削减至 2.2%；自第 6 年 4 月 1 日起，按上述削减后的税率分 6 年均等削减。此类货物应自第 11 年 4 月 1 日起免除关税。

（20）属于降税模式 JPB11*** 项下的原产货物关税应于协定对日本生效之日起削减基准税率的 25%；且自第 2 年 4 月 1 日起，按上述削减后的税率分 10 年均等削减。此类货物应自第 11 年 4 月 1 日起免除关税。

（21）属于降税模式 JPB11**** 项下的原产货物关税应于协定对日本生效之日起削减基准税率的 50%；且保持上述削减后的税率至第 10 年 3 月 31 日。此类货物应自第 11 年 4 月 1 日起免除关税。

（22）属于降税模式 JPB11***** 项下的原产货物关税应于协定对日本生效之日起削减基准税率的 50%；且自第 2 年 4 月 1 日起，按上述前减后的税率分 10 年均等削减。此类货物应自第 11 年 4 月 1 日起免除关税。

（23）属于降税模式 JPB12* 项下的原产货物关税应保持基准税率至第 8 年 3 月 31 日；且自第 9 年 4 月 1 日起，按基准税率分 4 年均等削减。此类货物应自第 12 年 4 月 1 日起免除关税。

（24）属于降税模式 JPB13* 项下的原产货物关税应于协定对日本生效之日起削减基准税率的 50%；且自第 2 年 4 月 1 日起，按上述削减后的税率分 12 年均等削减。此类货物应自第 13 年 4 月 1 日起免除关税。

（25）属于降税模式 JPB13** 项下的原产货物关税应于协定对日本生效之日起削减基准税率的 20%；且应保持上述削减后的税率至第 6 年 3 月 31 日；自第 7 年 4 月 1 日起，按上述削减后的税率分 7 年均等削减。此类货物应自第 13 年 4 月 1 日起免除关税。

（26）属于降税模式 JPB13*** 项下的原产货物关税应于协定对日本生效之日起削减基准税率的 50%；且应保持上述削减后的税率至第 6 年 3 月 31 日；自第 7 年 4 月 1 日起，按上述削减后的税率再削减基准税率的 25%；应保持上述削减后的税率至第 12 年 3 月 31 日。此类货物应自第 13 年 4 月 1 日起免除关税。

（27）属于降税模式 B16 项下的原产货物共计 89 项，占比 1%，此类货物关税应自协定对日本生效之日起分 16 年均等削减，自第 16 年 4 月 1 日起免除。此类货物主要为生皮、皮革、毛皮及制品（HS43）、鞋帽伞等、已加工的羽毛及制品（HS64）。

（28）属于降税模式 JPB16*项下的原产货物关税应自协定对日本生效之日起至第 15 年 3 月 31 日，取下述（A）和（B）中的较低者。此类货物应自第 16 年 4 月 1 日起免除关税。

（A）后两者之差：每只征收的关税；每只 20400.55 日元乘以 100%与表 4-7 第 3 栏所列百分比之和。

（B）表 4-7 第 2 栏所列每千克价值。

表 4-7　JPB16*项下每千克价值规定

年　　份	每千克价值/日元	百分比/%
1	18288.75	7.9
2	17069.50	7.4
3	15850.25	6.9
4	14631.00	6.3
5	13411.75	5.8
6	12192.50	5.3
7	10973.25	4.7
8	9754.00	4.2
9	8534.75	3.7
10	7315.50	3.1
11	6096.25	2.6
12	4877.00	2.1
13	3657.75	1.5
14	2438.50	1.0
15	1219.25	0.5

数据来源：CPTPP 文本附件。

（29）属于降税模式 JPB16**项下的原产货物关税应于协定对日本生效之日起削减至"25%+40 日元/千克"；且自第 2 年 4 月 1 日起，按上述削减后的税率分 15 年均等削减。此类货物应自第 16 年 4 月 1 日起免除关税。

（30）属于降税模式 JPB16***项下的原产货物关税应于协定对日本生效之日起削减至"35%+40 日元/千克"；且自第 2 年 4 月 1 日起，按上述削减后的税率分 15 年均等削减。此类货物应自第 16 年 4 月 1 日起免除关税。

（31）属于降税模式 JPB16****项下的原产货物关税应于协定对日本生效之日起削减基准税率的 50%，且应保持上述削减后的税率至第 15 年 3 月 31 日。

此类货物应自第 16 年 4 月 1 日起免除关税。

（32）属于降税模式 JPB21*项下的原产货物关税应于协定对日本生效之日起削减至"25%+40 日元/千克"；且自第 2 年 4 月 1 日起，按上述削减后的税率分 20 年均等削减。此类货物应自第 21 年 4 月 1 日起免除关税。

（33）属于降税模式 JPB21**项下的原产货物关税应于协定对日本生效之日起削减至"35%+40 日元/千克"；且自第 2 年 4 月 1 日起，按上述削减后的税率分 20 年均等削减。此类货物应自第 21 年 4 月 1 日起免除关税。

（34）属于降税模式 JPB21***项下的原产货物关税应于协定对日本生效之日起分 11 年均等削减基准税率的 80%；且自第 12 年 4 月 1 日起，按上述削减后的税率分 10 年均等削减。此类货物应自第 21 年 4 月 1 日起免除关税。

（35）属于降税模式 JPR2[①]项下的原产货物关税应于协定对日本生效之日起削减至 27.5%；自第 2 年 4 月 1 日起，应按上述削减后的税率分 9 年均等削减至 20%；自第 11 年 4 月 1 日起，应按上述削减后的税率分 6 年均等削减至 9%；且自第 16 年起，关税应保持在 9%的水平。

（36）属于降税模式 JPR3 项下的原产货物关税应于协定对日本生效之日起削减至 39%；自第 2 年 4 月 1 日起，按上述削减后的税率分 9 年均等削减至 20%；自第 11 年 4 月 1 日起，按上述削减后的税率分 6 年均等削减至 9%；且自第 16 年 4 月 1 日起，关税应保持在 9%的水平。

（37）属于降税模式 JPR4 项下的原产货物关税应为下述（A）和（B）中的较低者。

（A）每千克货物所征关税与每千克价值之差，其中每千克价值的计算是用 393 日元/千克乘以 100%同表 4-8 第 3 栏所列百分比之和。

（B）表 4-8 第 2 栏所列每千克价值。

表 4-8　JPB4 项下每千克价值规定

年　　份	每千克价值/日元	百分比/%
1	93.75	2.2
2	93.75	1.9
3	93.75	1.7
4	93.75	1.4
5	52.50	1.2

① JPR2～JPR25，是日本（JP）针对特定商品采取的特殊降税模式，主要对象是农产品和食品。

续表

年　份	每千克价值/日元	百分比/%
6	49.50	0.9
7	46.50	0.7
8	43.50	0.4
9	40.50	0.2
第 10 年及其后各年	37.50	0

数据来源：CPTPP 文本附件。

（38）属于降税模式 JPR5 项下的原产货物关税应为下述（A）和（B）中的较低者。

（A）每千克货物所征关税与每千克价值之差，其中每千克价值的计算是用 524 日元/千克乘以 100% 同表 4-9 第 3 栏所列百分比之和。

（B）表 4-9 第 2 栏所列每千克价值。

表 4-9　JPB5 项下每千克价值规定

年　份	每千克价值/日元	百分比/%
1	125	2.2
2	125	1.9
3	125	1.7
4	125	1.4
5	70	1.2
6	66	0.9
7	62	0.7
8	58	0.4
9	54	0.2
第 10 年及其后各年	50	0

数据来源：CPTPP 文本附件。

（39）属于降税模式 JPR6 项下的原产货物关税应于协定对日本生效之日起分 6 年均等削减基准税率的 70%；且自第 6 年起，关税应保持上述削减后的税率水平。

（40）属于降税模式 JPR7 项下的原产货物关税应于协定对日本生效之日起削减基准税率的 10%，并在此后保持该税率水平。

（41）属于降税模式 JPR8 项下的原产货物关税应于协定对日本生效之日起

分 6 年均等削减基准税率的 55%；且自第 6 年起，关税应保持上述削减后的税率水平。

（42）属于降税模式 JPR9 项下的原产货物关税应于协定对日本生效之日起分 6 年均等削减基准税率的 50%；且自第 6 年起，关税应保持上述削减后的税率水平。

（43）属于降税模式 JPR10 项下的原产货物关税应于协定对日本生效之日起分 6 年均等削减基准税率的 90%；且自第 6 年起，关税应保持上述削减后的税率水平。

（44）属于降税模式 JPR11 项下的原产货物关税应于协定对日本生效之日起分 6 年均等削减基准税率的 72%；且自第 6 年起，关税应保持上述削减后的税率水平。

（45）属于降税模式 JPR12 项下的原产货物关税应于协定对日本生效之日起分 6 年均等削减基准税率的 75%；且自第 6 年起，关税应保持上述削减后的税率水平。

（46）属于降税模式 JPR13 项下的原产货物关税应于协定对日本生效之日起分 11 年均等削减基准税率的 50%；且自第 11 年起，关税应保持上述削减后的税率水平。

（47）属于降税模式 JPR14 项下的原产货物关税应在协定对日本生效之日起削减基准税率的 15%，并在此后保持此税率水平。

（48）属于降税模式 JPR15 项下的原产货物关税应在协定对日本生效之日起削减基准税率的 25%，并在此后保持此税率水平。

（49）属于降税模式 JPR16 项下的原产货物关税应于协定对日本生效之日起分 6 年均等削减基准税率的 15%；且自第 6 年起，关税应保持上述削减后的税率水平。

（50）属于降税模式 JPR17 项下的原产货物关税应于协定对日本生效之日起削减基准税率的 5%，并在此后保持此税率水平。

（51）属于降税模式 JPR18 项下的原产货物关税应于协定对日本生效之日起分 6 年均等削减基准税率的 25%；且自第 6 年起，关税应保持上述削减后的税率水平。

（52）属于降税模式 JPR19 项下的原产货物关税应于协定对日本生效之日起分 4 年均等削减基准税率的 15%；且自第 4 年起，关税应保持上述削减后的税率水平。

（53）属于降税模式 JPR20 项下的原产货物关税应于协定对日本生效之日起分 9 年均等削减基准税率的 60%；且自第 9 年起，关税应保持上述削减后的税率水平。

（54）属于降税模式 JPR21 项下的原产货物关税应于协定对日本生效之日起分 9 年均等削减基准税率的 55%；且自第 9 年起，关税应保持上述削减后的税率水平。

（55）属于降税模式 JPR22 项下的原产货物关税应于协定对日本生效之日起分 6 年均等削减基准税率的 60%；且自第 6 年起，关税应保持上述削减后的税率水平。

（56）属于降税模式 JPR23 项下的原产货物关税应于协定对日本生效之日起分 6 年均等削减基准税率的 63%；且自第 6 年起，关税应保持上述削减后的税率水平。

（57）属于降税模式 JPR24 项下的原产货物关税应于协定对日本生效之日起分 6 年均等削减基准税率的 66.6%；且自第 6 年起，关税应保持上述削减后的税率水平。

（58）属于降税模式 JPR25 项下的原产货物关税应于协定对日本生效之日起分 6 年均等削减基准税率的 67%；且自第 6 年起，关税应保持上述削减后的税率水平。

（59）日本通过对属于降税模式 JPM1[①]项下的原产货物实施最高进口加价，以设定最低售价，每年实施的最高进口加价如下。

（A）第 1 年 16.2 日元/千克；

（B）第 2 年 15.3 日元/千克；

（C）第 3 年 14.5 日元/千克；

（D）第 4 年 13.6 日元/千克；

（E）第 5 年 12.8 日元/千克；

（F）第 6 年 11.9 日元/千克；

（G）第 7 年 11.1 日元/千克；

（H）第 8 年 10.2 日元/千克；

（I）第 9 年及以后各年 9.4 日元/千克。

（60）日本通过对属于降税模式 JPM2 项下的原产货物实施最高进口加价，

---

① JPM1/2，指的是日本（JP）对特定商品实施最高进口加价的降税模式。

以设定最低售价，每年实施的最高进口加价如下。

（A）第 1 年 7.6 日元/千克；

（B）第 2 年 7.2 日元/千克；

（C）第 3 年 6.8 日元/千克；

（D）第 4 年 6.4 日元/千克；

（E）第 5 年 6.0 日元/千克；

（F）第 6 年 5.6 日元/千克；

（G）第 7 年 5.2 日元/千克；

（H）第 8 年 4.8 日元/千克；

（I）第 9 年及以后各年 4.4 日元/千克。

（61）自协定对日本生效之日起，属于降税模式 TWQ-[n]或 CSQ-[n][1]项下的原产货物关税应依据减让表附录 A 中的关税配额条款管理。

（62）属于降税模式 MFN[2]项下的原产货物关税应为进口时实施的最惠国税率。

2. 敏感产品梳理

经梳理，日本的敏感产品共计 357 项，均为过渡期结束后仍未降税为零的产品（见表 4-10）。日本的敏感产品主要集中在农产品领域，占比达 90.5%；工业品为 34 项，占比为 9.5%，主要为林产品。

表 4-10　日本敏感产品梳理

大　类	项　数	占　比	税　号
农产品	323	90.5%	略
化学工业及其相关工业的产品	1	0.3%	350510100
林产品	33	9.2%	440710110；440710121；440710129；441011110；441012110；441012190；441012900；441231111；441231191；441231911；441231921；441231931；441231941；441231951；441231119；441231199；441231919；441231929；441231939；441231949；441231959；441232110；

---

[1] TWQ-[n]和 CSQ-[n]，分别指的是涉及地区关税配额和国别关税配额的降税模式。

[2] MFN，即为最惠国税率的降税模式。

续表

大　类	项　数	占　比	税　号
林产品	33	9.2%	441232190；441232911；441232912；441232991；441232992；441232993；441239110；441239190；441239910；441239991；441239992
总计	357	100%	——

数据来源：根据 CPTPP 市场准入附件计算。

（五）加拿大货物贸易出价情况

1. 降税模式

加拿大最长过渡期为 11 年，立即降税为零产品占全部税目比例为 94.9%，11 年后全部降税为零的产品占税目总数的 98.9%。降税模式具体如下：

（1）属于降税模式 B4 项下的原产货物共计 116 项，占税目总数的 1.4%。该类产品的原产货物关税应分 4 年削减，自第 4 年 1 月 1 日起免除。

（2）属于降税模式 B6 项下的原产货物共计 71 项（见表 4-11），占税目总数的 0.9%。该类产品的原产货物关税应分 6 年削减，自第 6 年 1 月 1 日起免除。

表 4-11　B6 项下主要产品类别

大　类	项　数
第十一类 纺织原料及纺织制品	28
第十七类 车辆、航空器、船舶及运输设备	15
第四类 食品；饮料、酒及醋；烟草及制品	11
第二十类 杂项制品	9
第一类 活动物、动物产品	3
第七类 塑料及其制品；橡胶及其制品	2
第三类 动植物油、脂、蜡；精制食用油脂	2
第二类 植物产品	1
总计	71

数据来源：根据 CPTPP 市场准入附件计算。

（3）属于降税模式 B7 项下的原产货物共计 1 项，占税目总数的 0.01%，该类产品的原产货物关税应分 7 年削减，自第 7 年 1 月 1 日起免除。B7 项下产品为装有金属防护鞋头的其他鞋靴（HS64034000）。

（4）属于降税模式 B11 项下的原产货物共计 118 项（见表 4-12），占税目总数的 1.4%。该类产品的原产货物关税应分 11 年削减，自第 11 年 1 月 1 日起免除。

表 4-12 B11 项下主要产品类别

大 类	项 数
第四类 食品；饮料、酒及醋；烟草及制品	77
第二类 植物产品	16
第十七类 车辆、航空器、船舶及运输设备	15
第一类 活动物、动物产品	7
第十二类 鞋帽伞等；已加工的羽毛及其制品；人造花；人发制品	3
总计	118

数据来源：根据 CPTPP 市场准入附件计算。

（5）属于降税模式 CA1[①] 项下的原产货物共计 9 项，占税目总数的 0.1%，该类产品的原产货物关税在第 1 年至第 8 年期间应保持基准税率，并自第 9 年起分 4 年均等削减。此类货物应自第 12 年 1 月 1 日起免除关税。CA1 项下产品主要为橡胶及其制品、塑料及其制品等。

（6）属于降税模式 CA2 项下的原产货物共计 1 项，占税目总数的 0.01%，该类产品的原产货物关税应于协定对加拿大生效之日起降至基准税率的 1/4，并保持该税率至第 11 年。此类货物应自第 12 年 1 月 1 日起免除关税。CA2 项下产品为：其他过踝橡胶、塑料短筒靴（HS64039100）。

（7）属于降税模式 CA3 项下的原产货物共计 8 项，占税目总数的 0.1%，该类产品的原产货物关税应于协定对加拿大生效之日起降至 5.5%，自第 2 年 1 月 1 日起降至 5.0%，自第 3 年 1 月 1 日起降至 2.5%，自第 4 年 1 月 1 日起降至 2.0%。此类货物应自第 5 年 1 月 1 日起免除关税。CA3 项下的 8 项产品主要为汽车产品。

（8）属于降税模式关税配额项下的原产货物共计 95 项（见表 4-13），占税目总数的 1.1%。该类产品的原产货物关税应依据减让表附录 A 中关税配额条款管理。

---

① CA1/2/3，指加拿大（CA）针对特定商品的特殊降税模式。

表 4-13　关税配额项下主要产品类别

大　类	项　数
第一类 活动物、动物产品	66
第四类 食品；饮料、酒及醋；烟草及制品	27
第六类 化学工业及其相关工业的产品	2
总计	95

数据来源：根据 CPTPP 市场准入附件计算。

2. 敏感产品梳理

经梳理，加拿大的敏感产品共计 425 项（见表 4-14）。其中，占比最大的为农产品，共计 201 项，占比为 47.3%；纺织原料及纺织制品 135 项，占比 31.8%；车辆、航空器、船舶及运输设备 38 项，占比 8.9%。敏感产品中工业品占比 49.2%。

表 4-14　加拿大敏感产品梳理

大　类	项　数	占　比	税　号
农产品	201	47.3%	略
第十一类 纺织原料及纺织制品	135	31.8%	略
第十七类 车辆、航空器、船舶及运输设备	38	8.9%	略
烟草	15	3.5%	略
第十二类 鞋帽伞等；已加工的羽毛及其制品；人造花；人发制品	14	3.3%	略
第七类 塑料及其制品；橡胶及其制品	11	2.6%	略
第二十类 杂项制品	9	2.1%	94013010 94014000 94015190 94015990 94016110 94016910 94041000 94042100 94049090
第六类 化学工业及其相关工业的产品	2	0.5%	35021120 35021920
总计	425	100%	—

数据来源：根据 CPTPP 市场准入附件计算。

（六）墨西哥货物贸易出价情况

1. 降税模式

墨西哥最长过渡期为 16 年，立即降税为零产品占全部税目比例为 77.0%，16 年后全部降税为零的产品占税目总数的 99.4%。降税模式具体如下：

（1）属于降税模式 B3 项下的原产货物共计 6 项，占税目总数的 0.05%。该类产品的原产货物关税应分 3 年削减，自第 3 年 1 月 1 日起免除。

（2）属于降税模式 B5 项下的原产货物共计 310 项，占税目总数的 2.6%。该类产品的原产货物关税应分 5 年削减，自第 5 年 1 月 1 日起免除。

（3）属于降税模式 B8 项下的原产货物共计 6 项，占税目总数的 0.05%。该类产品的原产货物关税应分 8 年削减，自第 8 年 1 月 1 日起免除。该项下均为农产品。

（4）属于降税模式 B10 项下的原产货物共计 2192 项，占税目总数的 18.1%。该类产品的原产货物关税应分 10 年削减，自第 10 年 1 月 1 日起免除。该项下主要产品类别详见表 4-15。

表 4-15　B10 项下主要产品类别

大　类	项　数
第十一类 纺织原料及纺织制品	811
第十六类 机电产品	267
第六类 化学工业及其相关工业的产品	230
第十五类 贱金属及其制品	173
第七类 塑料及其制品；橡胶及其制品	139
第二十类 杂项制品	112
第十三类 石料、石膏、水泥、石棉、云母及类似材料的制品；陶瓷产品；玻璃及其制品	89
第九类 木及制品	48
第四类 食品；饮料、酒及醋；烟草及制品	46
第一类 活动物、动物产品	46
第十八类 光学、医疗等仪器；钟表；乐器	45
第十七类 车辆、航空器、船舶及运输设备	39
第十二类 鞋帽伞等；已加工的羽毛及其制品；人造花；人发制品	35
第八类 生皮、皮革、毛皮及其制品；鞍具及挽具；旅行用品、手提包	31
第二类 植物产品	29

续表

大　类	项　　数
第三类 动植物油、脂、蜡；精制食用油脂	15
第十四类 珠宝、贵金属及制品；仿首饰；硬币	14
第十类 木浆等；废纸；纸、纸板及其制品	12
第十九类 武器、弹药及其零件、附件	8
第五类 矿产品	3
总计	2192

数据来源：根据 CPTPP 市场准入附件计算。

（5）属于降税模式 B12 项下的原产货物共计 1 项，占税目总数的 0.01%。该类产品的原产货物关税应分 12 年削减，自第 12 年 1 月 1 日起免除。该项为农产品。

（6）属于降税模式 B13 项下的原产货物共计 23 项，占税目总数的 0.19%。该类产品的原产货物关税应分 13 年削减，自第 13 年 1 月 1 日起免除。该项下均为第十二类产品：鞋帽伞等；已加工的羽毛及其制品；人造花；人发制品。

（7）属于降税模式 B15 项下的原产货物共计 55 项，占税目总数的 0.45%。该类产品的原产货物关税应分 15 年削减，自第 15 年 1 月 1 日起免除。该类产品中的 53 项为农产品，仅 2 项为工业品，分别为：用于车辆及公路旅客或货物运输车，包括拖拉机，或税号 87.05 所列产品（HS40122001）；其他（HS40122099）。

（8）属于降税模式 B16 项下的原产货物共计 82 项，占税目总数的 0.68%。该类产品的原产货物关税应分 16 年削减，自第 16 年 1 月 1 日起免除。该项下均为第十一类产品：纺织原料及纺织制品。

（9）属于降税模式 D 项下的原产货物共计 40 项，占税目总数的 0.33%。该类产品的原产货物关税应为 WTO 协定下的实施税率。该项下均为农产品。其中部分产品与（21）CSQ 和（22）CSA 项下产品重复。

（10）属于降税模式 MX10[①]项下的原产货物共计 2 项，占税目总数的 0.02%。该类产品的原产货物关税自第 1 年至第 5 年应保持基准税率，自第 6 年起分 5 年均等削减，自第 10 年 1 月 1 日起免除。该项下均为农产品。

（11）属于降税模式 MX11 项下的原产货物共计 1 项，占税目总数的 0.01%。

---

① MX10，MX 指墨西哥，10 为关税免除的过渡期年限。

该类产品的原产货物关税自第 1 年起削减至 16%，并自第 2 年起分 10 年均等削减，自第 11 年 1 月 1 日起免除。该项为农产品。

（12）属于降税模式 MX13 项下的原产货物共计 2 项，占税目总数的 0.02%。该类产品的原产货物关税应自第 1 年至第 3 年保持基准税率，并自第 4 年起分 10 年均等削减，自第 13 年 1 月 1 日起免除。该项下均为农产品。

（13）属于降税模式 MX16 项下的原产货物共计 15 项，占税目总数的 0.12%。该类产品的原产货物关税应自第 1 年至第 5 年保持基准税率，并自第 6 年起分 11 年均等削减，自第 16 年 1 月 1 日起免除。该项下均为农产品。

（14）属于降税模式 MXR1[①]项下的原产货物共计 2 项，占税目总数的 0.02%。该类产品的原产货物关税自协定对墨西哥生效之日起分 10 年均等削减基准税率的 50%，自第 10 年 1 月 1 日起每年关税均为 10%。该项下均为农产品。

（15）属于降税模式 MXR2 项下的原产货物共计 4 项，占税目总数的 0.03%。该类产品的原产货物关税自协定对墨西哥生效之日起分 5 年均等削减基准税率的 50%，自第 5 年 1 月 1 日起每年关税均为 36%。该项下均为农产品。

（16）属于降税模式 MXR3 项下的原产货物共计 4 项，占税目总数的 0.03%。该类产品的原产货物关税自协定对墨西哥生效之日起分 7 年均等削减基准税率的 70%，自第 7 年 1 月 1 日起每年关税均为 42%。该项下均为农产品。

（17）属于降税模式 MXR4 项下的日本原产货物共计 20 项，占税目总数的 0.17%。该类产品的关税应分 8 年均等削减至 8%；自第 9 年 1 月 1 日起削减至 7.75%；自第 10 年 1 月 1 日起再削减至 7.5%。该类产品均属于第十七类产品：车辆、航空器、船舶及运输设备。对于其他国家，关税立即为零。

（18）属于降税模式 MXR5 项下的日本原产货物共计 2 项，占税目总数的 0.02%。该类产品的关税应分 8 年均等削减至 4%；自第 9 年 1 月 1 日起削减至 3.87%；自第 10 年 1 月 1 日起再削减至 3.75%。该类产品均属于第十七类产品：车辆、航空器、船舶及运输设备。对于其他国家，关税立即为零。

（19）属于降税模式 MXR6 项下的日本原产货物共计 4 项，占税目总数的 0.03%。该类产品的关税应分 8 年均等削减至 1.33%；自第 9 年 1 月 1 日起削减至 1.28%；自第 10 年 1 月 1 日起再削减至 1.25%。该类产品均属于第十七类产品：车辆、航空器、船舶及运输设备。对于其他国家，关税立即为零。

（20）属于降税模式 MXR7 项下的原产货物共计 17 项，占税目总数的 0.14%。

---

① MXR1，MX 指墨西哥，R 指该降税模式下产品逐步降至某一税率，1 代表降税路径。

该类产品的原产货物关税应自协定对墨西哥生效之日起削减至 47.5%。该类产品均属于第十七类产品：车辆、航空器、船舶及运输设备。

（21）属于降税模式 CSQ①项下的原产货物共计 30 项，占税目总数的 0.25%。该类产品的原产货物关税应依据 CPTPP 文本附件 2-D 墨西哥关税取消附录 A 中条款管理。该项下均为农产品，其中部分产品与（9）D 项下重复。

（22）属于降税模式 CSA 项下的原产货物共计 13 项，占税目总数的 0.1%。该类产品的原产货物关税应依据 CPTPP 文本附件 2-D 墨西哥关税取消附录 B 中条款管理。该项下均为农产品。其中部分产品与（9）D 项下重复。

2. 敏感产品梳理

经梳理，墨西哥的敏感产品共计 2791 项（见表 4-16）。其中，占比最大的纺织原料及纺织制品，共计 909 项，占比为 32.6%；机电产品 316 项，占比 11.3%；农产品 306 项，占比 11.0%。敏感产品中工业品 2483 项，占比 89.0%。

表 4-16　墨西哥敏感产品梳理

大　　类	项　　数	占　　比
第十一类　纺织原料及纺织制品	909	32.6%
第十六类　机电产品	316	11.3%
农产品	306	11.0%
第十五类　贱金属及其制品	251	9.0%
第六类　化学工业及其相关工业的产品	238	8.5%
第七类　塑料及其制品；橡胶及其制品	153	5.5%
第二十类　杂项制品	118	4.2%
第十三类　石料、石膏、水泥、石棉、云母及类似材料的制品；陶瓷产品；玻璃及其制品	109	3.9%
第十七类　车辆、航空器、船舶及运输设备	90	3.2%
第十八类　光学、医疗等仪器；钟表；乐器	81	2.9%
第十二类　鞋帽伞等；已加工的羽毛及其制品；人造花；人发制品	65	2.3%
第九类　木及制品	59	2.1%
第八类　生皮、皮革、毛皮及其制品；鞍具及挽具；旅行用品、手提包	31	1.1%
第十类　木浆等；废纸；纸、纸板及其制品	31	1.1%
第十四类　珠宝、贵金属及制品；仿首饰；硬币	18	0.6%
第十九类　武器、弹药及其零件、附件	11	0.4%

---

① CSQ 和 CSA，指涉及配额产品的降税模式。

续表

大　类	项　数	占　比
第五类 矿产品	3	0.1%
烟草	2	0.1%
总计	2791	100%

数据来源：根据 CPTPP 市场准入附件计算。

（七）智利货物贸易出价情况

1. 降税模式

智利最长过渡期为 8 年，过渡期较长，立即降税为零产品占全部税目比例为 95.0%（其中，智利对加拿大在额外 44 种商品上维持最惠国税率，立即降税为零产品比例为 93.8%），8 年后全部降税为零的产品占税目总数的 99.9%（对加拿大为 99.3%）。降税模式具体如下：

（1）属于降税模式 B4 项下的原产货物共计 169 项，占税目总数的 2.1%。该类产品关税分 4 年均等削减，自第 4 年 1 月 1 日起免除。

（2）属于降税模式 B8 项下的原产货物共计 203 项，占税目总数的 2.6%。该类产品关税分 8 年均等削减，自第 8 年 1 月 1 日起免除。

（3）降税模式下需要与不同国家的区域自贸协定中相同货物关税安排一致的原产货物共计 8 项，主要涉及小麦和糖相关税目（见表 4-17）。根据智利与不同国家达成的协定，该降税模式有 CL-AU FTA-Wheat、CL-AU FTA-Sugar、CL-CA FTA-Wheat、CL-CA FTA-Sugar、CL-JP SEP-Wheat、CL-JP SEP-Sugar、CL-MX FTA-Wheat、CL-MX FTA-Sugar、CL-PE FTA-Wheat、CL-PE FTA-Sugar、CL-P4-Wheat、CL-P4-Sugar[①]（对文莱、新西兰和新加坡三国适用），分别是针对澳大利亚、加拿大、日本、墨西哥、秘鲁、文莱、新西兰和新加坡的小麦和糖商品提出，该模式项下的原产货物关税分别要与《智利—澳大利亚自由贸易协定》、《智利—加拿大自由贸易协定》、《智利—日本战略经济伙伴协定》、《智利—墨西哥自由贸易协定》（经济互补协定—第 41 号）、《智利—秘鲁自由贸易协定》（经济互补协定—第 38 号）和《跨太平洋战略经济伙伴协定》中相同货

---

① CL-AU FTA、CL-CA FTA、CL-JP SEP、CL-MX FTA、CL-PE FTA 和 CL-P4，分别对应《智利—澳大利亚自由贸易协定》、《智利—加拿大自由贸易协定》、《智利—日本战略经济伙伴协定》、《智利—墨西哥自由贸易协定》（经济互补协定—第 41 号）、《智利—秘鲁自由贸易协定》（经济互补协定—第 38 号）和《跨太平洋战略经济伙伴协定》。

物关税安排一致。

此外，对于马来西亚和越南的上述这 8 项产品，降税模式分别为 CL-MY-Wheat、CL-MY-Sugar 和 CL-VN-Wheat、CL-VN-Sugar[①]，要求原产货物关税中的从价税部分应自协定对智利生效时免除，从量税部分应遵照第 18.525 号法律或其后续法律规定实施。

（4）属于降税模式 CL-MFN 项下的原产货物关税应为最惠国税率。该项下的原产货物涉及加拿大的 44 项商品。

表 4-17　涉及与区域自贸协定关税一致的 8 项产品

税　号	货 品 名 称	基准税率（自 2010-01-01）
11010000	小麦或混合麦的细粉	6%+特定税率
10019000	其他小麦	6%+特定税率
17011100	蔗糖	6%+特定税率
17011200	甜菜糖	6%+特定税率
17019100	有香料或着色剂的糖	6%+特定税率
17019910	精制蔗糖	6%+特定税率
17019920	精制甜菜糖	6%+特定税率
17019990	其他糖	6%+特定税率

数据来源：CPTPP 市场准入附件。

根据《智利—澳大利亚自由贸易协定》，智利对两项小麦商品的降税安排是在 6 年内，以不平均的速度在 2015 年 1 月 1 日下降为零。而对于税号 17011100 等六种糖类商品，自贸协定中规定从价税自协定生效之日起从 6%下降到 3%，此后每年分别降至 1.98%、1.02%，到 2012 年 1 月 1 日降至零，从量税仍然保留。

根据《智利—加拿大自由贸易协定》，智利对两项小麦商品自 2014 年 1 月 1 日起完全免税。而对于税号 17011100 等六种糖类商品，经过 17 年在 2013 年 1 月 1 日已降为零。

根据智利与墨西哥、秘鲁的自贸协定，上述商品关税已取消。

根据智利与文莱、新西兰和新加坡在《跨太平洋战略经济伙伴协定》中的约定，智利对于上述 8 项商品的进口关税可依据第 18.525 号法律第 12 条维持价格平准制度（Price Band System）。智利应给予其他缔约方不少于给予任何第

---

① CL-MY-Wheat、CL-MY-Sugar 和 CL-VN-Wheat、CL-VN-Sugar，是指智利对马来西亚和越南在小麦和糖产品上的降税模式。

三国的优惠关税待遇，包括智利已与之缔结或将来将缔结协定的国家。也就是说，智利对上述三国也消除了该部分商品关税。

根据智利与日本的自贸协定，上述糖类和小麦产品被排除在减少或取消关税等承诺之外。

2. 敏感产品梳理

经梳理，智利的敏感产品共 203 项，均为过渡期为 8 年的产品（见表 4-18）。其中，纺织原料及纺织制品占比 48.77%，共计 99 项，以（非）针织或钩编的服装及衣着附件为主；贱金属及其制品 47 项，占比 23.15%。糖类食品、钻探机械中均有个别敏感产品。敏感产品中工业品占比 73.89%，农产品主要是脂肪、乳类产品、稻谷和碎米，以及糖类食品。

表 4-18　智利敏感产品梳理

大　类	项　数	占　比	税　号
纺织原料及纺织制品	99	48.77%	54023100；54023200 54023300；55093100 等
贱金属及其制品	47	23.15%	72082500；72082600 72082700；72083700 等
动物产品	34	16.75%	04021000；04022111 04022112；04022113 等
食品饮料制品	13	6.40%	17022000；17023000 17024000；17025000 等
稻谷、碎米	6	2.96%	10061000；10062000 10063010；10063020 10063090；10064000
钻探或凿井机械及零件	4	1.97%	84314310；84314320 84314390；84819000
合计	203	100%	—

数据来源：根据 CPTPP 市场准入附件计算。

（八）秘鲁货物贸易出价情况

1. 降税模式

秘鲁最长过渡期为 16 年，过渡期非常长，立即降税为零产品占全部税目比例为 80.7%，16 年后全部降税为零的产品占税目总数的 99.4%。降税模式具体如下：

（1）属于降税模式 B6 项下的原产货物共计 362 项，占税目总数的 4.9%，该类货物关税分 6 年均等削减，自第 6 年 1 月 1 日起免除。

（2）属于降税模式 B11 项下的原产货物共计 407 项，占税目总数的 5.5%，该类货物关税分 11 年均等削减，自第 11 年 1 月 1 日起免除。

（3）属于降税模式 B13 项下的原产货物共计 2 项，该类货物关税分 13 年均等削减，自第 13 年 1 月 1 日起免除。

（4）属于降税模式 B16 项下的原产货物共计 603 项，占税目总数的 8.1%，该类货物关税分 16 年均等削减，自第 16 年 1 月 1 日起免除。

（5）属于降税模式 PE-R1[①]项下的原产货物共计 44 项（见表 4-19），此类货物关税的从价税部分应于协定生效之日起完全取消，而根据 115-2001-EF 号法案及其修正案确立的秘鲁价格区间体系，及其未来任何修正或任何后续体系产生的从量税部分，将不参与关税取消。

表 4-19　PE-R1 项下保留从量税的 44 项产品

税　　号	货品名称（仅供参考）	基准税率（自 2010-01-01）
0401100000	脂肪含量不超过 1%的鲜乳及奶油	0+特定税率
0401200000	脂肪含量超过 1%但不超过 6%的鲜乳及奶油	0+特定税率
0402101000	对应八位税目下包装的净含量不超过 2.5kg 的鲜乳及奶油	0+特定税率
0402109000	对应八位税目下的其他物项	0+特定税率
0402211100	对应八位税目下包装的净含量不超过 2.5kg 的鲜乳及奶油	0+特定税率
0402211900	对应八位税目下的其他物项	0+特定税率
0402219100	对应八位税目下包装的净含量不超过 2.5kg 的鲜乳及奶油	0+特定税率
0402219900	对应八位税目下的其他物项	0+特定税率
0402291100	对应八位税目下包装的净含量不超过 2.5kg 的鲜乳及奶油	0+特定税率
0402291900	对应八位税目下的其他物项	0+特定税率
0402299100	对应八位税目下包装的净含量不超过 2.5kg 的鲜乳及奶油	0+特定税率
0402299900	对应八位税目下的其他物项	0+特定税率
0402991000	浓缩牛奶	0+特定税率
0404109000	对应八位税目下的其他物项	0+特定税率
0405100000	黄油	0+特定税率

---

① PE-R1/2，指秘鲁针对同时征收从价税和从量税产品的降税模式，即从价税立即降税为零，从量税保留。

续表

税 号	货品名称（仅供参考）	基准税率（自 2010-01-01）
0405902000	脱水奶油（黄油）	0+特定税率
0405909000	对应八位税目下的其他物项	0+特定税率
0406300000	非粉状经加工奶酪	0+特定税率
0406904000	在脱脂基础上，湿度含量<50%的鲜乳及奶油	0+特定税率
0406905000	在脱脂基础上，56%>湿度含量≥50%的鲜乳及奶油	0+特定税率
0406906000	在脱脂基础上，69%>湿度含量≥56%的鲜乳及奶油	0+特定税率
0406909000	对应八位税目下的其他物项	0+特定税率
1005901100	黄玉米	9%+特定税率
1005901200	白玉米	9%+特定税率
1005909000	对应八位税目下的其他物项	9%+特定税率
1006109000	对应八位税目下的其他物项	9%+特定税率
1006200000	封装大米（棕色）	0+特定税率
1006300000	半磨或全磨大米	0+特定税率
1006400000	碎米	9%+特定税率
1007009000	对应八位税目下的其他物项	9%+特定税率
1103130000	玉米粉	0+特定税率
1701119000	对应八位税目下的其他物项	9%+特定税率
1701120000	甜菜糖	9%+特定税率
1701999000	对应八位税目下的其他物项	0+特定税率
1702302000	葡萄糖浆	9%+特定税率
1702600000	对应八位税目下的其他物项，指按重量计干燥状态下的蔗糖含量≥50%的蔗糖和蔗糖浆，不包括转化糖	9%+特定税率
1702902000	焦糖	9%+特定税率
1702903000	含有调味剂及调色剂的糖	9%+特定税率
1702904000	对应八位税目下的其他物项	9%+特定税率
1901902000	牛奶焦糖或牛奶糖	0+特定税率
1901909000	对应八位税目下的其他物项	0+特定税率
2106907900	对应八位税目下的其他物项	0+特定税率
2106909000	对应八位税目下的其他物项	0+特定税率
2309909000	对应八位税目下的其他物项	0+特定税率

数据来源：CPTPP 市场准入附件。

（6）属于降税模式 PE-R2 项下的原产货物共计 3 项（见表 4-20），此类货

物关税的从价税部分分 6 年削减，自第 6 年 1 月 1 日起完全取消，而根据
115-2001-EF 号法案及其修正案确立的秘鲁价格区间体系，及其未来任何修正
或任何后续体系产生的从量税部分，将不参与关税取消。

表 4-20 PE-R2 项下保留从量税的 3 项产品

税 号	货品名称（仅供参考）	基准税率（自 2010-01-01）
1108120000	玉米淀粉	9%+特定税率
1108130000	马铃薯淀粉	9%+特定税率
3505100000	糊精及其他改性淀粉	9%+特定税率

数据来源：CPTPP 市场准入附件。

2. 敏感产品梳理

经梳理，秘鲁的敏感产品共计 1012 项，均为过渡期为 11 年以上（含 11
年）的产品（见表 4-21）。其中，纺织原料及纺织制品占比 72.04%，共计 729
项，以棉花、针织或钩编的服装为主；塑料与橡胶及其制品、化学工业及其相
关工业的产品分别有 45 项、41 项，共占比 8.50%；机电产品、鞋帽伞等品类
中均有部分敏感产品。敏感产品中工业品占比 93.67%。农产品主要涉及肉类、
淀粉和棕榈油等产品。

表 4-21 秘鲁敏感产品梳理

大 类	项 数	占 比	税 号
纺织原料及纺织制品	729	72.04%	51061000；51062000；51071000；51072000 等
塑料与橡胶及其制品	45	4.45%	39042100；39051200；390521000；91732990 等
化学工业及其相关工业的产品	41	4.05%	30041010；30042019；30043100；30043219 等
机电产品	37	3.66%	84181010；84181020；84181030；84181090 等
鞋帽伞等制品	27	2.67%	64011000；64019200；64019900；64021900 等
动物产品	27	2.67%	02011000；02012000；02013000；02021000 等
贱金属及其制品	22	2.17%	73211111；73211112；73211119；73211190 等
食品饮料制品	22	2.17%	17049010；17049090；18061000；18062010 等

续表

大　类	项　数	占　比	税　号
纸及其制品	19	1.88%	48171000；48181000；48182000；48183000 等
木及制品	16	1.58%	44101100；44101200；44101900；44109000 等
植物产品	12	1.19%	07123900；08030012；09011190；11022000 等
石料、石膏、陶瓷玻璃及其制品	7	0.69%	68129950；68129990；68138100；70071100；70071900；70072100；70072900
杂项制品	4	0.40%	95066200；96081010；96082010；96091000
动植物油、食用油脂	3	0.30%	15111000；15132110；15132910
车辆、航空器、船舶及运输设备	1	0.10%	87120000
合计	1012	100%	—

数据来源：根据 CPTPP 市场准入附件计算。

（九）新加坡货物贸易出价情况

新加坡已经实现货物贸易完全自由化，进口关税全部为零，不存在敏感产品。

（十）越南货物贸易出价情况

1. 降税模式

越南最长过渡期为 16 年，立即降税为零产品占全部税目比例为 65.74%，16 年后全部降税为零的产品占税目总数的 97.86%。降税模式具体如下：

（1）属于降税模式 B2 项下的原产货物共计 2 项，占税目总数的 0.02%，该类产品的原产货物关税应分 2 年削减，自第 2 年 1 月 1 日起免除。

（2）属于降税模式 B3 项下的原产货物共计 91 项，占税目总数的 0.97%，该类产品的原产货物关税应分 3 年削减，自第 3 年 1 月 1 日起免除。

（3）属于降税模式 B4 项下的原产货物共计 1789 项，占税目总数的 19.14%，该类产品的原产货物关税应分 4 年削减，自第 4 年 1 月 1 日起免除。

（4）属于降税模式 B5 项下的原产货物共计 57 项，占税目总数的 0.61%，该类产品的原产货物关税应分 5 年削减，自第 5 年 1 月 1 日起免除。

（5）属于降税模式 B6 项下的原产货物共计 232 项，占税目总数的 2.48%，该类产品的原产货物关税应分 6 年削减，自第 6 年 1 月 1 日起免除。

（6）属于降税模式 B7 项下的原产货物共计 35 项，占税目总数的 0.37%，该类产品的原产货物关税应分 7 年削减，自第 7 年 1 月 1 日起免除。

（7）属于降税模式 B8 项下的原产货物共计 271 项，占税目总数的 2.90%，该类产品的原产货物关税应分 8 年削减，自第 8 年 1 月 1 日起免除。

（8）属于降税模式 B10 项下的原产货物共计 24 项，占税目总数的 0.26%，该类产品的原产货物关税应分 10 年削减，自第 10 年 1 月 1 日起免除。

（9）属于降税模式 B11 项下的原产货物共计 365 项，占税目总数的 3.90%，该类产品的原产货物关税应分 11 年削减，自第 11 年 1 月 1 日起免除。

（10）属于降税模式 B12 项下的原产货物共计 85 项，占税目总数的 0.91%，该类产品的原产货物关税应分 12 年削减，自第 12 年 1 月 1 日起免除。

（11）属于降税模式 B13 项下的原产货物共计 7 项，占税目总数的 0.07%，该类产品的原产货物关税应分 13 年削减，自第 13 年 1 月 1 日起免除。

（12）属于降税模式 B16 项下的原产货物共计 18 项，占税目总数的 0.19%，该类产品的原产货物关税应分 16 年削减，自第 16 年 1 月 1 日起免除。

（13）属于降税模式 VN4-a[①]项下的原产货物共计 1 项，占税目总数的 0.01%，该类产品的原产货物关税在第 1 年至第 2 年应为 12%，在第 3 年削减至 6%，自第 4 年 1 月 1 日起免除。

（14）属于降税模式 VN7-a 项下的原产货物共计 1 项，占税目总数的 0.01%，该类产品的原产货物关税在第 1 年至第 2 年应为 19%，在第 3 年、第 4 年、第 5 年、第 6 年分别削减至 16%、12%、8%、4%，自第 7 年 1 月 1 日起免除。

（15）属于降税模式 VN8-a 项下的原产货物共计 6 项，占税目总数的 0.06%，该类产品的原产货物关税应保持基准税率至第 7 年 12 月 31 日，自第 8 年 1 月 1 日起免除。

（16）属于降税模式 VN8-b 项下的原产货物共计 5 项，占税目总数的 0.05%，该类产品的原产货物关税在第 1 年至第 3 年应为 9%，在第 4 年、第 5 年、第 6 年、第 7 年分别削减至 7%、5%、4%和 2%，自第 8 年 1 月 1 日起免除。

（17）属于降税模式 VN10-a 项下的原产货物共计 2 项，占税目总数的 0.02%，

---

① VN4-a，VN 指越南，4 为关税免除的过渡期年限，a 代表降税路径。

该类产品的原产货物关税在第 1 年至第 4 年应为 52%，在第 5 年、第 6 年、第 7 年、第 8 年、第 9 年分别削减至 45%、36%、30%、25% 和 20%，自第 10 年 1 月 1 日起免除。

（18）属于降税模式 VN11-a 项下的原产货物共计 2 项，占税目总数的 0.02%，该类产品的原产货物关税应保持基准税率至 2020 年 12 月 31 日；自 2021 年 1 月 1 日起，关税应削减至 7%，并保持削减后税率至 2026 年 12 月 31 日；自 2027 年 1 月 1 日起免除。否则，属于降税模式 VN11-a 项下的原产货物关税在第 1 年至第 4 年应保持基准税率，在第 5 年至第 10 年削减至 7%，自第 11 年 1 月 1 日起免除。

（19）降税模式 VN11-b 项下的原产货物共计 7 项，占税目总数的 0.07%，该类产品的原产货物关税应保持基准税率至 2020 年 12 月 31 日；自 2021 年 1 月 1 日起，关税应削减至 8%，并保持削减后税率至 2022 年 12 月 31 日；自 2023 年 1 月 1 日起，关税应削减至 7%，并保持削减后税率至 2026 年 12 月 31 日；自 2027 年 1 月 1 日起免除。否则，降税模式 VN11-b 项下的原产货物关税在第 1 年至第 4 年应保持基准税率，在第 5 年至第 6 年削减至 8%，在第 7 年至第 10 年再削减至 7%，自第 11 年 1 月 1 日起免除。

（20）降税模式 VN11-c 项下的原产货物共计 1 项，占税目总数的 0.01%，该类产品的原产货物关税应保持基准税率至 2020 年 12 月 31 日。自 2021 年 1 月 1 日起，关税应削减至 15%；自 2022 年 1 月 1 日起，关税再削减至 10%，并保持削减后税率至 2026 年 12 月 31 日；自 2027 年 1 月 1 日起免除。否则，降税模式 VN11-c 项下的原产货物关税在第 1 年至第 4 年应保持基准税率，第 5 年削减至 15%，第 6 年削减至 10%，第 7 年至第 10 年削减至 7%，自第 11 年 1 月 1 日起免除。

（21）降税模式 VN11-d 项下的原产货物共计 4 项，占税目总数的 0.04%，该类产品的原产货物关税应保持基准税率至 2019 年 12 月 31 日；自 2020 年 1 月 1 日起，关税应削减至 7%，并保持削减后税率至 2026 年 12 月 31 日；自 2027 年 1 月 1 日起免除。否则，降税模式 VN11-d 项下的原产货物关税在第 1 年至第 3 年应保持基准税率，在第 4 年至第 10 年削减至 7%，自第 11 年 1 月 1 日起免除。

（22）降税模式 VN11-e 项下的原产货物共计 1 项，占税目总数的 0.01%，该类产品的原产货物关税应保持基准税率至 2022 年 12 月 31 日；自 2023 年 1 月 1 日起，关税应削减至 7%，并保持削减后税率至 2026 年 12 月 31 日；自 2027

年1月1日起免除。否则，降税模式VN11-e项下的原产货物关税在第1年至第6年应保持基准税率，在第7年至第10年削减至7%，自第11年1月1日起免除。

（23）降税模式VN11-f项下的原产货物共计17项，占税目总数的0.18%，该类产品的原产货物关税应保持基准税率至2026年12月31日，自2027年1月1日起免除。否则，降税模式VN11-f项下的原产货物关税应保持基准税率至第10年，自第11年1月1日起免除。

（24）降税模式VN11-g项下的原产货物共计11项，占税目总数的0.12%，该类产品的原产货物关税在第1年削减至44%，在第2年至第3年削减至40%，在第4年至第5年削减至35%，在第6年、第7年、第8年、第9年、第10年分别削减至30%、25%、20%、15%、10%，自第11年1月1日起免除。

（25）降税模式VN11-h项下的原产货物共计2项，占税目总数的0.02%，该类产品的原产货物关税在第1年削减至34%，在第2年、第3年、第4年、第5年、第6年、第7年、第8年、第9年、第10年分别削减至33%、32%、30%、29%、25%、22%、18%、15%、11%，自第11年1月1日起免除。

（26）降税模式VN11-i项下的原产货物共计95项，占税目总数的0.10%，该类产品的原产货物关税在第1年削减至45%，在第2年、第3年、第4年、第5年、第6年、第7年、第8年、第9年、第10年分别削减至41%、36%、32%、27%、23%、22%、20%、15%、10%，自第11年1月1日起免除。

（27）降税模式VN12-a项下的原产货物共计10项，占税目总数的0.11%，该类产品的原产货物关税在第1年削减至54%，在第2年、第3年、第4年、第5年、第6年、第7年、第8年、第9年、第10年、第11年分别削减至49%、44%、39%、35%、30%、25%、20%、15%、10%、5%，自第12年1月1日起免除。

（28）降税模式VN12-b项下的原产货物共计12项，占税目总数的0.13%，该类产品的原产货物关税在第1年削减至44%，在第2年至第3年削减至40%，在第4年至第5年削减至35%，在第6年、第7年、第8年、第9年、第10年、第11年分别依次削减至30%、25%、20%、15%、10%、5%，自第12年1月1日起免除。

（29）降税模式VN13-a项下的原产货物共计30项，占税目总数的0.32%，该类产品的原产货物关税应保持基准税率至第3年12月31日，自第4年1月1日起分10年削减，自第13年1月1日起免除。

（30）降税模式 VN13-b 项下的原产货物共计 8 项，占税目总数的 0.09%，该类产品的原产货物关税应保持基准税率至第 2 年 12 月 31 日，自第 3 年 1 月 1 日起分 11 年削减，自第 13 年 1 月 1 日起免除。

（31）属于降税模式 VN13-c 项下的原产货物共计 1 项，占税目总数的 0.01%，该类产品的原产货物关税在第 1 年应保持基准税率，自第 2 年 1 月 1 日起分 12 年削减，自第 13 年 1 月 1 日起免除。

（32）属于降税模式 VN13-d 项下的原产货物共计 1 项，占税目总数的 0.01%，该类产品的原产货物关税应保持基准税率至第 4 年 12 月 31 日，自第 5 年 1 月 1 日起分 9 年削减，自第 13 年 1 月 1 日起免除。

（33）属于降税模式 VN13-e 项下的原产货物共计 1 项，占税目总数的 0.01%，该类产品的原产货物关税应保持基准税率至第 5 年 12 月 31 日，自第 6 年 1 月 1 日起分 8 年削减，自第 13 年 1 月 1 日起免除。

（34）属于降税模式关税配额（TRQ-VN1、TRQ-VN2 和 TRQ-VN3）项下的原产货物共计 181 项，占税目总数的 1.94%，该类产品的原产货物关税应依据越南减让表附录 A 中关税配额条款管理。

（35）属于降税模式 VN22 项下的原产货物共计 19 项（见表 4-22），占税目总数的 0.20%，该类产品的原产货物关税应保持基准税率。

表 4-22 VN22 项下主要产品类别

大 类	项 数
第一类 活动物、动物产品	3
第四类 食品；饮料、酒及醋；烟草及制品	6
第五类 矿产品	10
总计	19

数据来源：根据 CPTPP 市场准入附件计算。

2. 敏感产品梳理

经梳理，越南的敏感产品共计 3308 项（见表 4-23）。其中，占比最大的为机电产品，共计 674 项，占比为 20.37%；车辆、航空器、船舶及运输设备共计 600 项，占比为 18.14%；贱金属及其制品共计 385 项，占比为 11.64%。敏感产品中工业品占比为 74.88%。

表 4-23　越南敏感产品梳理

大　类	项　数	占　比
第十六类 机电产品	674	20.37%
第十七类 车辆、航空器、船舶及运输设备	600	18.14%
第十五类 贱金属及其制品	385	11.64%
第四类 食品；饮料、酒及醋；烟草及制品	362	10.94%
第二类 植物产品	217	6.56%
第七类 塑料及其制品；橡胶及其制品	196	5.93%
第三类 动植物油、脂、蜡；精制食用油脂	146	4.41%
第六类 化学工业及其相关工业的产品	129	3.90%
第十类 木浆等；废纸；纸、纸板及其制品	121	3.66%
第二十类 杂项制品	114	3.45%
第一类 活动物、动物产品	106	3.20%
第十八类 光学、医疗等仪器；钟表；乐器	65	1.96%
第十三类 石料、石膏、水泥、石棉、云母及类似材料的制品；陶瓷产品；玻璃及其制品	64	1.93%
第五类 矿产品	58	1.75%
第十四类 珠宝、贵金属及制品；仿首饰；硬币	28	0.85%
第八类 生皮、皮革、毛皮及其制品；鞍具及挽具；旅行用品、手提包	24	0.73%
第十一类 纺织原料及纺织制品	12	0.36%
第十九类 武器、弹药及其零件、附件	7	0.21%
总计	3308	100%

数据来源：根据 CPTPP 市场准入附件计算。

（十一）马来西亚货物贸易出价情况

1. 降税模式

马来西亚最长过渡期为 16 年，立即降税为零产品占全部税目比例为 84.71%，16 年后全部降税为零的产品占税目总数的 99.86%。降税模式具体如下：

（1）属于降税模式 B3 项下的原产货物共计 258 项，占税目总数的 2.48%，该类产品的原产货物关税应该自协定对马来西亚生效之日起分 3 年削减，自第 3 年 1 月 1 日起免除。

（2）属于降税模式 B6 项下的原产货物共计 631 项，占税目总数的 6.07%，该类产品的原产货物关税应该自协定对马来西亚生效之日起分 6 年削减，自第 6 年 1 月 1 日起免除。

（3）属于降税模式 B8 项下的原产货物共计 18 项，占税目总数的 0.17%，该类产品的原产货物关税应该自协定对马来西亚生效之日起分 8 年削减，自第 8 年 1 月 1 日起免除。

（4）属于降税模式 B11 项下的原产货物共计 589 项，占税目总数的 5.66%，该类产品的原产货物关税应该自协定对马来西亚生效之日起分 11 年削减，自第 11 年 1 月 1 日起免除。

（5）属于降税模式 B13 项下的原产货物共计 16 项，占税目总数的 0.15%，该类产品的原产货物关税应该自协定对马来西亚生效之日起分 13 年削减，自第 13 年 1 月 1 日起免除。

（6）属于降税模式 B16 项下的原产货物共计 63 项，占税目总数的 0.61%，该类产品的原产货物关税应该自协定对马来西亚生效之日起分 16 年削减，自第 16 年 1 月 1 日起免除。

（7）属于降税模式关税配额项下的原产货物共计 15 项，占税目总数的 0.14%（见表 4-24）。该类产品的原产货物关税应依据马来西亚减让表附录 A 中关税配额条款管理。其中，关税配额量应自协定对马来西亚生效之日起，按附录 A 中第 1 年的起始关税配额量，以每年 1% 的复合增长率持续增加。

表 4-24　关税配额项下产品梳理

税　　号	货品名称
010511900	重量不大于 185 克的日龄雏鸡
010594190	重量不超过 2000 克的鸡
020311000	鲜、冷猪肉（整头及半头）
020321000	冻猪肉（整头及半头）
020711000	鲜、冷整鸡肉
020712000	冷冻整鸡肉
020713000	鲜、冷鸡的食用块及杂碎
020714000	冷冻鸡的食用块及杂碎
040110110	液体乳（按重量计脂肪含量不超过 1%）
040120110	液体乳（按重量计脂肪含量超过 1%，但不超过 6%）
040130110	液体乳（按重量计脂肪含量超过 6%）
040700111	孵化用鸡蛋

续表

税　　号	货 品 名 称
040700112	孵化用鸭蛋
040700910	其他鸡蛋
040700920	其他带壳鸭蛋（鲜、腌制或煮过的）

资料来源：CPTPP 市场准入附件。

（8）属于降税模式关税配额与 B16 项下的原产货物共计 5 项，占税目总数的 0.05%，分别为整头及半头猪（马来西亚 2007 年版协调制度编码：020311000、020321000）和液体乳（马来西亚 2007 年版协调制度编码：040110110、040120110、040130110）。该类产品的原产货物关税在第 15 年年底之前受关税配额管理，配额外税率应分 16 年削减，自第 16 年 1 月 1 日起免除。其中，关税配额量应自协定对马来西亚生效之日起，按附录 A 中第 1 年的起始关税配额量，以每年 1% 的复合增长率增加，直至第 15 年年底结束。

2. 敏感产品梳理

经梳理，马来西亚的敏感产品共计 1590 项（见表 4-25）。其中，占比最大的贱金属及其制品，共计 356 项，占比 22.39%；车辆、航空器、船舶及运输设备共计 279 项，占比 17.55%；机电产品共计 229 项，占比 14.40%。敏感产品中工业品 1492 项，占比 93.84%。

表 4-25　马来西亚敏感产品梳理

大　　类	项　数	占　比
第十五类 贱金属及其制品	356	22.39%
第十七类 车辆、航空器、船舶及运输设备	279	17.55%
第十六类 机电产品	229	14.40%
第十类 木浆等；废纸；纸、纸板及其制品	178	11.19%
第七类 塑料及其制品；橡胶及其制品	161	10.13%
第十三类 石料、石膏、水泥、石棉、云母及类似材料的制品；陶瓷产品；玻璃及其制品	126	7.92%
第六类 化学工业及其相关工业的产品	81	5.09%
第四类 食品；饮料、酒及醋；烟草及制品	53	3.33%
第二十类 杂项制品	35	2.20%
第二类 植物产品	30	1.89%
第一类 活动物、动物产品	15	0.94%

大　类	项　数	占　比
第十二类　鞋帽伞等；已加工的羽毛及其制品；人造花；人发制品	12	0.75%
第九类　木及制品	10	0.63%
第十九类　武器、弹药及其零件、附件	10	0.63%
第十一类　纺织原料及纺织制品	9	0.57%
第五类　矿产品	5	0.31%
第十四类　珠宝、贵金属及制品；仿首饰；硬币	1	0.06%
总计	1590	100%

数据来源：根据 CPTPP 市场准入附件计算。

（十二）文莱货物贸易出价情况

1. 降税模式

文莱最长过渡期为 11 年，立即降税为零产品占全部税目比例为 91.67%，11 年后全部降税为零的产品占税目总数的 99.64%。降税模式具体如下：

（1）属于降税模式 BD3 项下的原产货物共计 29 项，占税目总数的 0.35%。该类产品的原产货物关税应保持基准税率至第 2 年 12 月 31 日，自第 3 年 1 月 1 日起免除。

（2）属于降税模式 BD6 项下的原产货物共计 28 项，占税目总数的 0.34%。该类产品的原产货物关税应保持基准税率至第 3 年 12 月 31 日，自第 4 年 1 月 1 日起削减至 15%，自第 6 年 1 月 1 日起免除。

（3）属于降税模式 BD7-A[①] 项下的原产货物共计 146 项，占税目总数的 1.76%。该类产品的原产货物关税应保持基准税率至第 6 年 12 月 31 日，自第 7 年 1 月 1 日起免除。

（4）属于降税模式 BD7-B 项下的原产货物共计 33 项，占税目总数的 0.40%。该类产品的原产货物关税应保持基准税率至第 3 年 12 月 31 日，自第 4 年 1 月 1 日起削减至 10%，自第 7 年 1 月 1 日起免除。

（5）属于降税模式 BD7-C 项下的原产货物共计 374 项，占税目总数的 4.51%。该类产品的原产货物关税应保持基准税率至第 3 年 12 月 31 日，自第 4

---

① BD7-A，BD 指文莱（Brunei Darussalam），7 为关税免除过渡期年限，A 代表降税路径。

年1月1日起削减至15%，自第6年1月1日起削减至10%，自第7年1月1日起免除。

（6）属于降税模式BD7-D项下的原产货物共计9项，占税目总数的0.11%。该类产品的原产货物关税应保持基准税率至第5年12月31日，自第6年1月1日起削减至5分/千克，自第7年1月1日起免除。

（7）属于降税模式BD7-E项下的原产货物共计10项，占税目总数的0.12%。该类产品的原产货物关税应保持基准税率至第5年12月31日，自第6年1月1日起削减至10分/千克，自第7年1月1日起免除。

（8）属于降税模式BD7-F项下的原产货物共计11项，占税目总数的0.13%。该类产品的原产货物关税应保持基准税率至第5年12月31日，自第6年1月1日起削减至10分/十升，自第7年1月1日起免除。

（9）属于降税模式BD7-G项下的原产货物共计13项，占税目总数的0.16%。该类产品的原产货物关税应保持基准税率至第5年12月31日，自第6年1月1日起削减至20分/千克，自第7年1月1日起免除。

（10）属于降税模式BD11项下的原产货物共计8项，占税目总数的0.10%。该类产品的原产货物关税应保持基准税率至第10年12月31日，自第11年1月1日起免除。

（11）属于降税模式BD-A项下的原产货物共计30项，占税目总数的0.36%（见表4-26）。该类产品的原产货物关税应自协定对文莱生效之日起免除关税。文莱对此类产品保留进口许可及进口限制。

表4-26　BD-A项下主要产品类别

大　类	项　数
第二类 植物产品	2
第十九类 武器、弹药及其零件、附件	28

数据来源：根据CPTPP市场准入附件计算。

2. 敏感产品梳理

经梳理，文莱的敏感产品共计691项（见表4-27）。其中，占比最大的为机电产品，共计275项，占比39.80%；车辆、航空器、船舶及运输设备共计99项，占比14.33%；光学、医疗等仪器与钟表、乐器共计64项，占比9.26%。敏感产品中工业品共计670项，占比96.96%。

表 4-27 文莱敏感产品梳理

大 类	项 数	占 比
第十六类 机电产品	275	39.80%
第十七类 车辆、航空器、船舶及运输设备	99	14.33%
第十八类 光学、医疗等仪器；钟表；乐器	64	9.26%
第六类 化学工业及其相关工业的产品	62	8.97%
第七类 塑料及其制品；橡胶及其制品	55	7.96%
第十一类 纺织原料及纺织制品	32	4.63%
第十九类 武器、弹药及其零件、附件	28	4.05%
第十二类 鞋帽伞等；已加工的羽毛及其制品；人造花；人发制品	19	2.75%
第二类 植物产品	16	2.32%
第五类 矿产品	15	2.17%
第二十类 杂项制品	11	1.59%
第十三类 石料、石膏、水泥、石棉、云母及类似材料的制品；陶瓷产品；玻璃及其制品	6	0.87%
第四类 食品；饮料、酒及醋；烟草及制品	5	0.72%
第十五类 贱金属及其制品	3	0.43%
第十四类 珠宝、贵金属及制品；仿首饰；硬币	1	0.14%
总计	691	100%

数据来源：根据 CPTPP 市场准入附件计算。

二、CPTPP 下例外保障措施

（一）对汽车和纺织品等敏感产品制定严格原产地规则

CPTPP 保持原协定 TPP 超过 95% 的项目，延续 TPP 严格的原产地规则（见表 4-28）。具体内容包括原产货物定义、微量条款、累积规则、直运规则、原产地证明等要素。原产地规则是实施差别关税及贸易措施的产物，其本质是非关税壁垒的法律工具，同其他技术壁垒一样，原产地规则是为了保护本国或本地区内生产者的利益，以增加自己产品的国际竞争力，保证产品在本国或本地区市场的占有率。全球产业链和生产的国际化发展，使得货物的"国籍"复杂化，如果不规定明确标准，货物进出口易受到歧视待遇，影响国家间的利益分配和资源配置。因此，原产地规则在贸易协定中的作用尤为重要。

表 4-28　CPTPP 原产地规则重点内容

重 点 条 款	主 要 内 容
原产货物定义	在一个或一个以上缔约方领土内完全获得或生产（完全获得或生产货物）；完全在一个或一个以上缔约方领土内生产，仅使用原产材料；完全在一个或一个以上缔约方领土内生产，使用非原产材料，条件是货物满足附件 3-D（产品特定原产地规则）的全部使用规定
对生产再制造货物所使用的回收材料的处理	对于在一个或一个以上缔约方领土内产生的回收材料，如其被用于生产或构成再制造货物的一部分，则应被视为原产货物
区域价值成分计算	根据货物的进口部分价值和货物本身的价值之间的比值来确定货物的原产地，当货物的增值额超过制造加工前的原价值一定的百分比时，其制造加工地为原产地。主要有价格法、扣减法、增值法和净成本法（仅限于汽车产品）
累积规则	在确定原产地时，将该货物生产过程中所涉及的多个国家或地区看作一个经济区域，把产生在该区域范围内对货物进行加工后可以视为原产地成分的所有价值进行累积
微量条款	允许某区域的原产产品中可以包含有一定比例之下的进口原材料，而不影响其原产资格
直运规则	进口国只允许货物从出口国直接运输到该国而不经过第三国国境，或在经过第三国时，在海关的监管下，可以进行保证货物良好状态或者运输状态等必要操作，而不进行其他任何的加工操作等程序
原产地证明	原产地证明是用来证明所列产品原产于某一特定国或地区的文件，是出口国根据原产地规则和有关要求签发的

资料来源：根据 CPTPP 协议文本整理。

　　针对敏感产业，如汽车零部件和纺织品，在原产地规则的制定上，除遵循协定正文第 3 章"原产地规则和原产地程序"和第 4 章"纺织品和服装"的条款外，CPTPP 另单独制定相关附录（见表 4-29）并就特殊工艺做出进一步规定。

表 4-29　敏感产品原产地规则附录

文 件 名 称	主 要 内 容
附录 3-D 附录 1《与某些车辆及车辆零部件特定原产地规则相关之规定》	零部件的特殊原产地规则、生产中特殊工艺的汇总等
附录 4-A《纺织品和服装特定原产地规则》	第一部分：一般阐述注解 第二部分：第 42 章和第十一类货物的特定原产地规则

数据来源：根据 CPTPP 协议文本附件整理。

整体而言，无论是对纺织品的额外规定，还是对汽车产业间的特殊工艺规定，这些都是 CPTPP 成员为了保护敏感产业而特意设置的原产地规则相关条款内容。根据 CPTPP 统一的原产地确认体系，只要进口商能够提供原产地证明，即可享受优惠关税。

汽车产业原产地规则通过累积规则和区域价值成分标准进行产业保护。在特定原产地规则中，第 87 章车辆及其零件、附件中的区域价值成分区间为 30%～60%，其中大部分子项目下规定的区域价值成分不低于 45% 或 55%，小部分子项目下规定的区域价值成分不低于 60%。在附件 3-D 附录 1 "与某些车辆及车辆零部件特定原产地规则相关之规定"中，对子目 870110 至 870130 或品目 8702 至 8705 项下货物的材料做出特殊原产地认定。即生产表 4-30 所列产品的材料满足特定原产地规则附件中所列材料的适用要求或该材料的生产是在一个或一个以上缔约方领土内进行的，并涉及表 4-31 所列的一项或多项操作。

表 4-30　考察汽车产业原产材料涉及的产品

HS 编码	描　　述
700711	钢化（回火）安全玻璃
700721	层压安全玻璃
870710	品目 8703 中机动车辆的车身（包括驾驶室）
870790	品目 8701、8702、8704 和 8705 中机动车辆的车身（包括驾驶室）
870810	保险杠（不包括其零件）
870829	车身冲压件和车门组件（不包括其零件）
870850	含差速器的驱动车轴，不论是否有其他传动部件和非传动轴（不包括其零件）

资料来源：CPTPP 附件 3-D 附录。

表 4-31　考察汽车产业原产材料涉及的操作

操　　作		
复杂装配	复杂焊接	冲模或其他铸件
挤压	锻造	包括玻璃或金属回火的热处理
层压	机加工	金属成型
模压	包括模压的冲压	

资料来源：CPTPP 附件 3-D 附录。

在汽车产业原产地规则下，只要来自缔约方的原材料及零部件累计达到一定比例，即可适用原产地原则，只要进口商能够提供原产地证明，即可享受优惠关税。由此 CPTPP 成员在进行汽车生产时，可以更多地采用其他成员的原材料和零部件，以降低制造成本，或者在东南亚成员境内设厂投资生产，降低劳动力成本。

纺织产业原产地规则与美国主导 TPP 时的"纱后原则"一脉相承，即除了纤维可以原产自非 CPTPP 成员，其余的纺织品和服装的生产环节，包括纱线生产、织布、印染、裁剪、缝纫等工序都必须在 CPTPP 成员境内完成才能获得原产资格，进而享受内部优惠待遇。另外，CPTPP 第 4.2 条款中对微量原则、成套货物待遇、供给短缺清单待遇、特定手工和民俗产品待遇四个方面做出额外规定。在微量原则中，CPTPP 允许区域内纺织品和服装在非原产纤维和纱线占产品总重量比重不超过 10%的情况下，仍具有原产资格。在成套货物待遇方面，CPTPP 规定当套内非原产货物价值不超过整套货物价值的 10%时，可将成套产品视为原产产品。在供给短缺清单中，CPTPP 规定只要材料满足附件 4-A 附录中要求，即可认定为原产材料。供给短缺清单包括临时清单（5 年后退出清单）和永久清单。在特定手工或民俗货物待遇中，CPTPP 规定如进口缔约方和出口缔约方就特定纺织品或服装货物待遇达成共识，即可享受免税或者优惠关税待遇。

综上，原产地规则中区域价值成分标准、累积规则和"纱后原则"都体现了鼓励在成员境内开展生产、在生产过程中全权使用原产自成员境内材料的导向。"对生产再制造货物所使用的回收材料的处理"条款，体现了在区域内发展循环经济、保护区域环境的目的。应警惕原产地规则对中国向全球价值链"微笑曲线"两端延伸的影响，对此，中国应重点研究原产地规则，重视汽车产业原产地规则中高标准的区域价值成分和劳工价值成分要求对中国劳工标准提出的挑战，重视"纱后原则"对中国服装品质、工艺提出的要求。

（二）各成员根据自身产业发展需求制定单独例外

1. 日本

日本规定了关于汽车产业的保障措施。根据第 6 章"贸易救济"相关条款，附录方仅可在过渡期（12 年）内对原产于另一附录方的品目 8703 项下的汽车实施过渡性保障措施，任一附录方实施的过渡性保障措施不得超过 3 年，但如果进口附录方的主管机关根据第 6.5 条"调查程序和透明度要求"规定的程序认定，继续实施该措施对于防止或补救严重损害以及便利调整确有必要，且可证明汽车行业也正实施调整，则该措施的实施期限可最多再延长 2 年，实施过渡性保障措施的总期限（包括初次实施期限和任何延期）不得超过 5 年。实施过渡性保障措施的某一附录方应与另一方开展磋商，共同商定合适的贸易自由化补偿，补偿方式为与此过渡性保障措施预期导致的贸易影响实质相等或与额外关税额相等的让步。

日本针对农产品和林产品实施特定保障措施。日本减让表附录 B-1 规定了详细的农产品保障措施，对部分原产农产品实施保障措施触发水平以及受保护农产品每年可以实施的最高关税税率做出规定。日本减让表附录 B-2 规定了详细的林产品保障措施（具体产品见表 4-32）。日本与加拿大、马来西亚、越南、新西兰、智利等国规定了林产品保护措施。在满足附录中所述的条件前提下，日本可对日本减让表备注一栏中标有 SG11、SG12、SG13、SG14、SG15、SG16、SG17 的任意税目项下特定原产产品实施保障措施。日本可通过提高另一缔约方原产林产品的关税税率而实施林产品保障措施，但提高后的税率不得超过：林产品保障措施实施的最惠国税率；协定对日本和受林产品保障措施约束的缔约方生效之日前一日实施的最惠国税率。

表 4-32　日本减让表附录 B-2 林产品保障措施针对的具体产品

协定国家	税目	林产品
加拿大	SG11	云杉、松树、冷杉
新西兰	SG12	刨花板
加拿大	SG13	刨花板和定向刨花板
马来西亚	SG14	热带树材胶合板
马来西亚	SG15	非针叶木胶合板
越南	SG16	非针叶木胶合板和其他胶合板
加拿大、新西兰、智利	SG17	针叶木胶合板

资料来源：根据 CPTPP 协议文本整理。

日本对部分农产品和林产品等规定了差别关税（见表 4-33）。对于表 4-33 所列的原产货物，在规定的期限内，根据进口商提出的优惠关税诉请中适用的原产地标准，日本可以选择实施适用原产地所在缔约方的原产货物关税税率，或者适用生产过程中增加值最高之缔约方的原产货物关税税率，或者生产过程中所涉及的缔约方原产货物关税税率中的最高值。

表 4-33　日本实施差别关税产品表

税号	描述	时期
030199210	鲱鱼、鳕鱼（鳕属、狭鳕属及无须鳕属）、鰤鱼、鲭鱼、鰯（脂眼鲱属、拟沙丁鱼属及鳀属）、鲹鱼（竹筴鱼属及圆鲹属）及秋刀鱼（秋刀鱼属）	第 5～9 年

续表

税　号	描　述	时　期
030264000	鲭鱼（大西洋鲭鱼、花腹鲭、日本鲭）	第 5～9 年
030269019	对应六位税目下的其他物项	第 5～9 年
030374000	鲭鱼（大西洋鲭鱼、花腹鲭、日本鲭）	第 7～8 年
030379021	鲹鱼（竹筴鱼属及圆鲹属）	第 5～9 年
170290523	麦芽糖	第 9 年
190190243	对应六位税目下的其他物项	第 8 年
350510100	酯化淀粉和对应六位税目下的其他淀粉衍生物	第 3～5 年
440710110	抛光和打磨的板材	第 1～4 年
441231111	在一侧或两侧雕琢的、开沟槽或类似加工的板材	第 1～2 年、第 9～15 年
441231191	对应六位税目下的其他物项	第 1～2 年、第 9～15 年
441231911	厚度<3mm 的板材	第 1～2 年、第 9～15 年
441231921	3mm≤厚度<6mm 的板材	第 1～2 年、第 9～15 年
441231931	6mm≤厚度<12mm 的板材	第 1 年、第 10～15 年
441231941	12mm≤厚度<24mm 的板材	第 1 年、第 10～15 年
441231951	厚度≥24mm 的板材	第 1 年、第 10～15 年
720211000	按重量计含碳量在 2%以上的硅铁	第 1～5 年
750120100	按重量计含镍量不低于 88%的氧化镍烧结物	第 1～8 年
750210000	非合金镍	第 1～8 年

资料来源：根据 CPTPP 协议文本整理。

2. 加拿大

加拿大与日本一样，也规定了关于汽车产业的保障措施。根据第 6 章"贸易救济"相关条款，附录方仅可在过渡期（12 年）内对原产于另一附录方的品目 8703 项下的汽车实施过渡性保障措施,任一附录方实施的过渡性保障措施不得超过 3 年，但如果进口附录方的主管机关根据相关程序认定，继续实施该措施对于防止或补救严重损害以及便利调整确有必要，且可证明汽车行业也正实施调整，则该措施的实施期限可最多再延长 2 年，实施过渡性保障措施的总期限（包括初次实施期限和任何延期）不得超过 5 年。

3. 墨西哥

墨西哥针对汽车产业规定了差别关税（见表 4-34）。对于表中所列原产货物，若生产该原产货物的原产材料在除某一缔约方或墨西哥之外的其他缔约方生产，且该材料不满足表中所述之可使用的税则归类改变要求，而该原产货物在该缔约方生产，则进口商可以主张在对原产材料生产之缔约方适用该原产货物关税税率中取最高值；或者根据附件 2-D 中 B 节第 10 款，主张就该原产货物在对所有缔约方适用关税税率中取最高值。

表 4-34 墨西哥针对汽车产业规定的差别关税

税 号	描 述	关税差异规则
87012001	道路拖拉机半拖车，除税号 87012002 外	品目变化，但从品目 8706 转变而来的除外
87021001	车身，除税号 87021003 和 87021005 外	品目变化，但从品目 8706 转变而来的除外
87021002	整车，除税号 87021004 和 87021005 外	品目变化，但从品目 8706 转变而来的除外
87021003	车身，为载大于等于 16 人设计（包括司机），除税号 87021005 外	品目变化，但从品目 8706 转变而来的除外
87021004	单位主体，为载大于等于 16 人设计（包括司机），除税号 87021005 外	品目变化，但从品目 8706 转变而来的除外
87029002	车身，除税号 87029004 和 87029006 外	品目变化，但从品目 8706 转变而来的除外
87029003	车身，除税号 87029005 和 87029006 外	品目变化，但从品目 8706 转变而来的除外
87029004	车身，为载大于等于 16 人设计（包括司机），除税号 87029006 外	品目变化，但从品目 8706 转变而来的除外
87029005	单位主体，为载大于等于 16 人设计（包括司机），除税号 87029006 外	品目变化，但从品目 8706 转变而来的除外
87042201	浮船，用于生活垃圾清理	品目变化，但从品目 8706 转变而来的除外
87042204	7257kg<总重≤8845kg 的车辆，除税号 87042207 外	品目变化，但从品目 8706 转变而来的除外
87042205	8845kg<总重≤11793kg 的车辆，除税号 87042207 外	品目变化，但从品目 8706 转变而来的除外
87042206	11793kg<总重≤14968kg 的车辆，除税号 87042207 外	品目变化，但从品目 8706 转变而来的除外
87042299	对应六位税目下的其他物项	品目变化，但从品目 8706 转变而来的除外
87042301	浮船	品目变化，但从品目 8706 转变而来的除外
87042399	对应六位税目下的其他物项	品目变化，但从品目 8706 转变而来的除外

续表

税　　号	描　　述	关税差异规则
87043201	浮船，用于国内垃圾清理	品目变化，但从品目 8706 转变而来的除外
87043204	7257kg<总重≤8845kg 的车辆，除税号 87043207 外	品目变化，但从品目 8706 转变而来的除外
87043205	8845kg<总重≤11793kg 的车辆，除税号 87043207 外	品目变化，但从品目 8706 转变而来的除外
87043206	11793kg<总重≤14968kg 的车辆，除税号 87043207 外	品目变化，但从品目 8706 转变而来的除外
87043299	对应六位税目下的其他物项	品目变化，但从品目 8706 转变而来的除外
87049001	电动马达	品目变化，但从品目 8706 转变而来的除外
87049099	对应六位税目下的其他物项	品目变化，但从品目 8706 转变而来的除外
87052001	穿孔液压专用设备，用于供应自然饮用水计划	品目变化，但从品目 8706 转变而来的除外
87054001	大罐子卡车（混凝土搅拌车），除税号 87054002 外	品目变化，但从品目 8706 转变而来的除外
87060099	对应六位税目下的其他物项	品目变化

资料来源：根据 CPTPP 协议文本整理。

4. 智利

应日本要求，智利在 CPTPP 生效之后 7 年内与日本就减让表中适用于日本原产货物的关税、关税配额和保障措施承诺进行磋商，以扩大市场准入。

另外，智利对马来西亚和越南的糖类和小麦产品，要求原产货物关税中的从量税部分应遵照第 18.525 号法律或其后续法律规定实施，对其他国家的此类产品则要求与智利同其签署的各自贸协定中的规定一致。特别需要指出的是，智利与加拿大除在上述产品中须遵循智利—加拿大自贸协定安排外，还有 44 项产品的原产货物关税最终为最惠国税率。这 44 项产品主要是肉类、乳类、饮料等食品，不涉及工业品，约占总产品的 0.5%。

5. 秘鲁

秘鲁对部分食品，包括糖类、脂肪、乳类和淀粉类产品，要求原产货物关税的从价税部分应于协定生效之日起完全取消或在 6 年内逐步取消，而根据 115-2001-EF 号法案及其修正案确立的秘鲁价格区间体系，及其未来任何修正或任何后续体系产生的从量税部分，将不参与关税取消。

三、CPTPP 成员出价方案的几点启示

（一）深入研究产业竞争力，精准制定货物贸易出价清单

货物贸易谈判本质上是各国产业竞争力的博弈。我国是全世界唯一拥有联合国产业分类中全部 41 个工业大类、207 个工业中类、666 个工业小类的国家。由于产业竞争力不完全相同，我国在以往自贸谈判中敏感产品相对较多。为做好 CPTPP 谈判准备，应结合产业发展情况和未来发展趋势，通过实地调研、专家和典型企业座谈、问卷调查等多种方式，深入分析我国与谈判方的双边贸易情况、每类产品的国际竞争力、产品互补性和可替代性等，尽量缩小敏感产品范围。可考虑针对不同的国家制定不同的降税清单，精准定位我国相对敏感产品并提供翔实的理由，为争取谈判方理解、最终推动谈判达成奠定基础。

（二）灵活应用不同降税方式，合理平衡开放与保护的关系

参考日本等成员降税做法，灵活设置不同降税方式，统筹平衡开放与保护的关系。对于敏感产品，可按照敏感程度不同再细分为高度敏感产品和一般敏感产品。其中，高度敏感产品可分为完全不降税产品、部分降税产品和设置较长降税过渡期的产品。对于我国高度敏感的农产品，可完全不降税；对于我国高度敏感的汽车整车、船舶、高端化工等产品，可适度降低部分关税；对于我国高度敏感的电子产品，可根据电子产品的生命周期等因素设置较长的降税过渡期。对于一般产品也可按照上述方式进一步采取部分降税、设置较长降税过渡期、关税配额等多种措施，尽可能向 CPTPP 成员降税水平靠拢。

（三）加强不同议题之间的协调，力争谈判利益最大化

自贸协定谈判中，不同议题之间应相互协调和平衡。在关税减让谈判中不得已必须降税的产品，可在其他规则方面设置的一定保护措施。一是可将关税减让与原产地规则相结合，通过设置较为严格的原产地规则，提高进口产品的原产成分门槛，在无法满足的情况下出口方将无法享受优惠协定税率。也可在原产地累积规则方面，针对我国较为敏感的产品，设置较为严格的原产地累积

规则。二是可设置一定的调控保障措施。对于我国降税后可能遭遇国外产品严重冲击的产品，可设置一定的保障措施条款，满足一定条件后可提高协定税率或暂时恢复降税前水平。三是在政府采购出价中设立例外条款。对于我国政府采购量较大的产品，为给中国产品尽可能大的国内市场空间，可选择在政府采购货物出价中设置一定的例外。此类产品在关税减让谈判中也应通过设置较长降税过渡期等方式延长降税期限，为国内产业发展争取更多空间。

第五章 CPTPP 成员政府采购货物出价规律

一、CPTPP 中政府采购章节整体情况和货物出价规律

（一）CPTPP 中政府采购章节整体情况

1. CPTPP 中政府采购章节的主要内容

CPTPP 的政府采购章节正文设有 24 条，每个国家还设有自己的附件，附件包括 10 个部分，分别是：中央政府实体、次中央政府实体、其他实体、货物出价、服务、建筑服务、一般说明、阈值调整形式、采购信息、过渡条款。正文的基本内容如下：

核心承诺：保障对来自 CPTPP 成员的投标者和本国企业同等对待。但是，不适用于来自政府的贷款、补助金或其他形式的援助。

信息提供：对于附件中列出的采购领域，CPTPP 成员需要在政府采购招标时提供及时、完整的信息，如采购实体、具体采购、提交标书的时间安排、供应商参与条件的描述等。

公正、透明的采购程序：CPTPP 成员保证给予供应商足够的时间获取招标文件，并能申请投标；公正对待投标者，并替投标者保密信息；承诺根据招标信息的评价标准和投标者的标书选择中标商。供应商有权询问并获知不能中标的原因。应该由公正的行政或司法审查机关来审查起诉。

非歧视的规格设定：CPTPP 成员在设定政府采购的技术规格时必须客观公正。技术规格的设定应基于国际标准（如果有的话），主要考虑行为和运行要求，而不是描述性特征。应能保证供应商有能力符合招标要求。

政府采购章节中最重要的是各国的附件，直接决定了各成员适用政府采购条款的具体范围。

2. CPTPP 和 GPA 中政府采购章节的比较

从成员看，截至 2020 年 2 月，GPA（《政府采购协定》）共有 20 个成员，

包括亚美尼亚、澳大利亚、加拿大、欧盟、中国香港、冰岛、以色列、日本、韩国、列支敦士登公国、黑山、摩尔多瓦、新西兰、荷属阿鲁巴、挪威、新加坡、瑞士、中国台北、美国、乌克兰；CPTPP 包括日本、加拿大、澳大利亚、智利、新西兰、新加坡、文莱、马来西亚、越南、墨西哥和秘鲁 11 个成员。既是 CPTPP 成员又是 GPA 成员的国家有日本、加拿大、新加坡、新西兰、澳大利亚。

从正文看，CPTPP 和 GPA 的主要区别包括：①GPA 中有"发展中国家条款"，而 CPTPP 中有"过渡条款"，但二者实质上是一样的，都是对发展中国家的特殊照顾；②相比 GPA，CPTPP 增加了专门针对中小企业的条款。是否在 GPA 中加入扶持中小企业的条款一直具有争议性，在 GPA 成员中并未达成一致意见。CPTPP 专门加入中小企业条款是一个突破，但是并未做出详细规定，只是原则性内容。

从附件看，相比 GPA，CPTPP 附件增加了 4 个部分：货物出价、阈值调整形式、采购信息和过渡条款。

需要指出的是，并不是政府采购章节正文内容越多，越说明其高标准，而是因为协定成员越多，越需要协调不同成员利益，从而增加相应的条款。看政府采购是否为高标准，主要看附件，因为附件列出了各成员政府采购的范围。判断依据主要有两个。一是门槛高低。门槛越低，意味着采购覆盖范围越广，标准越高。二是包含的实体数量多寡。实体数量越多，意味着采购覆盖范围越广，标准越高。

（二）CPTPP 中政府采购货物出价规律

1. 发达国家成员货物出价整体开放程度较高，普遍高于 GPA 出价

日本在 CPTPP 中出价实体数量较 GPA 有所增加，在其他实体货物例外中没有排除公共电子电信设备；加拿大在 CPTPP 中出价实体数量较 GPA 有所增加，例外较 GPA 有所减少；新加坡在 CPTPP 中出价实体数量有所增加，开放程度相对更高；澳大利亚在 GPA 和 CPTPP 中的出价情况差别不大，但在 CPTPP 中整体标准相对更高；新西兰由于在加入 CPTPP 之后申请加入 GPA，因此在 GPA 中开放程度更高（见表 5-1）。

表 5-1　同时加入 GPA 和 CPTPP 的国家货物出价对比总结（以 GPA 为对比标准）

国家	中央政府实体出价	次中央政府实体出价	其他实体出价	货物出价	总注释
加拿大	实体数量比 GPA 多 17 个	（1）CPTPP 排除了马来西亚、墨西哥、美国和越南。 （2）CPTPP 未排除冰岛和列支敦士登公国	（1）实体数量比 GPA 多 12 个。 （2）CPTPP 未排除 Via Rail 铁路公司，只排除加拿大皇家造币局。 （3）未排除欧盟、冰岛和列支敦士登公国	无区别	与 GPA 相比，CPTPP 未排除美国联邦供应分类中的 58 类产品（通信、探测和相干辐射设备）
日本	相同	（1）CPTPP 中次中央政府实体多 1 个（熊本市）。 （2）对马来西亚、墨西哥、新西兰、美国和越南不开放次中央政府实体	（1）A 组其他实体数量比 GPA 少 4 个，B 组比 GPA 多 9 个。 （2）CPTPP 的货物例外没有排除公共电子电信设备。 （3）特定实体例外中，CPTPP 直接指明公司或单位名称，GPA 没有指明	无区别	基本无区别
澳大利亚	（1）实体数量多 2 个。 （2）在例外部分，CPTPP 比 GPA 多出不涵盖对机动车辆采购的规定以及关于对越南的规定	（1）实体数量多 28 个。 （2）GPA 此处无例外	（1）实体数量少 1 个。 （2）CPTPP 比 GPA 多出不涵盖机动车辆的例外	无区别	无区别
新西兰	相同	CPTPP 未开放次中央政府实体	（1）CPTPP 实体数量少 9 个。 （2）CPTPP 排除了墨西哥	无区别	新西兰在 GPA 中排除了境外采购商品或服务，在 CPTPP 中未加以排除
新加坡	相同	无（新加坡没有次中央政府实体）	实体数量比 GPA 多 8 个	无区别	新加坡在 GPA 中排除了境外采购商品或服务，在 CPTPP 中未加以排除

2. 发展中国家成员货物出价整体开放程度有限，设置一定的过渡期，且例外较多

CPTPP 除发达国家成员外，还有智利、文莱、马来西亚、越南、墨西哥和秘鲁等发展中国家成员。整体来看，发展中国家成员较发达国家成员开放程度有限（见表 5-2）。一是货物出价分阶段进行，设置较长的过渡期。除智利、秘鲁和墨西哥外，其余成员均将中央政府实体的货物和服务门槛价按照协定生效时间分阶段执行。越南将过渡期分为 6 个阶段，时间长达 26 年。二是大多数不开放次中央政府实体。除智利、秘鲁外，其余成员均不开放次中央政府实体（文莱没有次中央政府实体）。三是例外情况较多。发展中国家成员普遍将涉及国家安全、能源、农业和竞争力较弱的产业设为例外。

表 5-2 CPTPP 发展中国家成员货物出价总结[①]

国家	中央政府实体出价	次中央政府实体出价	其他实体出价	过渡期	开放度
智利	货物与服务：9.5 万 SDR	货物与服务：20 万 SDR	货物与服务：22 万 SDR	无	较高
文莱	货物与服务：协定生效后的第 1 年至第 2 年为 25 万 SDR，第 3 年至第 4 年为 19 万 SDR，第 5 年起为 13 万 SDR	无	货物与服务：协定生效后的第 1 年至第 2 年为 50 万 SDR，第 3 年至第 4 年为 31.5 万 SDR，第 5 年起为 13 万 SDR 、	5 年	一般
马来西亚	货物与服务：协定生效后的第 1 年至第 4 年为 150 万 SDR，第 5 年至第 7 年为 80 万 SDR，第 8 年起为 13 万 SDR	无	货物与服务：协定生效后的第 1 年至第 4 年为 200 万 SDR，第 5 年至第 7 年为 100 万 SDR，第 8 年起为 15 万 SDR	8 年	较低
越南	货物与服务：协定生效之日至第 5 年为 200 万 SDR，第 6 年至第 10 年为 150 万 SDR，第 11 年至第 15 年为 100 万 SDR，第 16 年至第 20 年为 26 万 SDR，第 21 年至第 25 年为 19 万 SDR，第 26 年起为 13 万 SDR	无	货物与服务：协定生效之日至第 5 年为 300 万 SDR，第 6 年起为 200 万 SDR	最长 26 年	较低
墨西哥	货物与服务：7.9507 万美元	无	货物与服务：39.753 万美元	无	一般
秘鲁	货物与服务：9.5 万 SDR	货物与服务：20 万 SDR	货物与服务：16 万 SDR	无	一般

注：SDR，Special Drawing Rights，特别提款权，是政府采购领域的计价单位。

---

① 指标做部分截取。

3. 非军事类货物出价采用负面清单方式，将有关国家安全、信息安全、能源、电力等的产业，以及部分农产品、竞争力较弱的敏感产业和中小企业通过其他方式列为例外

在非军事类货物出价方面，CPTPP 出价方式主要采用负面清单方式，即列出货物例外、其余全部列入出价的方式。同时，货物例外贯穿于附件 1～3 实体出价、附件 4 货物出价以及总注释中，比较分散。总体来说，各国通过出价例外的方式，将有关国家安全、信息安全、能源、电力等的产业，以及部分农产品、竞争力较弱的敏感产业和中小企业列为例外。加拿大、澳大利亚、新西兰、智利、文莱、越南、秘鲁均在总注释例外中对中小微企业做出排除（见表 5-3）。

表 5-3 CPTPP 国家货物出价例外总结

国家	中央政府实体例外	次中央政府实体例外	其他实体例外	总注释例外
加拿大	下属实体	公路项目；促进贫困地区发展项目；马尼托巴、纽芬兰和拉布拉多等个别地区；城市轨道	加拿大皇家造币局；国土有限公司；加拿大邮政公司；大西洋海运公司	造船和修船；农产品；运输服务；中小微企业；原住民
日本	无	对马来西亚、墨西哥、新西兰、美国和越南不开放；实体为其在市场中面临竞争的日常营利性活动而授予的合同；电力	实体为其在市场中面临竞争的日常盈利性活动而授予的合同；公共安全；铁道建设；地铁；原子能开发；石油、天然气和金属；地质勘探；生物医药	日本法律法规授予合作社或协会的合同；涵盖 2010 年 12 月 10 日《私人融资倡议促进法案》范围内对工程的采购
澳大利亚	机动车辆；政府律师部门；国防；血液和相关产品	目前仅适用加拿大、智利、日本、墨西哥和秘鲁，后续有望扩大；血液和相关产品	机动车辆；战争纪念馆的电信服务；血液和相关产品	中小微企业；文化遗产；原住民
新西兰	下属机构	不开放	下属机构；墨西哥	海外官邸；中小微企业；文化遗产
新加坡	海外官邸；国内安全司、犯罪调查司、安全处和中央禁毒局采购	不适用	无	由涵盖实体代表未涵盖实体进行的采购
智利	无	仅对已在次中央层级做出对等承诺的那些缔约方做出出价	无	中小微企业；政府数据储存和托管
文莱	无	不适用	硬币铸造	努洛伊曼王宫；中小微企业

续表

国家	中央政府实体例外	次中央政府实体例外	其他实体例外	总注释例外
马来西亚	下属机构；国家安全；人民住房计划；财政部政府投资公司处；教育部考试联合委员会；学龄前儿童相关物品；部分农产品	不开放	无	国家王宫；贫困人口；PPP 模式工程；文化遗产；宗教；研发
越南	劳动、伤兵和烈士陵园有关货物采购；交通部建筑服务采购；国防部 56 类产品	不开放	34 家国立医院；越南通讯社与新闻和纪录片制作相关采购；墨西哥	文化遗产；中小微企业；少数民族；宗教；建设经营转让合同和公共工程特许合同
墨西哥	无	不开放	文莱、马来西亚、新西兰、越南	石油公司；联邦电力委员会和非能源建筑；药品；国家安全
秘鲁	国防部和内务部对服装和鞋类的采购；健康保险公司对床单和毯子的采购	仅对相同政府层级做出对等承诺的缔约方做出出价	石油公司采购	中小微企业；食品援助计划；羊驼和骆马纤维；公共债务相关的银行金融服务

二、CPTPP 框架下 GPA 成员的政府采购货物出价情况

既是 CPTPP 成员又是 GPA 成员的国家有日本、加拿大、澳大利亚、新西兰、新加坡。对于这五个国家，有必要比较其 GPA 出价和 CPTPP 出价的异同点。

（一）日本在 GPA 和 CPTPP 中的出价情况

1. 日本在 CPTPP 中的出价情况（见表 5-4）

1）中央政府实体

中央政府实体的货物和服务门槛价为 10 万 SDR，工程项目的门槛价为 450 万 SDR。

表 5-4　日本在 CPTPP 中的出价情况

附　件	门　槛　价	数量	例　外	与 GPA 出价比较
A 节：中央政府实体	货物：10 万 SDR 服务：10 万 SDR 工程：450 万 SDR	25 个	无	相同
B 节：次中央政府实体	货物：20 万 SDR 服务：20 万 SDR 工程：1500 万 SDR	67 个	（1）对马来西亚、墨西哥、新西兰、美国和越南不开放次中央政府实体。 （2）不涵盖实体为其在市场中面临竞争的日常营利性活动而授予的合同。 （3）不涵盖与交通运输的操作安全相关的采购。 （4）不涵盖与电力的生产、运输和配送有关的采购	（1）CPTPP 中次中央政府实体多 1 个（熊本市）。 （2）对马来西亚、墨西哥、新西兰、美国和越南不开放次中央政府实体
C 节：其他实体	货物：13 万 SDR 服务：13 万 SDR 工程：A 组中除日本邮政为 450 万 SDR，其他为 1500 万 SDR；B 组为 450 万 SDR；其他工程项目为 45 万 SDR	A 组：59 个 B 组：60 个	（1）不涵盖实体为其在市场中面临竞争的日常营利性活动而授予的合同。 （2）对特定实体涉及国家及公共安全的例外：对日本铁道建设、运输和技术机构进行的与铁路建设相关的活动，不涵盖与运输的运营安全相关的采购；对东京地铁株式会社，不涵盖与运输的运行安全相关的采购；对日本原子能开发机构和私人学校振兴互助事业团，不涵盖会导致与《核不扩散条约》及其他国际协定不一致的采购，不涵盖旨在使用和管理放射性物质等相关安全活动的采购；对日本国家石油、天然气和金属公司，不涵盖与地质和地球物理测量相关的采购；对铁道建设、运输和技术机构进行的与造船相关的活动，不涵盖将与私营公司共同所有的船只采购；对生物医药创新、健康和营养研究所，不涵盖除国家健康营养研究所之外的采购	（1）A 组其他实体比 GPA 少 4 个，B 组比 GPA 多 9 个。 （2）CPTPP 的货物例外没有排除公共电子电信设备。 （3）特定实体例外中，CPTPP 直接指明公司或单位名称，GPA 没有指明
D 节：货物	除非特别说明，涵盖所有货物采购。对防卫省的采购，仅限于清单所列货物			相同
G 节：总注释	（1）不涵盖根据协定生效时存在的日本法律法规授予合作社或协会的合同。 （2）除非第 F 节例外规定外，还涵盖 2010 年 12 月 10 日《私人融资倡议促进法案》范围内对工程的采购			基本相同

中央政府实体共 25 个，涵盖《会计法》中的所有实体，以及《国家行政组织法》和《内阁府设置法》中规定的实体的内部次级机构、独立机构、附属组织、其他组织和地方分支机构。

2）次中央政府实体

次中央政府实体的货物和服务门槛价为 20 万 SDR，工程项目的门槛价为 1500 万 SDR。

次中央政府实体共 67 个，涵盖所有名为"都""道""府""县"的地方政府和"指定都市"的实体，包括《地方会计法》规定的所有内部次级机构、附属组织和所有县知府或市长办公室的分支机构、委员会和其他组织。

3）其他实体

其他实体的货物和服务门槛价为 13 万 SDR。工程项目门槛价分为 A 组和 B 组：A 组中除日本邮政为 450 万 SDR 外，其他为 1500 万 SDR；B 组为 450 万 SDR；其他工程项目为 45 万 SDR。

其他实体分为 A 组和 B 组，A 组开放 59 个，B 组开放 60 个。

4）货物出价及例外

日本在 CPTPP 中 D 节的货物出价涵盖 A～C 节所列实体所采购的所有货物，除非协定另有规定。涵盖货物范围较广。另外，对防卫省的采购，提供了美国联邦供应分类（FSC）正面清单，共 55 项。

日本在中央政府实体出价上没有货物例外。

日本在次中央政府实体出价上的货物例外包括四个方面。一是对马来西亚、墨西哥、新西兰、美国和越南不开放次中央政府实体，这主要基于对等原则。二是不涵盖实体为其在市场中面临竞争的日常营利性活动而授予的合同。三是不涵盖与交通运输的操作安全相关的采购。四是不涵盖与电力的生产、运输和配送有关的采购。交通和电力领域为关系国计民生的领域，日本将其进行了排除。

日本在其他实体出价上的货物例外包括两个方面。一是不涵盖实体为其在市场中面临竞争的日常营利性活动而授予的合同。二是对特定实体涉及国家及公共安全的例外：对日本铁道建设、运输和技术机构进行的与铁路建设相关的活动，不涵盖与运输的运营安全相关的采购；对东京地铁株式会社，不涵盖与运输的运行安全相关的采购；对日本原子能开发机构和私人学校振兴互助事业团，不涵盖会导致与《核不扩散条约》及其他国际协定不一致的采购，不涵盖旨在使用和管理放射性物质等相关安全活动的采购；对日本国家石油、天然气和金属公司，不涵盖与地质和地球物理测量相关的采购；对铁道建设、运输和技术机构进行的与造船相关的活动,不涵盖将与私营公司共同所有的船只采购;对生物医药创新、健康和营养研究所,不涵盖除国家健康营养研究所之外的采购。

日本的总注释例外包括两条。一是不涵盖根据协定生效时存在的日本法律法规授予合作社或协会的合同。二是除非第 F 节例外规定外,还涵盖 2010 年 12 月 10 日《私人融资倡议促进法案》范围内对工程的采购。

2. 日本在 CPTPP 与 GPA 中出价区别

中央政府实体方面,出价的门槛价和实体数量完全相同。

次中央政府实体方面,出价的门槛价相同,实体数量上 CPTPP 多 1 个。CPTPP 中,日本对马来西亚、墨西哥、新西兰、美国和越南不开放次中央政府实体。

其他实体方面,出价的门槛价相同,实体数量稍有区别。其中,CPTPP 中的 A 组其他实体数量比 GPA 少 4 个,B 组比 GPA 多 9 个。

例外方面稍有区别。比如 CPTPP 其他实体的货物例外没有排除公共电子电信设备,这和目前 CPTPP 成员中没有实力较强的电信设备生产企业有关。CPTPP 其他实体的某些货物或服务采购例外,直接指明公司或单位名称,而 GPA 没有指明。这表明例外适用的主体范围更小,货物或服务开放程度更高。

综上,日本在 GPA 和 CPTPP 中的出价情况差别不大,整体开放程度较高。

(二) 加拿大在 GPA 和 CPTPP 中的出价情况

1. 加拿大在 CPTPP 中的出价情况 (见表 5-5)

1) 中央政府实体

中央政府实体的货物和服务门槛价为 13 万 SDR,工程项目的门槛价为 500 万 SDR。中央政府实体共 95 个。

2) 次中央政府实体

次中央政府实体的货物和服务门槛价为 35.5 万 SDR,工程项目的门槛价为 500 万 SDR。次中央政府实体共 13 个。

3) 其他实体

其他实体的货物和服务门槛价为 35.5 万 SDR。工程项目的门槛价为 500 万 SDR。其他实体共 22 个。

4) 货物出价及例外

加拿大在 CPTPP 中 D 节的货物出价涵盖 A~C 节所列实体所采购的所有货物,除非协定另有规定。涵盖货物范围较广。另外,对于国防部、加拿大皇家骑警、加拿大海岸警卫队、渔业和海洋部以及省级警察部队的采购，仅限于FSC正面清单所列货物，共57项。

加拿大在中央政府实体出价上的货物例外：A节所列的任何实体都无权设立下属实体。

表5-5　加拿大在CPTPP中的出价情况

附　件	门　槛　价	数量	例　　　外	与GPA出价比较
A节：中央政府实体	货物：13万SDR 服务：13万SDR 工程：500万SDR	95个	A节所列的任何实体都无权设立下属实体	实体数量比GPA多17个
B节：次中央政府实体	货物：35.5万SDR 服务：35.5万SDR 工程：500万SDR	13个	（1）对于B节所列的省和地区，不适用于关于公路项目的优惠或限制。 （2）对于B节所列的省和地区，不适用于与促进贫困地区发展项目有关的优惠或限制。 （3）不涵盖马尼托巴、纽芬兰和拉布拉多、新布伦瑞克、爱德华王子岛、新斯科舍、努纳武特地区、育空地区、西北地区有关经济发展的采购。 （4）对于标有星号（*）的省和地区，不涵盖以下采购： （a）用于代表或推广目的而购买的货物； （b）用于省外或地区之外代表或推广目的而购买的服务和建筑服务。 （5）对于标有剑号（†）的省和地区，不涵盖为下列实体的利益或即将转让到下列实体主管机关的货物、服务和建筑服务的采购：学校董事会或具有同等职能的机构、公立学术机构、社会服务实体及医院。 （6）不涵盖各省和各地区的皇家公司。 （7）对于B节所列的省和地区，不涵盖对城市轨道和城市交通设备、系统及与之合为一体的部件和材料，以及与工程相关的钢铁的采购。 （8）对于马来西亚、墨西哥、美国和越南，不适用于B节所列实体进行的采购。在通过谈判达到相互可接受的减让的基础上，加拿大将对其扩展B节的涵盖范围	（1）CPTPP排除了马来西亚、墨西哥、美国和越南。 （2）CPTPP未排除冰岛和列支敦士登公国

续表

附　件	门　槛　价	数量	例　　外	与 GPA 出价比较
C 节：其他实体	货物：35.5 万 SDR 服务：35.5 万 SDR 工程：500 万 SDR	22 个	（1）不涵盖由加拿大皇家造币局进行的或代表其进行的、铸造除加拿大法定货币之外的其他任何铸造过程中使用的直接投入物的采购。 （2）不涵盖加拿大国土有限公司或其子公司进行的、旨在开发商业房地产用于销售和转售的采购。 （3）不涵盖由加拿大邮政公司、大西洋海运公司或任何航道管理局或代表其对交通设备的租赁或租入	（1）其他实体数量比 GPA 多 12 个。 （2）CPTPP 未排除 Via Rail 铁路公司，只排除加拿大皇家造币局。 （3）未排除欧盟、冰岛和列支敦士登公国
D 节：货物	（1）除非特别说明，涵盖所有货物采购。 （2）对于国防部、加拿大皇家骑警、加拿大海岸警卫队、渔业和海洋部以及省级警察部队的采购，仅限于 FSC 正面清单所列货物			相同
G 节：总注释	（1）本章不涵盖下列采购： （a）造船和修船，包括相关建筑和工程服务； （b）促进农业支持计划或人员供餐计划而生产的农产品； （c）形成采购合同的一部分或附带部分的运输服务； （d）加拿大和其他国家之间的国际跨境点，包括跨境点的设计、施工、运营或维护以及相关基础设施。 （2）本章不涵盖由一个采购实体从另一个政府实体的采购。 （3）本章不适用于： （a）任何形式的有利于中小微型企业的优惠措施，包括预留； （b）为原住民采取或维持的任何措施及为原住民商业的预留；不影响任何加拿大原住民根据 1982 年《宪法法案》第 35 节获得的原住民权利和条约权利		CPTPP 未排除 FSC 中的 58 类产品（通信、探测和相干辐射设备）

加拿大在次中央政府实体出价上的货物例外包括八个方面。一是不适用于关于公路项目的优惠或限制。二是不适用于与促进贫困地区发展项目有关的优惠或限制。三是排除马尼托巴、纽芬兰和拉布拉多、新布伦瑞克、爱德华王子岛、新斯科舍、努纳武特地区、育空地区、西北地区有关经济发展的采购。四是排除标有星号（*）的省和地区用于代表或推广目的的货物采购和用于省外或地区之外代表或推广目的而购买的服务和建筑服务。五是排除标有剑号（†）的省和地区学校董事会或具有同等职能的机构、公立学术机构、社会服务实体以及医院的货物采购。六是排除各省和各地区的皇家公司。七是排除对城市轨道和城市交通设备、系统及与之合为一体的部件和材料，以及与工程相关的

钢铁的采购。八是对马来西亚、墨西哥、美国和越南不开放次中央政府实体。

加拿大在其他实体出价上的货物例外包括三个方面。一是不涵盖由加拿大皇家造币局进行的或代表其进行的、铸造除加拿大法定货币之外的其他任何铸造过程中使用的直接投入物的采购。二是不涵盖加拿大国土有限公司或其子公司进行的、旨在开发商业房地产用于销售和转售的采购。三是不涵盖由加拿大邮政公司、大西洋海运公司或任何航道管理局或代表其对交通设备的租赁或租入。

加拿大的总注释例外包括三条。一是不适用于造船、修船、农产品、基础设施等方面的采购。二是排除由一个采购实体从另一个政府实体的采购。三是不适用于针对中小微企业和原住民的相关措施政策。

2. 加拿大在 CPTPP 与 GPA 中出价区别

中央政府实体方面，出价的门槛价相同；实体数量上，CPTPP 比 GPA 增加 17 个。

次中央政府实体方面，出价的门槛价和实体数量相同。GPA 中，加拿大对冰岛和列支敦士登公国不开放次中央政府实体；CPTPP 则取消了这一限制，但不对马来西亚、墨西哥、美国和越南开放。

其他实体方面，出价的门槛价相同；实体数量上，CPTPP 比 GPA 增加 12 个。与 GPA 相比，CPTPP 未排除 Via Rail 铁路公司，只排除了加拿大皇家造币局。此外，CPTPP 未排除欧盟、冰岛和列支敦士登公国。

货物出价方面，无区别。

总注释例外方面，与 GPA 相比，CPTPP 未排除 FSC 中的 58 类产品（通信、探测和相干辐射设备）。

综上，加拿大在 GPA 和 CPTPP 中的出价情况差别不大，CPTPP 实体数量较 GPA 有所增加，排除项较 GPA 有所减少，整体开放程度较高。

（三）新加坡在 GPA 和 CPTPP 中的出价情况

1. 新加坡在 CPTPP 中的出价情况（见表 5-6）

1）中央政府实体

中央政府实体的货物和服务门槛价为 13 万 SDR，工程项目的门槛价为 500 万 SDR。中央政府实体共 24 个。

2）次中央政府实体

无。新加坡没有次中央政府实体。

3）其他实体

其他实体的货物和服务门槛价为 40 万 SDR。工程项目的门槛价为 500 万 SDR。其他实体共 31 个。

4）货物出价及例外

新加坡在 CPTPP 中 D 节的货物出价涵盖 A～C 节所列实体所采购的所有货物，除非协定另有规定。涵盖货物范围较广。

新加坡在中央政府实体出价上的货物例外包括两个方面。一是一般涵盖新加坡国防部采购的 FSC 中 61 类产品的情况，但须经新加坡政府根据第 15.3 条的规定做出决定。二是排除外交部就海外官邸和总部建筑而执行的建筑合同，和国土安全部下属的国内安全司、犯罪调查司、安全处和中央禁毒局的采购合同，以及该部涉及安全的采购。

新加坡在其他实体出价上没有货物例外。

新加坡的总注释例外：由涵盖实体代表未涵盖实体进行的采购。

表 5-6 新加坡在 CPTPP 中的出价情况

附 件	门 槛 价	数量	例 外	与 GPA 出价比较
A 节：中央政府实体	货物：13 万 SDR 服务：13 万 SDR 工程：500 万 SDR	24 个	（1）本协定一般涵盖新加坡国防部采购的 FSC 中 61 类产品的情况，但须经新加坡政府根据第 15.3 条的规定做出决定。 （2）不适用于以下采购： （a）外交部就海外官邸和总部建筑而执行的建筑合同； （b）国土安全部下属的国内安全司、犯罪调查司、安全处和中央禁毒局的采购合同，以及该部涉及安全的采购	相同
B 节：次中央政府实体（不适用于新加坡——新加坡没有任何次中央政府实体）	不适用			
C 节：其他实体	货物：40 万 SDR 服务：40 万 SDR 工程：500 万 SDR	31 个	无	实体数量比 GPA 增加 8 个
D 节：货物	除非特别说明，涵盖所有货物采购			相同
G 节：总注释	不适用于由涵盖实体代表未涵盖实体进行的采购			相同

2. 新加坡在 CPTPP 与 GPA 中的出价区别

中央政府实体方面，出价的门槛价和实体数量相同。

其他实体方面，出价的门槛价相同；实体数量上，新加坡在 CPTPP 中的实体数量比 GPA 增加 8 个。

货物出价方面，无区别。

总注释例外方面，新加坡在 GPA 中排除了境外采购商品或服务，在 CPTPP 中未加以排除。

整体看，新加坡在 GPA 和 CPTPP 中的出价差别不大，CPTPP 的出价实体数量有所增加，开放程度相对更高。

（四）新西兰在 GPA 和 CPTPP 中的出价情况

1. 新西兰在 CPTPP 中的出价情况（见表 5-7）

表 5-7　新西兰在 CPTPP 中的出价情况

附件	门槛价	数量	例外	与 GPA 出价比较
A 节：中央政府实体	货物：13 万 SDR 服务：13 万 SDR 工程：500 万 SDR	31 个	涵盖所列中央政府实体的所有下属机构，条件是此类机构不具有独立法律地位	相同
B 节：次中央政府实体	无	—	—	CPTPP 未开放次中央政府实体
C 节：其他实体	货物：40 万 SDR 服务：40 万 SDR 工程：500 万 SDR	10 个	（1）对于本节所列实体，第 15 章（政府采购）仅涵盖那些列出的实体，不延伸到下属或分支机构。 （2）本节所列实体的涵盖范围不适用于墨西哥	（1）CPTPP 中实体数量少于 GPA。 （2）CPTPP 排除了墨西哥
D 节：货物	除非特别说明，涵盖所有货物采购			相同
G 节：总注释	第 15 章（政府采购）不适用于： （a）由此附件涵盖的实体从此附件涵盖的其他实体处进行的采购； （b）与海外官邸的施工、翻新或装饰合同相关的货物或服务的采购； （c）任何有益于中小型企业的计划、优惠、预留或其他措施； （d）任何旨在开发、保护和维护艺术、历史、考古价值或文化遗产等国宝的采购，以及出于保护第 14.2 条第 6 款（f）项中所述的政府信息的目的，基于在新西兰境外存储或处理的方式而对政府数据的存储和托管以及相关服务的采购			（1）CPTPP 未排除境外采购商品或服务。 （2）CPTPP 排除了有益于中小企业的计划措施等

1）中央政府实体

中央政府实体的货物和服务门槛价为 13 万 SDR，工程项目的门槛价为 500 万 SDR。中央政府实体共 31 个。

2）次中央政府实体

新西兰在 CPTPP 中未开放次中央政府实体。

3）其他实体

其他实体的货物和服务门槛价为 40 万 SDR，工程项目的门槛价为 500 万 SDR。其他实体共 10 个。

4）货物出价及例外

新西兰在 CPTPP 中 D 节的货物出价涵盖 A～C 节所列实体所采购的所有货物，除非协定另有规定。涵盖货物范围较广。

新西兰在中央政府实体出价上的货物例外：涵盖所列中央政府实体的所有下属机构，条件是此类机构不具有独立法律地位。

新西兰在其他实体出价上的货物例外有两项：一是仅涵盖那些列出的实体，不延伸到下属或分支机构；二是涵盖范围不适用于墨西哥。

新西兰的总注释例外包括：由此附件涵盖的实体从此附件涵盖的其他实体处进行的采购；与海外官邸的施工、翻新或装饰合同相关的货物或服务的采购；任何有益于中小型企业的计划、优惠、预留或其他措施；任何旨在开发、保护和维护艺术、历史、考古价值或文化遗产等国宝的采购，以及出于保护第 14.2 条第 6 款（f）项中所述的政府信息的目的，基于在新西兰境外存储或处理的方式而对政府数据的存储和托管以及相关服务的采购。

2. 新西兰在 CPTPP 与 GPA 中的出价区别

新西兰在 CPTPP 之后申请加入 GPA，因此 GPA 开放程度更高，例如 GPA 开放了次中央政府实体，且其他实体方面实体数量也进一步增加。具体为：

中央政府实体方面，门槛价和实体数量相同。

次中央政府实体方面，新西兰在 CPTPP 中未开放次中央政府实体，而在 GPA 中出价的次中央政府实体数量为 18 个。

其他实体方面，门槛价相同；实体数量上，新西兰在 GPA 中的其他实体数量比 CPTPP 增加 9 个。此外，新西兰在 CPTPP 中排除了墨西哥，而在 GPA 中未加以排除。

货物出价方面，新西兰在 GPA 和 CPTPP 中的出价无区别。

总注释例外方面，新西兰在 GPA 中排除了境外采购商品或服务，在 CPTPP

中未加以排除。

（五）澳大利亚在 GPA 和 CPTPP 中的出价情况

2019 年 5 月 5 日，澳大利亚成为 GPA 正式成员，其加入 GPA 的时间晚于签署 CPTPP 的时间。

1. 澳大利亚在 CPTPP 中的出价情况（见表 5-8）

表 5-8　澳大利亚在 CPTPP 中的出价情况

附件	门　槛　价	数量	例　　外	与 GPA 出价比较
A 节：中央政府实体	货物：13 万 SDR 服务：13 万 SDR 工程：500 万 SDR	67 个	（1）中央政府实体的政府采购向 GPA 所有缔约方开放。 （2）中央政府实体的政府采购包括其内设办公室，但不涵盖所列实体对机动车辆的采购；不涵盖与澳大利亚政府律师局部门行使其职能有关的采购；不涵盖国防部用于军事系统和设备的设计、开发、集成、测试、评估、维护、修理、改造、重建和安装所需货物、服务等的采购（大致相当于美国产品服务代码 A 和 J 的相关部分）；不涵盖政府拥有的设施运营（大致相当于美国产品服务代码 M 的相关部分）、太空服务、支持海外军事力量的服务采购；不涵盖国防情报局、澳大利亚信号处、澳大利亚地理空间情报局或代表这些机构所采购的货物和服务。 （3）澳大利亚政府保留维持澳大利亚工业能力计划及其后续计划和政策的权利。 （4）就国防部而言，一项货物或服务对越南的开放范围，仅限于越南已在其减让表中涵盖了该货物或服务	基本相同，但 CPTPP 与 GPA 相比，实体数量多 2 个；在例外部分，CPTPP 比 GPA 多出不涵盖对机动车辆采购的规定以及关于对越南的规定（第 4 条）
B 节：次中央政府实体	货物：35.5 万 SDR 服务：35.5 万 SDR 工程：500 万 SDR	242 个	（1）在次中央政府实体的覆盖范围上，澳大利亚仅对加拿大、智利、日本、墨西哥和秘鲁做出出价。 （2）在通过谈判达到相互可接受的减让的基础上，澳大利亚将把次中央政府实体的涵盖范围扩大到其他 CPTPP 缔约方	（1）实体数量多 28 个。 （2）GPA 此处无例外
C 节：其他实体	货物：40 万 SDR 服务：40 万 SDR 工程：500 万 SDR	25 个	（1）不涵盖机动车辆的采购。 （2）不涵盖澳大利亚战争纪念馆进行的涉及电信服务的采购	（1）实体数量少 1 个。 （2）CPTPP 比 GPA 多不涵盖机动车辆的例外

续表

附件	门　槛　价	数量	例　　　外	与 GPA 出价比较
D 节： 货物	所列实体所有货物类采购，不包括血液和血液相关产品			相同
G 节：总 注释	最终出价表所列所有实体的政府采购不适用于：任何形式的使中小企业受益的优惠；旨在保护艺术、历史或考古类国家宝藏的措施；针对原住民的健康和福利的措施；针对原住民的经济和社会进步的措施			相同

1）中央政府实体

中央政府实体采购的门槛价分别为：货物和服务项目 13 万 SDR，工程项目 500 万 SDR。

关于中央政府采购门槛金额的设定，应根据附件 15 中减让表的 H 节进行调整。

中央政府实体共 67 个。中央政府实体的政府采购向 GPA 所有缔约方开放。这些实体政府的采购包括其内设办公室，但不涵盖所列实体对机动车辆的采购；不涵盖与澳大利亚政府律师局部门行使其职能有关的采购；不涵盖国防部用于军事系统和设备的设计、开发、集成、测试、评估、维护、修理、改造、重建和安装所需货物、服务等的采购（大致相当于美国产品服务代码 A 和 J 的相关部分）；不涵盖政府拥有的设施运营（大致相当于美国产品服务代码 M 的相关部分）、太空服务、支持海外军事力量的服务采购；不涵盖国防情报局、澳大利亚信号处、澳大利亚地理空间情报局或代表这些机构所采购的货物和服务。澳大利亚政府保留维持澳大利亚工业能力计划及其后续计划和政策的权利。就国防部而言，一项货物或服务对越南的开放范围，仅限于越南已在其减让表中涵盖了该货物或服务。

2）次中央政府实体

次中央政府实体采购的门槛价分别为：货物和服务项目 35.5 万 SDR，工程项目 500 万 SDR。

关于次中央政府采购门槛金额的设定，应根据附件 15 中减让表的 H 节进行调整。

次中央政府实体共 242 个。澳大利亚次中央政府实体的采购范围仅适用于加拿大、智利、日本、墨西哥和秘鲁。在通过谈判达到相互可接受的减让的基础上，澳大利亚将把次中央政府实体的涵盖范围扩大到其他 CPTPP 缔约方。

3）其他实体

其他实体采购的门槛价分别为：货物和服务项目 40 万 SDR，工程项目 500

万 SDR。

关于其他实体政府采购门槛金额的设定，应根据附件 15 中减让表的 H 节进行调整。

其他实体共 25 个。其他实体的采购范围不涵盖机动车辆的采购；不涵盖澳大利亚战争纪念馆进行的涉及电信服务的采购。

4）货物出价及例外

政府采购适用于从 A 节到 C 节所列实体采购的所有货物、服务和工程项目。

在中央政府实体部分，对国防部采购的货物做出了例外规定，其范围不涵盖武器、消防设备在内的 25 项货物种类，并提供了与此相对应的美国联邦供应分类。

在货物出价部分，所列实体所有货物类采购不包括血液和血液相关产品，所有服务类采购不包括血浆分离服务、政府广告服务、健康和福利服务以及研究和开发服务。所有工程类采购包括联合国临时中央产品分类和 WTO 分类系统中的所有工程类服务项目。

2. 澳大利亚在 CPTPP 与 GPA 中的出价区别

中央政府实体方面，出价的门槛价相同；实体数量上，CPTPP 比 GPA 多 2 个。

次中央政府实体方面，出价的门槛价相同；实体数量上，CPTPP 比 GPA 多 28 个。此外，CPTPP 中，澳大利亚仅对加拿大、智利、日本、墨西哥和秘鲁做出出价，并规定在通过谈判达到相互可接受的减让的基础上，澳大利亚将把次中央政府实体的涵盖范围扩大到其他 CPTPP 缔约方。

其他实体方面，出价的门槛价相同；实体数量上，CPTPP 比 GPA 少 1 个。同时，CPTPP 规定不涵盖机动车辆的采购，而 GPA 无此规定。

货物出价及例外方面，完全相同。

综上，澳大利亚在 GPA 和 CPTPP 中的出价情况差别不大，但 CPTPP 整体标准相对更高。

三、CPTPP 框架下非 GPA 成员的政府采购货物出价情况

CPTPP 中的智利、文莱、马来西亚、越南、墨西哥和秘鲁 6 个成员并非 GPA 成员，均为发展中国家，研究其在 CPTPP 框架下的政府采购出价规律对中国具有重要意义。

（一）智利在 CPTPP 框架下的出价情况

1. 中央政府实体

中央政府实体的货物和服务门槛价为 9.5 万 SDR，建筑服务的门槛价为 500 万 SDR。

中央政府实体共 24 个，涵盖智利总统府、各部委及其所有下级机构。

2. 次中央政府实体

次中央政府实体的货物和服务门槛价为 20 万 SDR，建筑服务的门槛价为 500 万 SDR。

次中央政府实体包括地区政府（省、大区和所有城市），其中共列出地区政府 68 个，涵盖所有名为"大区主席"和"省长办公室"的实体。

3. 其他实体

其他实体的货物和服务门槛价为 22 万 SDR。建筑服务门槛价为 500 万 SDR。

其他实体数量为 11 个，主要为港口公司以及国有机场。

4. 货物出价及例外

智利在 CPTPP 中 D 节的货物出价涵盖 A～C 节所列实体所采购的所有货物，除非协定另有规定。

智利在中央政府实体出价上没有货物例外。

智利仅对已在次中央层级做出对等承诺的那些缔约方做出出价，如缔约方没有该政府层级的实体，则可将利益延展到已在中央政府实体和其他实体范围内做出改进的缔约方。

智利在其他实体出价上没有货物例外。

智利的总注释例外包括四条。一是不适用于任何形式的使中小微企业受益的优惠措施。二是不适用于针对政府数据的存储和托管以及相关服务的采购。三是不适用于一采购实体自其他政府实体进行的采购。四是不适用于由采购实体代表未列在附件中的实体进行的采购。

智利在政府采购货物出价方面整体开放程度较高。

智利在 CPTPP 框架下的出价整体概况详见表 5-9。

表 5-9　智利在 CPTPP 框架下的出价整体概况

附　　件	门　槛　价	数量	例　　外
A 节：中央政府实体	货物与服务：9.5 万 SDR 建筑服务：500 万 SDR	24 个	无

续表

附　件	门　槛　价	数量	例　外
B 节：次中央政府实体	货物与服务：20 万 SDR 建筑服务：500 万 SDR	68 个	智利仅对已在次中央层级做出对等承诺的那些缔约方做出出价，如缔约方没有该政府层级的实体，则可将利益延展到已在中央政府实体和其他实体范围内做出改进的缔约方
C 节：其他实体	货物与服务：22 万 SDR 建筑服务：500 万 SDR	11 个	无
D 节：货物	除非另有规定，涵盖 A～C 节所列所有货物采购		
G 节：总注释	不适用于任何形式的使中小微企业受益的优惠措施。 不适用于针对政府数据的存储和托管以及相关服务的采购。 不适用于一采购实体自其他政府实体进行的采购。 不适用于由采购实体代表未列在附件中的实体进行的采购		

（二）文莱在 CPTPP 框架下的出价情况

1. 中央政府实体

中央政府实体的货物和服务门槛价按照协定生效时间被分为三个阶段，分别为协定生效后的第 1 年至第 2 年为 25 万 SDR，协定生效后的第 3 年至第 4 年为 19 万 SDR，协定生效后的第 5 年起为 13 万 SDR。建筑服务的门槛价为 500 万 SDR。中央政府实体共 12 个，同时列出其下属司局等机构共 120 个。

2. 次中央政府实体

无。文莱没有次中央政府实体。

3. 其他实体

其他实体的货物和服务门槛价按照协定生效时间被分为三个阶段，分别为协定生效后的第 1 年至第 2 年为 50 万 SDR，协定生效后的第 3 年至第 4 年为 31.5 万 SDR，协定生效后的第 5 年起为 13 万 SDR。建筑服务的门槛价为 500 万 SDR。

其他实体数量为 2 个，分别是文莱达鲁萨兰国金融管理局和职工公积金机构。

4. 货物出价及例外

文莱在 CPTPP 中 D 节的货物出价涵盖 A～C 节所列实体所采购的所有货物，除非协定另有规定。

文莱在中央政府实体出价上没有货物例外。

文莱在其他实体出价上的货物例外为，其不适用于由文莱达鲁萨兰国金融管理局进行的或代表其进行的、直接用于文莱达鲁萨兰国硬币铸造的投入物的采购。

文莱的总注释例外包括四条。一是不适用于由努洛伊曼王宫进行的任何采购。二是不适用于由涵盖实体代表未涵盖实体进行的任何采购。三是不适用于任何使中小企业受益的政策采购措施，且就此附件规定的涵盖采购而言，这些措施的实施方式与第 15 章中的义务相一致。文莱货物出价分阶段进行。

文莱在 CPTPP 框架下的出价整体概况详见表 5-10。

表 5-10　文莱在 CPTPP 框架下的出价整体概况

附　　件	门　　槛　　价	数量	例　　外
A 节：中央政府实体	货物与服务： （1）协定生效后的第 1 年至第 2 年为 25 万 SDR。 （2）协定生效后的第 3 年至第 4 年为 19 万 SDR。 （3）协定生效后的第 5 年起为 13 万 SDR。 建筑服务：500 万 SDR	12 个	无
B 节：次中央政府实体	无		
C 节：其他实体	货物与服务： （1）协定生效后的第 1 年至第 2 年为 50 万 SDR。 （2）协定生效后的第 3 年至第 4 年为 31.5 万 SDR。 （3）协定生效后的第 5 年起为 13 万 SDR。 建筑服务：500 万 SDR	2 个	其不适用于由文莱达鲁萨兰国金融管理局进行的或代表其进行的、直接用于文莱达鲁萨兰国硬币铸造的投入物的采购
D 节：货物	除非另有规定，涵盖 A～C 节所列所有货物采购		
G 节：总注释	不适用于由努洛伊曼王宫进行的任何采购。 不适用于由涵盖实体代表未涵盖实体进行的任何采购。 不适用于任何使中小企业受益的政策采购措施，且就此附件规定的涵盖采购而言，这些措施的实施方式与第 15 章中的义务相一致		

（三）马来西亚在 CPTPP 框架下的出价情况

1. 中央政府实体

中央政府实体的货物和服务门槛价按照协定生效时间被分为三个阶段，分别为协定生效后的第 1 年至第 4 年为 150 万 SDR，协定生效后的第 5 年至第 7 年为 80 万 SDR，协定生效后的第 8 年起为 13 万 SDR。

建筑服务的门槛价按照协定生效时间被分为四个阶段，分别为协定生效后的第 1 年至第 4 年为 200 万 SDR，协定生效后的第 5 年至第 7 年为 100 万 SDR，协定生效后的第 8 年至第 9 年为 50 万 SDR，协定生效后的第 10 年起为 13 万 SDR。

其中，代码 51 的建筑服务的门槛价按照协定生效时间被分为五个阶段，分别为协定生效后的第 1 年至第 5 年为 6300 万 SDR，协定生效后的第 6 年至第 10 年为 5000 万 SDR，协定生效后的第 11 年至第 15 年为 4000 万 SDR，协定生效后的第 16 年至第 20 年为 3000 万 SDR，协定生效后的第 21 年起为 1400 万 SDR。

中央政府实体共 25 个，涵盖马来西亚总理署和各部及其下级机构。

2. 次中央政府实体

无。

3. 其他实体

其他实体的货物和服务门槛价按照协定生效时间被分为三个阶段，分别为协定生效后的第 1 年至第 4 年为 200 万 SDR，协定生效后的第 5 年至第 7 年为 100 万 SDR，协定生效后的第 8 年起为 15 万 SDR。

建筑服务的门槛价按照协定生效时间被分为四个阶段，分别为协定生效后的第 1 年至第 4 年为 200 万 SDR，协定生效后的第 5 年至第 7 年为 100 万 SDR，协定生效后的第 8 年至第 9 年为 50 万 SDR，协定生效后的第 10 年起为 15 万 SDR。

其中，代码 51 的建筑服务的门槛价按照协定生效时间被分为五个阶段，分别为协定生效后的第 1 年至第 5 年为 6300 万 SDR，协定生效后的第 6 年至第 10 年为 5000 万 SDR，协定生效后的第 11 年至第 15 年为 4000 万 SDR，协定生效后的第 16 年至第 20 年为 3000 万 SDR，协定生效后的第 21 年起为 1400 万 SDR。

其他实体数量为 4 个，为马来西亚投资发展局、对外贸易发展公司、中小型公司、生产力公司。

4. 货物出价及例外

马来西亚在 CPTPP 中 D 节的货物出价涵盖 A～C 节所列实体所采购的所有货物，除非协定另有规定。同时，明确指出不涵盖下述货物采购：未去壳或去壳的谷物、电能、天然水、半碾或全碾的稻米、未另列明的食品。

马来西亚在中央政府实体出价上对于涵盖的实体做出了更为具体的规定，一是不涵盖中央政府实体的具有独立法律地位的下属机构，二是不涵盖内务部出版与古兰经管制处以及本部门认为涉及安全问题的采购，三是不涵盖城市安康、住房和地方政府部涉及"人民住房计划"的采购，四是不涵盖财政部的政府投资公司处，五是不涵盖教育部考试联合委员会以及与学龄前和学龄儿童的制服、教科书、牛奶和食品计划相关的采购，六是不涵盖农业和农基工业部任何针对马来西亚农业食品生产的投入物的采购和分销。特别指出了涵盖美国联邦供应分类中 60 种货物的采购。同时，还对中央合同下部分采购项目保留采取和维持措施的权利。

马来西亚在其他实体出价上没有货物例外，也不涵盖具有独立法律地位的下属机构。

马来西亚的总注释例外包括九条。一是不适用于由国家王宫进行的或为其进行的任何采购。二是不适用于与居民少于 10000 人的农村地区的农村发展计划以及针对家庭收入低于马来西亚贫困线的人群的扶贫计划相关的任何采购。三是不适用于任何公私合作模式（PPP）的合同安排，包括建设经营转让和公共工程特许。四是不适用于任何旨在开发、保护或保存地方手工艺、国宝和民族遗产的措施。五是不适用于任何宗教用途的采购，包括作为采购合同的一部分或附带部分的采购。六是不适用于任何关于研究和开发的采购。七是不适用于任何与国家庆祝活动相关的采购。八是不适用于由涵盖实体代表未涵盖实体进行的任何采购。九是不适用于未列在此附件的人员提供的赠款和赞助金资助的采购。

马来西亚对于未涵盖的采购保留或维持对本土企业的安全保障、提供优惠、给予援助福利或其他形式利益的权利，对于涵盖的采购也保留采取预留部分采购份额以及实施价格优惠措施的权利。

马来西亚货物例外情况较多，货物出价分阶段进行，整体开放程度较低。

马来西亚在 CPTPP 框架下的出价整体概况详见表 5-11。

表 5-11 马来西亚在 CPTPP 框架下的出价整体概况

附件	门槛价	数量	例外
A 节：中央政府实体	货物与服务： （1）协定生效后的第 1 年至第 4 年为 150 万 SDR。 （2）协定生效后的第 5 年至第 7 年为 80 万 SDR。 （3）协定生效后的第 8 年起为 13 万 SDR。 建筑服务： （1）协定生效后的第 1 年至第 4 年为 200 万 SDR。 （2）协定生效后的第 5 年至第 7 年为 100 万 SDR。 （3）协定生效后的第 8 年至第 9 年为 50 万 SDR。 （4）协定生效后的第 10 年起为 13 万 SDR。 代码 51 的建筑服务： （1）协定生效后的第 1 年至第 5 年为 6300 万 SDR。 （2）协定生效后的第 6 年至第 10 年为 5000 万 SDR。 （3）协定生效后的第 11 年至第 15 年为 4000 万 SDR。 （4）协定生效后的第 16 年至第 20 年为 3000 万 SDR。 （5）协定生效后的第 21 年起为 1400 万 SDR	25 个	马来西亚在中央政府实体出价上对于涵盖的实体做出了更为具体的规定，一是不涵盖中央政府实体的具有独立法律地位的下属机构，二是不涵盖内务部出版与古兰经管制处以及本部门认为涉及安全问题的采购，三是不涵盖城市安康、住房和地方政府部涉及"人民住房计划"的采购，四是不涵盖财政部的政府投资公司处，五是不涵盖教育部考试联合委员会以及与学龄前和学龄儿童的制服、教科书、牛奶和食品计划相关的采购，六是不涵盖农业和农基工业部任何针对马来西亚农业食品生产的投入物的采购和分销。特别指出了涵盖美国联邦供应分类中 60 种货物的采购。同时，还对中央合同下部分采购项目保留采取和维持措施的权利

附件	门槛价	数量	例外
B 节：次中央政府实体	无		
C 节：其他实体	货物与服务： （1）协定生效后的第 1 年至第 4 年为 200 万 SDR。 （2）协定生效后的第 5 年至第 7 年为 100 万 SDR。 （3）协定生效后的第 8 年起为 15 万 SDR。 建筑服务： （1）协定生效后的第 1 年至第 4 年为 200 万 SDR。 （2）协定生效后的第 5 年至第 7 年为 100 万 SDR。 （3）协定生效后的第 8 年至第 9 年为 50 万 SDR。 （4）协定生效后的第 10 年起为 15 万 SDR。 代码 51 的建筑服务： （1）协定生效后的第 1 年至第 5 年为 6300 万 SDR。 （2）协定生效后的第 6 年至第 10 年为 5000 万 SDR。 （3）协定生效后的第 11 年至第 15 年为 4000 万 SDR。 （4）协定生效后的第 16 年至第 20 年为 3000 万 SDR。 （5）协定生效后的第 21 年起为 1400 万 SDR	4 个	马来西亚在其他实体出价上没有货物例外，也不涵盖具有独立法律地位的下属机构
D 节：货物	马来西亚在 CPTPP 中 D 节的货物出价涵盖 A～C 节所列实体所采购的所有货物，除非协定另有规定。同时，明确指出不涵盖下述货物采购：未去壳或去壳的谷物、电能、天然水、半碾或全碾的稻米、未另列明的食品		
G 节：总注释	不适用于由国家王宫进行的或为其进行的任何采购。 不适用于与居民少于 10000 人的农村地区的农村发展计划以及针对家庭收入低于马来西亚贫困线的人群的扶贫计划相关的任何采购。 不适用于任何公私合作模式（PPP）的合同安排，包括建设经营转让和公共工程特许。 不适用于任何旨在开发、保护或保存地方手工艺、国宝和民族遗产的措施。 不适用于任何宗教用途的采购，包括作为采购合同的一部分或附带部分的采购。 不适用于任何关于研究和开发的采购。 不适用于任何与国家庆祝活动相关的采购。 不适用于由涵盖实体代表未涵盖实体进行的任何采购。 不适用于由未列在此附件的人员提供的赠款和赞助金资助的采购。 马来西亚对于未涵盖的采购保留或维持对本土企业的安全保障、提供优惠、给予援助福利或其他形式利益的权利，对于涵盖的采购也保留采取预留部分采购份额以及实施价格优惠措施的权利		

（四）越南在 CPTPP 框架下的出价情况

1. 中央政府实体

中央政府实体的货物和服务门槛价按照协定生效时间被分为六个阶段，分别为协定生效之日至第 5 年为 200 万 SDR，协定生效后的第 6 年至第 10 年为 150 万 SDR，协定生效后的第 11 年至第 15 年为 100 万 SDR，协定生效后的第 16 年至第 20 年为 26 万 SDR，协定生效后的第 21 年至第 25 年为 19 万 SDR，协定生效后的第 26 年起为 13 万 SDR。

建筑服务的门槛价按照协定生效时间被分为四个阶段，分别为协定生效之日至第 5 年为 6520 万 SDR，协定生效后的第 6 年至第 10 年为 3260 万 SDR，协定生效后的第 11 年至第 15 年为 1630 万 SDR，协定生效后的第 16 年起为 850 万 SDR。

中央政府实体共 21 个，涵盖越南各部及其下级机构。

2. 次中央政府实体

无。

3. 其他实体

其他实体的货物和服务门槛价按照协定生效时间被分为两个阶段，分别为协定生效之日至第 5 年为 300 万 SDR，协定生效后的第 6 年起为 200 万 SDR。

建筑服务的门槛价按照协定生效时间被分为五个阶段，分别为协定生效之日至第 5 年为 6520 万 SDR，协定生效后的第 6 年至第 10 年为 5500 万 SDR，协定生效后的第 11 年至第 15 年为 4000 万 SDR，协定生效后的第 16 年至第 20 年为 2500 万 SDR，协定生效后的第 21 年起为 1500 万 SDR。

其他实体数量为 38 个，其中越南通讯社、胡志明国家政治学院、越南社会科学院、越南科学和技术学院共列出 99 个下级单位。

4. 货物出价及例外

越南在 CPTPP 中 D 节的货物出价涵盖 A～C 节所列实体所采购的所有货物，但不包括稻谷、大米等 13 项税号货物。对于药品，越南规定其可以预留部分金额，并对采购份额、外资药品供应商参与招标以及药品分销服务的采购做出特别规定。

越南在中央政府实体出价上的货物例外规定如下。一是不适用于劳动、伤兵和社会事务部与烈士陵园相关的任何货物和服务的采购。二是不适用于交通部对于建筑服务的采购。三是不适用于国防部对于轻型卡车轮胎等 56 类产品的采购。四是仅涵盖公安部与 2011 年 11 月 24 日第 156/2011/TT-BTC 号通知同时发布的协调制度编码描述的 53 种货物。

越南在其他实体出价上的货物例外规定如下。一是不适用于胡志明国家政治学院对翻新复建服务的采购。二是不适用于越南通讯社与新闻和纪录片制作相关的任何采购。三是对于 34 家国立医院，为了判断药物采购是否等于或超过货物门槛金额，相关合同应为每家医院合同期在一年以上的综合药物采购合同或是卫生部代表其执行的集中合同。如果采购期更短，则适用于 50 万 SDR 门槛价，如果一份采购合同仅涉及某项单一药品，则适用 18 万 SDR 门槛价。四是越南不对墨西哥就其他实体做出出价。

越南的总注释例外包括十六条。一是不适用于建设经营转让合同和公共工程特许合同。二是不适用于任何旨在开发、保护和维护艺术、历史、考古价值或文化遗产等国宝的采购。三是不适用于涉及国家储备法及任何修正案中所规定国家储备的任何货物和相关服务的采购。四是不适用于任何涉及有益于中小企业的任何优惠措施的采购。五是不适用于旨在改善少数民族健康、福利以及经济和社会状况的措施。六是不适用于由未列在此附件中的人员提供的赠款和赞助金资助的采购。七是不适用于任何为了在越南境外消费而在越南境内对货物和服务的采购。八是不适用于任何涉及国家庆典和用于宗教目的的货物和服务的采购。九是不适用于形成采购合同的一部分或是其附带部分的运输服务。十是不适用于任何由一个采购实体从另一个政府实体进行的采购。十一是限制性招标也适用于扫除炸弹和地雷的场地清理活动。十二是不适用于由涵盖实体代表未涵盖实体进行的采购。十三是只要符合第 15.4 条，越南可以采取措施，对任何缔约方的、并且提供来自任何缔约方的货物和服务的供应商，给予比任何缔约方的、但提供来自非缔约方的货物和服务的供应商更加优惠的待遇。十四是任何与采购实体相关的排除，无论其是专门的还是一般性的，也将适用于任何继承实体，以维持此份出价的价值。十五是政府采购章节的任何部分不得被解释为阻止越南采取或维持其认为必需的任何措施来保护越南法律法规中规定的必要安全利益，包括国家秘密。十六是此市场准入出价仅适用于 TPP 的创始成员，即澳大利亚、文莱、加拿大、智利、日本、马来西亚、墨西哥、新西兰、秘鲁、新加坡和美国。

总体来看，越南的货物出价例外情况非常多，货物出价分阶段进行，保护本地企业和对部分成员不适用的情况较多，越南整体开放程度较低。

越南在 CPTPP 框架下的出价整体概况详见表 5-12。

表 5-12　越南在 CPTPP 框架下的出价整体概况

附件	门　槛　价	数量	例　　外
A 节：中央政府实体	货物与服务： （1）协定生效之日至第 5 年为 200 万 SDR。 （2）协定生效后的第 6 年至第 10 年为 150 万 SDR。 （3）协定生效后的第 11 年至第 15 年为 100 万 SDR。 （4）协定生效后的第 16 年至第 20 年为 26 万 SDR。 （5）协定生效后的第 21 年至第 25 年为 19 万 SDR。 （6）协定生效后的第 26 年起为 13 万 SDR。 建筑服务： （1）协定生效之日至第 5 年为 6520 万 SDR。 （2）协定生效后的第 6 年至第 10 年为 3260 万 SDR。 （3）协定生效后的第 11 年至第 15 年为 1630 万 SDR。 （4）协定生效后的第 16 年起为 850 万 SDR	21 个	越南在中央政府实体出价上货物例外规定包括四条。一是不适用于劳动、伤兵和社会事务部与烈士陵园相关的任何货物和服务的采购。二是不适用于交通部对于建筑服务的采购。三是不适用于国防部对于轻型卡车轮胎等 56 类产品的采购。四是仅涵盖公安部与 2011 年 11 月 24 日第 156/2011/TT-BTC 号通知同时发布的协调制度编码描述的 53 种货物
B 节：次中央政府实体	无		
C 节：其他实体	货物与服务： （1）协定生效之日至第 5 年为 300 万 SDR。 （2）协定生效后的第 6 年起为 200 万 SDR。 建筑服务： （1）协定生效之日至第 5 年为 6520 万 SDR。 （2）协定生效后的第 6 年至第 10 年为 5500 万 SDR。 （3）协定生效后的第 11 年至第 15 年为 4000 万 SDR。 （4）协定生效后的第 16 年至第 20 年为 2500 万 SDR。 （5）协定生效后的第 21 年起为 1500 万 SDR	38 个	越南在其他实体出价上的货物例外规定包括四条。一是不适用于胡志明国家政治学院对翻新复建服务的采购。二是不适用于越南通讯社与新闻和纪录片制作相关的任何采购。三是对于 34 家国立医院，为了判断药物采购是否等于或超过货物门槛金额，相关合同应为每家医院合同期在一年以上的综合药物采购合同或是卫生部代表其执行的集中合同。如果采购期更短，则适用于 50 万 SDR 门槛价，如果一份采购合同仅涉及某项单一药品，则适用 18 万 SDR 门槛价。四是越南不对墨西哥就其他实体做出出价
D 节：货物	越南在 CPTPP 中 D 节的货物出价涵盖 A～C 节所列实体所采购的所有货物，但不包括稻谷、大米等 13 项税号货物。对于药品，越南规定其可以预留部分金额，并对采购份额、外资药品供应商参与招标以及药品分销服务的采购做出特别规定		

附件	门　槛　价	数量	例　　外
G节：总注释	不适用于建设经营转让合同和公共工程特许合同。 不适用于任何旨在开发、保护和维护艺术、历史、考古价值或文化遗产等国宝的采购。 不适用于涉及国家储备法及任何修正案中所规定国家储备的任何货物和相关服务的采购。 不适用于任何涉及有益于中小企业的任何优惠措施的采购。 不适用于旨在改善少数民族健康、福利以及经济和社会状况的措施。 不适用于由未列在此附件中的人员提供的赠款和赞助金资助的采购。 不适用于任何为了在越南境外消费而在越南境内对货物和服务的采购。 不适用于任何涉及国家庆典和用于宗教目的的货物和服务的采购。 不适用于形成采购合同的一部分或是其附带部分的运输服务。 不适用于任何由一个采购实体从另一个政府实体进行的采购。 限制性招标也适用于扫除炸弹和地雷的场地清理活动。 不适用于由涵盖实体代表未涵盖实体进行的采购。 　　只要符合第15.4条，越南可以采取措施，对任何缔约方的、并且提供来自任何缔约方的货物和服务的供应商，给予比任何缔约方的、但提供来自非缔约方的货物和服务的供应商更加优惠的待遇。 　　任何与采购实体相关的排除，无论其是专门的还是一般性的，也将适用于任何继承实体，以维持此份出价的价值。 　　政府采购章节的任何部分不得被解释为阻止越南采取或维持其认为必需的任何措施来保护越南法律法规中规定的必要安全利益，包括国家秘密。 　　此市场准入出价仅适用于 TPP 的创始成员，即澳大利亚、文莱、加拿大、智利、日本、马来西亚、墨西哥、新西兰、秘鲁、新加坡和美国		

（五）墨西哥在 CPTPP 框架下的出价情况

1. 中央政府实体

中央政府实体的货物和服务门槛价为 7.9507 万美元，建筑服务的门槛价为 1033.5931 万美元。墨西哥的门槛价为美元标价。中央政府实体共 22 个，涵盖墨西哥各政府部门及其下级机构。

2. 次中央政府实体

无。

3. 其他实体

其他实体的货物和服务门槛价为 39.753 万美元，建筑服务的门槛价为 1272.174 万美元。其他实体数量为 36 个。

4. 货物出价及例外

墨西哥在 CPTPP 中 D 节的货物出价涵盖 A～C 节所列实体所采购的所有货物，除非协定另有规定。对于国防部和海军部的货物采购仅涵盖美国联邦供应分类下的 57 种货物。

墨西哥在中央政府实体出价上没有货物例外。

墨西哥在其他实体出价上对文莱、马来西亚、新西兰和越南不适用。

墨西哥的总注释例外包括六条。一是对于墨西哥石油公司、联邦电力委员会和非能源建筑，墨西哥每年可预留一定金额不遵守政府采购章节中的义务。二是不适用卫生部等部门对某些墨西哥不持有专利、或墨西哥专利已经到期的药品的采购。三是不适用于旨在由政府所有零售商店进行商业性转售的采购。四是不适用于由一个实体向另一个实体的采购。五是不适用于旨在购买水或者供应生产能源的能源或燃料的采购。六是对于为支持保护核材料或技术进行的采购适用国家安全例外。

墨西哥对于美国、加拿大和日本的开放规则与上述内容有一定差异，对于秘鲁等适用了《太平洋联盟框架协定》附加协议中的部分条款。

墨西哥在 CPTPP 框架下的出价整体概况详见表 5-13。

表 5-13 墨西哥在 CPTPP 框架下的出价整体概况

附 件	门 槛 价	数量	例 外
A 节：中央政府实体	货物与服务：7.9507 万美元 建筑服务：1033.5931 万美元	22 个	无
B 节：次中央政府实体	无		
C 节：其他实体	货物与服务：39.753 万美元 建筑服务：1272.174 万美元	36 个	墨西哥在其他实体出价上对文莱、马来西亚、新西兰和越南不适用
D 节：货物	墨西哥在 CPTPP 中 D 节的货物出价涵盖 A～C 节所列实体所采购的所有货物，除非协定另有规定。对于国防部和海军部的货物采购仅涵盖美国联邦供应分类下的 57 种货物		
G 节：总注释	对于墨西哥石油公司、联邦电力委员会和非能源建筑，墨西哥每年可预留一定金额不遵守政府采购章节中的义务。 不适用卫生部等部门对某些墨西哥不持有专利、或墨西哥专利已经到期的药品的采购。 不适用于旨在由政府所有零售商店进行商业性转售的采购。 不适用于由一个实体向另一个实体的采购。 不适用于旨在购买水或者供应生产能源的能源或燃料的采购。 对于为支持保护核材料或技术进行的采购适用国家安全例外		

（六）秘鲁在 CPTPP 框架下的出价情况

1. 中央政府实体

中央政府实体的货物和服务门槛价为 9.5 万 SDR，建筑服务的门槛价为 500

万 SDR。

中央政府实体共 32 个，涵盖秘鲁中央政府实体的所有下级机构。

2. 次中央政府实体

次中央政府实体的货物和服务门槛价为 20 万 SDR，建筑服务的门槛价为 500 万 SDR。

次中央政府实体共 25 个，涵盖所有名为"地方政府"的实体。

3. 其他实体

其他实体的货物和服务门槛价为 16 万 SDR，建筑服务的门槛价为 500 万 SDR。

其他实体数量为 20 个，主要为金融、能源等公司。

4. 货物出价及例外

秘鲁在 CPTPP 中 D 节的货物出价涵盖 A～C 节所列实体所采购的所有货物，须遵循总注释的规定。

秘鲁在中央政府实体出价上的货物例外包括两个方面。一是对国防部和内务部，不涵盖由秘鲁陆军、海军、空军或国家警察部队对服装和鞋类的采购。二是对健康保险公司，不涵盖床单和毯子的采购。

秘鲁在次中央政府实体的出价是对在相同政府层级做出对等承诺的缔约方做出的。这些缔约方应该是在《跨太平洋伙伴关系协定》生效之日时的缔约方，且无次中央政府实体。

秘鲁在其他实体出价上的货物例外主要是针对秘鲁石油公司在原油、汽油、丙烷、柴油、丁烷、低硫介质蒸馏油或轻油、天然气、生物柴油、饱和无环烃、催化剂、乙醇以及添加剂的采购。

秘鲁的总注释例外包括六条。一是不适用于代表微型和小型企业的采购项目。二是不适用于对用于食品援助计划的货物的采购。三是不适用于对由羊驼和骆马纤维制成的纺织品和服装的采购。四是不适用于秘鲁大使馆、领事馆以及其他使团和外交机构专门针对其运营和管理而进行的采购。五是不适用于与公共债务产生以及公共债务管理活动相关的银行、金融或专门服务的采购。六是不适用于一个秘鲁实体对另一个秘鲁实体进行的货物或服务的采购。

整体上看，秘鲁在政府采购货物出价方面整体开放程度一般。

秘鲁在 CPTPP 框架下的出价整体概况详见表 5-14。

表 5-14 秘鲁在 CPTPP 框架下的出价整体概况

附 件	门 槛 价	数量	例 外
A 节：中央政府实体	货物与服务：9.5 万 SDR 建筑服务：500 万 SDR	32 个	秘鲁在中央政府实体出价上的货物例外包括两个方面。一是对国防部和内务部，不涵盖由秘鲁陆军、海军、空军或国家警察部队对服装和鞋类的采购。二是对健康保险公司，不涵盖床单和毯子的采购
B 节：次中央政府实体	货物与服务：20 万 SDR 建筑服务：500 万 SDR	25 个	秘鲁在次中央政府实体的出价是对在相同政府层级做出对等承诺的缔约方做出的。这些缔约方应该是在《跨太平洋伙伴关系协定》生效之日时的缔约方，且无次中央政府实体
C 节：其他实体	货物与服务：16 万 SDR 建筑服务：500 万 SDR	20 个	秘鲁在其他实体出价上的货物例外主要是针对秘鲁石油公司在原油、汽油、丙烷、柴油、丁烷、低硫介质蒸馏油或轻油、天然气、生物柴油、饱和无环烃、催化剂、乙醇及添加剂的采购
D 节：货物	秘鲁在 CPTPP 中 D 节的货物出价涵盖 A～C 节所列实体采购的所有货物，须遵循总注释的规定		
G 节：总注释	不适用于代表微型和小型企业的采购项目。 不适用于对用于食品援助计划的货物的采购。 不适用于对由羊驼和骆马纤维制成的纺织品和服装的采购。 不适用于秘鲁大使馆、领事馆以及其他使团和外交机构专门针对其运营和管理而进行的采购。 不适用于与公共债务产生以及公共债务管理活动相关的银行、金融或专门服务的采购。 不适用于一个秘鲁实体对另一个秘鲁实体进行的货物或服务的采购		

（七）发展中国家成员货物例外的主要规律

一是保护国内中小微企业发展。智利、文莱、越南和秘鲁在其货物例外中都提到了不适用于中小微企业受益的政策措施。该项例外主要考虑到各自国内有针对中小企业的扶持政策。

二是部分国家为保护本国产业竞争力将部分产品作为货物例外在协定中提出。如秘鲁针对食品和纺织业进行的保护，防止其他国家纺织品和服装大量进入秘鲁市场。又如越南的药品本地生产力薄弱、出口价格高，越南医药在国际市场完全不具有竞争力，医药产业多年发展缓慢，因此越南在政府采购货物例外中特别提出针对医药产品的例外安排。还有马来西亚的农产品生产不足，水稻生产长期以来不能满足本国需求，约 40%依赖进口，政府出台各种政策增加水稻产量，但目前仍无法满足国内需求，因此也将此类产品作为货物例外列出。

三是涉及国家安全和网络安全的产品和服务，需对货物或服务提供商做较为严格的要求，部分发展中国家成员会将其作为例外在总注释中列出。如智利在总注释中针对政府数据的存储和托管以及相关服务的采购提出例外，越南在货物例外中将基站、无线电、雷达等发送设备列出等。

四是针对涉及金融和汇率稳定方面的采购以及有价证券凭证的采购提出货物例外。文莱将在硬币铸造投入物上的采购列入货物例外，主要与文莱本国实行货币局制度有关，其货币与新加坡元完全等价兑换，因此，本国货币发行、外汇储备对其金融体系稳定具有举足轻重的作用。越南在货物例外中也将邮票、印花税票、支票、股票、债券等有价证券的采购列出。

四、CPTPP 成员政府采购出价方案的几点启示

（一）合理保护本国产业，平衡开放与保护的关系

自贸协定下的政府采购出价均是"有条件"的出价，各国可以根据本国实体和产业的敏感程度，选择对不同国家制定不同的出价方案，各国的出价水平也千差万别。因此，在参与政府采购议题谈判时，应充分评估政府采购开放对本国产业的影响，针对不同国家制定不同的出价方案，合理平衡好对外开放和产业保护的关系，既避免过高的开放度对本国产业的不利冲击，也应尽可能争取本国产业在他国政府采购市场的参与权力。

（二）争取谈判整体利益最大化，平衡不同议题间的关系

政府采购议题是自贸协定下的众多议题之一，不同国家在谈判过程中均有较为敏感的议题。在参与政府采购议题时，不仅应结合本国政府采购现状、不同实体和不同产业的敏感度，也应合理关注其他谈判议题的进展，取长补短，合理让渡，用优势议题弥补牵制较为敏感的议题，平衡好不同议题的关系，力争整体谈判利益的最大化。

（三）积极参与自贸协定下政府采购谈判，为加入 GPA 奠定基础

随着贸易保护主义、单边主义的抬头，WTO 陷入危机，作为 WTO 框架下的诸边谈判，GPA 谈判进展相对缓慢。但在大型自贸协定中，政府采购议题却日益成为重要议题之一，整体出价水平和内容也日益完善。对尚未加入 GPA 谈判的国家而言，可在双边自贸协定中探索加入政府采购谈判，测试本国实体和产业的承受能力，积累谈判经验，条件成熟时可申请加入 GPA，实现更高水平的开放。

第三篇

应对篇

第六章 从产业角度看加入 CPTPP 的机遇和挑战

中国是全球化规则体系的受益者，已于 2013 年超越美国成为世界第一货物贸易大国，对经贸依赖程度日益加深。在融入全球化的同时，国际经贸规则的任何变化都会对中国带来影响。一方面，国际规则的高标准、高水平带来外部环境的动力，倒推国内加快改革，形成新的机遇；另一方面，国际规则的高标杆、高要求带给内部环境的压力，冲击国内产业和体制机制，引发新的挑战。

一、入世 20 年中国成为全球化的最大受益者之一

2021 年是中国加入世贸组织的第 20 年，中国入世无论对中国对外开放进程还是世界经济全球化历程都具有里程碑意义。20 年来，中国货物贸易出口增长 7 倍多，进口增长 6 倍多。2020 年，中国制造业增加值高达 3.85 万亿美元，全球占比近 30%，连续 11 年保持全球第一；服务贸易出口额占全球服务贸易出口总额的比例从 2005 年的 3%增加到 2020 年的 6%，服务贸易进口额也从全球占比 3.3%增加到 2020 年的 8%；2020 年，中国数字经济规模为 5.2 万亿美元，居全球第二位。中国工业和信息化领域取得的巨大成就得益于中国相信改革开放力量、相信市场力量、相信规则力量以及相信发展中国家力量，未来通过对接 CPTPP 等国际高水平自贸协定，将进一步强化中国优势，促进中国在新发展格局下实现跨越发展。

（一）相信改革开放力量，借助国际经贸规则倒逼和加快国内改革开放进程

中国成为全球化的最大受益者源于改革开放红利和入世之后规则收益的叠加，其中最重要的是改革开放下制度红利的持续释放。改革开放后、加入 WTO

之前中国经济就已经实现了高速增长，入世后与全球规则的对接，对中国进一步扩大改革开放起到了倒逼作用。除了入世后不断扩大的国际市场，通过对接国际规则倒逼改革开放持续释放制度性红利，也是中国经济持续腾飞的关键。这是中国入世的最重要经验总结，也是对中国推动新一轮规则等制度型开放的重要启示。

加入 WTO 以来，中国的规则对接与经济全球化发展和中国改革开放的发展方向相一致。与 WTO 等规则的合规并不仅仅是为了国际形象，更多的是立足于中国的现实需求。借助国际经贸规则倒逼和加快国内改革开放进程，我国也逐渐获取了制度红利。

（二）相信市场力量，借助 WTO 和自贸协定全面开拓国际国内市场

加入 WTO 意味着中国立即获得了无条件最惠国待遇，国际市场交易对象迅速扩展到所有 WTO 成员。通过缔结 RCEP 等自贸协定，中国在区域贸易伙伴中获得了比 WTO 框架下更优惠的市场准入待遇。经过 20 多年发展，中国已经是 120 多个 WTO 成员的最大贸易伙伴以及 60 多个成员的最大进口来源国。中国制造业进出口结构进一步优化，内生发展动力更加强劲。从贸易方式上看，2019 年中国一般货物贸易进出口额占比为 59.0%，较 2010 年增加 8.9 个百分点；加工贸易进出口额占比为 25.2%，较 2010 年减少 13.7 个百分点。从产品结构上看，中国高新技术产品出口额整体呈现上升趋势，成为带动中国进出口结构持续优化的主导产品。其中，2019 年中国高新技术产品出口额为 7307 亿美元，是 2010 年的 1.5 倍。从主要出口产品上看，中国 220 多种产品产量居世界第一，2019 年中国手机产量占全球比重为 68%，较 2010 年增长约 8 个百分点；彩电产量占比 70% 以上，出口量可以满足海外需求的 75% 以上；汽车产量为 2572.1 万辆，较 2010 年增长 40.8%，连续多年蝉联全球第一。

（三）相信规则力量，遵守和切实履行入世承诺

在遵守规则方面，入世以及缔结的自贸协定生效后，需要修改法律、法规和政策使之符合国际规则。入世后，中央政府清理的法规和部门规章就有 2000 多件，地方政府清理的地方性政策、法规有 19 万多件。此后，中国建立 WTO 合规性审查机制，确保新制定的政策、法律和规定与 WTO 规则相符合。同时，中国认真贯彻落实、严格执行争端解决机制通过的专家组或上诉机构报告中对

中国的不利裁决，修改相关的法律法规和措施，力求与 WTO 规则相符。这种做法奠定了中国负责任的大国形象，为中国留下了良好的合规记录和信誉。2022年 1 月 1 日 RCEP 生效前，为将实施 RCEP 打造成中国对外开放的"新里程碑"，相关部门就针对 701 条约束性义务做好履约准备。

在开放市场方面，在货物贸易领域，自 2001 年入世以来，中国按照承诺逐步调整进出口税则和进口关税，2010 年中国降税承诺全部履行完毕，中国所有关税都被约束，约束关税为 10%，使关税措施具有高度可预见性。中国的平均关税从入世前的 15.3%下降到 2005 年的 9.9%，2015 年降至 9.8%，2021 年降至7.4%。在服务领域，中国广泛开放市场，中国实际开放接近 120 个分部门，在金融、法律、分销等很多领域推出了一些新的重大的开放举措，远远超过入世承诺。

在学习规则为中国产业服务方面，自入世以来，中国建立了符合世贸规则的反倾销、反补贴和保障措施等贸易救济法律规则体系，依法运用贸易救济措施，维护国内产业安全，保障产业链稳定。积极利用争端解决机制，捍卫中国的合法和正当权益，在多起 WTO 争端解决中取得了突破。即便是没有成果得到支持，也使得规则进一步得到澄清，问题得到了讨论，从而帮助各方谋求了共识，也为中国进一步合规提供了依据。2022 年 1 月 1 日 RCEP 生效，1 月 26日商务部等 6 部门联合印发《关于高质量实施 RCEP 的指导意见》，特别提到要利用 RCEP 契机促进制造业产业升级和提升产业竞争力，引导产业和企业适应更加充分竞争的环境带来的挑战，具体将从推动制造业优化升级、深入实施质量提升行动、加强高端产业链合作和制造业项目合作、培育多元化全球供应链网络以及健全产业开放安全保障体系等方面展开工作。这也表明中央和地方政府部门正在积极利用 RCEP 规则促进产业发展。

二、加入 CPTPP 将给中国"双循环"新发展格局带来机遇

综合来看，CPTPP 等高水平自贸协定的开放要求总体符合中国发展利益，有利于倒逼中国产业加强自主创新和转型升级，而且在大多数规则领域，中国与欧美差距正在缩小。从产业角度看，中国积极参与高水平自贸区建设，有利于依托国内大市场优势，更深度融入全球分工体系，构建有效制衡、深度共融、互利共赢的国际大循环。

一是有利于继续引资引智，提升国内产业基础高级化和产业链现代化水平。深入扩大开放，构建面向全球的高标准自贸区网络，可以发挥超大规模市场优势，增强吸引全球产业链和高水平外资的能力，引入高端尖端人才团队，加大开放创新力度，提升在国际产业链价值链的话语权。

二是有助于融入国际循环，维护全球产业链供应链稳定。党的十九届五中全会通过的《中共中央关于制定国民经济和社会发展第十四个五年规划和二〇三五年远景目标的建议》，将"加快构建以国内大循环为主体、国内国际双循环相互促进的新发展格局"纳入其中。构建基于"双循环"的新发展格局是党中央在国内外环境发生显著变化的大背景下，推动中国开放型经济向更高层次发展的重大战略部署。"双循环"绝对不是关起门来搞循环，而应该通过进一步对外开放深度融入全球化。在当前百年未有之大变局形势下，通过加入 CPTPP进一步畅通外循环，可以进一步提升与更广范围贸易伙伴的经贸联系，增加更多连接内循环和外循环的节点。通过 CPTPP 等高水平自贸协定，可以积极参与全球制造业产业链重构，优化产业链供应链"多元化"布局，有利于在中高端领域以直接投资方式进入美欧市场，深度嵌入全球创新网络和产业链；在传统劳动密集型制造业和高技术行业的低技能环节，主动转移进入东欧、东南亚和拉美市场，扩大资源品来源地，形成资源品到制成品的国际大循环。

三是有利于倒逼经济体制改革，为深化改革提供参考和方向。CPTPP 所代表的国际经贸新规则既有个别发达国家和跨国公司发挥自身优势、谋求自身利益最大化的一面，也有顺应经济发展趋势和促进人类进步的一面，与中国深化改革的方向和目标是一致的，其中的环境规则、知识产权保护以及跨境信息自由流动等与"创新、协调、绿色、开放、共享"的新发展理念高度契合。与高水平国际经贸规则接轨，将促进中国加快供给侧改革步伐，提升自主创新水平，提高政府管理水平，从而为中国经济社会转型升级奠定坚实基础。尤其是目前中国改革已经进入深水区，通过对接国际高标准规则，可以为全面深化改革提供有益的参照体系，是营造新的制度红利的有效途径。中国大力兴建并升级国内自贸试验区，正是中国面临国际规则压力做出的自我调整和自我完善。通过在自贸试验区推动经济体制改革深化，探索全面深化改革和对外开放的新路径，大胆进行制度创新，推动经济结构和产业结构调整与转型，加快知识产权、科技金融和人才流动等机制改革，进一步扩大对外开放广度和深度，培育参与国际竞争的新优势。

四是有利于为中国企业"走出去"营造良好环境。货物贸易方面，关税的大幅度削减，对非关税壁垒的加严限制，客观上都大大降低了中国货物出口成本，提升了产品国际竞争力。投资方面，中国已经成为吸引外资和对外投资双大国，高水平的投资保护可以更好地为中国海外投资，尤其是"一带一路"地区投资提供权益保障。电子商务方面，在经济全球化背景下，中国发展成为全球最大的电子商务大国，跨境数据流动已经成为中国企业与其他国家开展贸易的重要因素。中国跨境电商主要伙伴是美国、欧盟、日本和东盟等经济体，与这些经济体商谈电子商务规则，学习和借鉴国际规则，可以更好地促进中国电子商务的发展。具体包括提高投资开放水平，放开一般制造业外资准入，扩大电信等服务业市场准入，有利于进一步吸引外资，促进中国产业转型升级；供应链条款通过原产地规则等条款，在成员之间建立起区域供应链，将对产业布局产生深远影响；加强全球价值链领域的合作也有助于降低区域贸易投资壁垒，集聚全球资源与要素，引导行业全球布局；中小企业条款的引入，有利于提升中国中小企业参与国际竞争的能力，提高其创新能力和管理水平，为中国中小企业加入全球产业链争取更多权益。

五是有利于顺应经济发展趋势，营造良好营商环境。CPTPP高标准的知识产权、环境、劳工和国有企业等所谓公平竞争议题的引入，尽管更多反映发达国家及其跨国公司利益，但也是顺应经济发展趋势，有利于进一步提升中国营商环境，稳住和进一步吸引外商投资。其中，加强知识产权保护有利于形成倒逼机制，促使中国企业通过创新增强竞争实力，进而提升中国整体创新能力；提升环境和劳工标准，是中国实现"双碳""共同富裕"的应有之义；加强对国有企业的约束，建立和完善国企信息披露制度，规范国企补贴行为，营造国企、私企、外企公平竞争环境，也是中国进一步深化国有企业改革的目标和方向。

六是有利于中国顺应技术发展趋势，提升监管能力。电信监管方面，高水平电信规则代表了市场开放环境下最为先进的电信监管方法，其根据市场竞争程度来决定监管程度，对不同细分市场制定了相应的竞争评估体系和管制义务。学习和借鉴这种管理理念，可以降低对市场的不必要干预，防止"一管就死，一放就乱"的监管。电子商务监管方面，高标准电子商务规则可以促使中国尽快建立适应数字经济环境的监管体系，包括完善个人信息保护制度和在线用户保护制度，建立分层、分类的跨境数据流动监管体系，提高互联网内容和应用监管的透明度等。

七是有助于积极扩大国际交往合作，力避"断链"和"脱钩"。可以借助高水平自贸协定，团结一切可以团结的力量，扩大朋友圈，深入巩固与传统国家和地区关系，开拓更多伙伴，对冲对中国的"孤立"与"脱钩"，强化互联互通，与各国携手加强全球经济治理和政策协调。

三、加入 CPTPP 将给中国部分产业带来一定挑战

虽然目前参与和接受部分国际新规则对中国产业整体负面影响有限，但不可否认，部分关键行业和敏感领域受到了较大冲击，部分劳动密集型产业正在向外转移或将被替代的趋势不容低估，部分主导性、支柱性制造业行业开放压力逐步加大的形势不容小视。对外受到发达国家的大力遏制和新兴国家的加速追赶，对内受到产业成本优势持续下降、创新优势尚未形成、改革尚未到位的困扰，部分产业还正处于新旧动能转换和转型升级的关键阶段，一些劳工、跨境数据流动、国有企业等部分敏感规则要求冲击中国现行监管体制和经济制度，个别规则标准超过中国现阶段产业发展实际水平，使中国弱势和敏感产业承受较大压力。

（一）中国产业发展和政策环境具有一定特殊性

中国产业正处于转型升级的关键期，需要适当的保护空间。在国际经贸规则谈判中，单个税号的工业品降税本质是工业品的国际竞争力的反映，其背后依托的是中国工业整体发展水平和产业发展水平。特别是汽车、高端化工、高端钢铁、数控机床、OLED 等电子产品这些中国国内正在大力发展但还相对弱势的产业，关税保护还是有一定必要的。但部分发达国家谈判目的十分明确，就是要求中国重点产品的零关税待遇，这样的难题实际上折射了中国工业发展遇到的现实问题。

中国关税结构和产业结构具有一定的独特性，与高水平协定要求有差距。在入世时，中国的工业发展水平还比较低，为促进和保护工业的健康发展，对绝大多数的工业品都设置了高低不同的关税，零关税比例较低。2019 年中国现有工业品零关税比例只有 8.5%，远低于加拿大（78.5%）、美国（48.4%）等发达国家，也远低南非（63.8%）、马来西亚（64.1%）和越南（38.8%）等发展中国家。目前，中国产业发展层次不一、发展阶段不同，既有先进高端产业，也有落后低端产业，既有竞争力强的产业，也有竞争力弱的产业，既有绝对的规模优势，又有结构上的短缺矛盾，这种情况在未来一段时期里仍将长期保持。

在国际货物贸易自由化谈判中，囿于中国的关税结构，较难达到国际协定中关税立即降税为零的要求，一般都需要较长过渡期。比如，中韩自贸协定的最终税目自由化率为 90.6%，其中工业品税目自由化率为 90.1%，但立即零关税比例仅为 20.0%，且过渡期长达 20 年。与此相对照，CPTPP 的整体货物贸易自由化率极高，除日本（96.3%）、越南（97.86%）和加拿大（98.9%）外，其他国家货物贸易整体自由化率均接近或达到 100%；CPTPP 敏感产品主要集中在农业领域，工业品关税基本全面放开，工业品税目自由化水平最低的越南也达到 97.28%，其他国家都是 99% 以上；CPTPP 立即降税为零的产品比例非常高，除越南（65.74%）和墨西哥（76.9%）外，其他国家都达到 80% 以上；CPTPP 的过渡期较短，除日本为 21 年以外，其他国家均在 16 年以内。综上，目前中国已签订的自贸协定的工业品自由化率与 CPTPP 仍存在较大差距。

中国产业政策体系尚不健全，高度开放存在较大的困难。发达国家虽然在多（双）边谈判中文本协定的市场开放程度很高，但隐形非关税壁垒较多，实际的市场准入门槛较高。比如，日本用苛刻的环保标准限制外国汽车进口（日本政府实施环保汽车减税政策，进口汽车由于尾气排放、燃油经济性等因素难以达到减税标准，客观上限制了进口汽车进入日本市场），美国、加拿大等国家对外国投资实行安全审查，这些配套措施在一定程度上阻碍了外国的产品和投资进入本国市场。目前，中国的产业政策涉及多个部门，难以形成较为有效连贯的体系，主要依靠关税、财政支持、股权限制等较为明显的保护手段，运用隐形保护措施的方法还不多，国内配套政策仍不健全。

中国现有法律现状和监管能力尚不完善，过高水平新规则可能会威胁国家安全。随着互联网技术的发展和应用的普及，新产业、新模式、新业态层出不穷，美国等发达国家拥有在互联网、云计算、大数据等新兴领域的绝对优势，善于通过制定国际经贸新规则来巩固地位和扩大利益。近年来，中国以大数据、人工智能为代表的新兴产业取得巨大进步，为中国积极参与国际经贸规则重塑奠定基础。已签署的 RCEP 在电信章节和电子商务章节也做出全新规定，其中电子商务章节已经纳入禁止计算设施本地化和跨境商业数据自由流动条款，同时也保留了缔约方实现其合法公共政策目标和保护基本安全利益采取必要措施的权利。但与 CPTPP 等协定相比，中国还未接受禁止强制披露源代码、不得随意约束和封堵网络与应用等规则，这主要是由于中国国内相关法律法规和安全监管手段尚有待进一步完善，贸然接受这些条款可能会威胁国家安全。

（二）实质性零关税对不同行业将产生不同影响

中国产业门类齐全，制造业规模巨大，很多工业品已具备较强国际竞争力，这些产品的关税减让有利于促进全球贸易自由化，为中国出口产品提供更为广阔的空间。但对于个别竞争力较弱的产业，大规模的关税减免将带来更加严峻的开放压力。尤其是中国工业品关税水平与主要发达国家相比仍有一定差距，一旦关税降低到零，高关税的产业将会受到较大的冲击。中国已经达成的 FTA 框架中工业品降税需要的过渡期较长，在 CPTPP 立即实施零关税的冲击下，工业品受到的负面影响将更为明显。与此同时，自贸协定严格的原产地标准鼓励其成员综合利用区域内优势资源，打造区域内产业新优势，这将加速部分劳动密集型产业、以加工贸易为主的产业向亚太低成本地区转移，或使中国部分产业已经出现的空心化趋势进一步加剧。

首先，关税减免对纺织、电子信息行业将带来积极影响。尽管中国纺织品和服装关税水平较高（12%～16%），但由于行业竞争性较强，关税减免不会大规模冲击产业发展，反而有利于纺织行业出口和生产。同时，由于《信息技术协定》（ITA）及其扩围的推动，中国大部分电子信息产品关税已经全部为零，关税减免对电子信息行业影响不大，全球范围内的关税减免还将有利于电子信息行业的全球布局和市场开拓。据测算[①]，如果 RCEP 最终达成零关税，纺织行业生产将增长 2.34%，出口将增加 5.65%；电子信息行业生产将增长 2.37%，出口将增加 3.77%。如果中日韩自贸区达成零关税，纺织行业生产将增长 1.24%，出口将增加 3.47%；电子信息行业生产将增长 2.18%，出口将增加 3.34%。

其次，关税减免对钢铁、轻工行业无显著影响。目前中国钢铁行业平均关税为 7.4%，远高于欧盟、美国、日本等发达经济体和南非的关税水平（4.7%），低于巴西关税水平（12.7%），处于中等水平，未来中国钢铁产品仍有降税空间。由于中国钢铁行业具备一定的国际竞争力，并且中低端产品处于产能过剩状态，关税减免不会给行业生产带来大幅影响。中国轻工行业国际竞争力较强，进口关税水平较低（0%～5%），并且轻工行业属于产业链下游行业，因此关税减免对轻工行业发展更为有利。

最后，关税减免对汽车、石化、装备行业将产生不利影响。2022 年中国汽车整车进口关税为 15%，化工产品为 6%，由于关税水平比较高，行业发展仍对关税存在依赖，一直是中国 FTA 谈判中高度敏感产品。此外，装备行业由于

[①] 本研究使用第 8.0 版 GTAP 数据库及 RunGTAP3.59 进行分析。

涉及的产品较多，中国大部分装备产品竞争力较强，而数控机床、仪器仪表、农机等高科技含量产品相对较弱，因此零关税对装备行业整体不利，但程度相对较小。

四、加入 CPTPP 对中国和产业经济影响的定量评估

深入研究 CPTPP 达成对中国的影响以及中国将来是否应该加入 CPTPP，对应对当前中美博弈、加快中国自贸区战略建设、加快中国改革开放进程具有重要意义。

（一）评估模型和方案

本部分内容继续使用 GTAP 模型进行量化分析。为便于分析 CPTPP 的综合影响，本书对国家/地区和产业部门进行了重新分类，将世界划分为加拿大、墨西哥、日本、中国、其他 CPTPP 成员、其他国家和地区，并汇总形成 18 个产业部门（见表 6-1）。由于 CPTPP 中制造业自由化程度很高，因此本部分重点突出对制造业的影响分析，对制造业的行业划分也较 RCEP 量化部分（14 个产业部门）更为细化。

表 6-1　产业部门划分

序号	产　业	所　含　行　业
1	纺织品	纺织品和人造纤维
2	服装	衣服、衣物和毛皮染色
3	皮革	制革和皮革修整；箱包、手袋、马具，玩具和鞋类
4	木材	木材及木材制品，软木家具除外；稻草编织材料制品
5	纸及纸制品	包括出版、印刷和录制媒体的复制
6	石油及煤炭	焦化产品、成品油、核燃料加工
7	化学橡胶产品	基础化学品、其他化工产品、橡胶和塑料制品
8	非金属材料	水泥、石膏、石灰、碎石、混凝土
9	钢铁	基础生产和铸造
10	有色金属	生产和铸造铜、铝、锌、铅、金、银
11	金属加工产品	钣金产品
12	机动车辆	汽车、卡车、拖车和半拖车

续表

序号	产　业	所　含　行　业
13	其他交通设备	机动车辆外其他交通设备
14	电子设备	办公室、会计及计算机械、无线电、电视及通信设备
15	其他机械设备	电气机械及器材等，医疗器械、精密光学仪器、钟表
16	其他制造业	其他制造业
17	农产品	水稻、小麦、其他谷物、蔬菜水果坚果、油料作物、植物纤维、其他作物、牛、羊、马、其他动物产品、肉类制品、屠宰生肉、羊毛桑蚕丝、渔业、林业、奶、生奶、乳制品
18	服务业	电力、天然气制造与分配、水、建筑、贸易、海运、空运、其他运输、通信、金融服务、保险、商业服务、娱乐和其他服务、公共管理、国防、健康、教育、住宅

资料来源：根据 GTAP 数据库分类整理。

为全面分析 CPTPP 对中国的影响，本书假设如下两种情景。

情景 1：CPTPP 生效、中国未加入 CPTPP。

情景 2：CPTPP 生效、中国加入 CPTPP。

根据模型要求，在模拟的过程中还进行如下假定。（1）CPTPP 内所有产品进口实现零关税[①]，取消出口补贴，但 CPTPP 成员对其他国家或地区保持原来的关税水平和补贴政策不变。（2）除 CPTPP 成员外，其他国家或地区的进口关税和补贴政策维持现状。（3）资本可以自由流动，本国或地区的生产要素（土地除外）可以在行业间自由流动，但不能跨国界流动。

由于 CPTPP 贸易自由化水平较高，本书将外生变量冲击设定为 CPTPP 成员之间所有产品的进口关税的目标值为 0，选用 TMS（进口关税税率）来进行冲击，模拟 CPTPP 对中国相关产业的影响，重点分析对制造业的影响。

（二）CPTPP 对中国宏观经济影响评估

从表 6-2 看，在两种情景下，中国的宏观经济情况将发生较大变化。

在情景 1（CPTPP 生效、中国未加入 CPTPP）的情况下，中国 GDP 下降 0.08%，国内生产下降 0.04%，出口额下降 0.12%，进口额下降 0.14%，贸易顺差增加 1.31 亿美元，贸易条件下降 0.07%，社会福利整体下降 10.44 亿美元，

---

① CPTPP 成员并未实现所有产品零关税，但制造业基本实现零关税，由于本部分主要分析 CPTPP 对制造业影响，因此仍假定所有产品关税最终为零。

累计资本下降 0.01%。CPTPP 整体上将给中国带来不利影响。

在情景 2(CPTPP 生效、中国加入 CPTPP)的情况下，中国 GDP 增加 0.71%，国内生产增加 0.63%，出口额增加 3.44%，进口额增加 4.25%，贸易顺差增加 12.52 亿美元，贸易条件下降 0.12%，社会福利整体增加 205.43 亿美元，累计资本上升 0.10%。模拟表明，尽管贸易条件有所下降，但加入 CPTPP 对中国整体将带来较大的好处。

综上分析，如果中国未加入 CPTPP，CPTPP 对中国经济将带来不利影响，但如果中国加入 CPTPP，CPTPP 对中国经济的影响将由负转正。

表 6-2　两种情景下 CPTPP 对中国宏观经济影响评估结果

宏观经济评价指标	情景 1	情景 2
GDP 变化/%	−0.08	0.71
国内生产变化/%	−0.04	0.63
出口额变化/%	−0.12	3.44
进口额变化/%	−0.14	4.25
贸易差额变化/百万美元	131.36	1252.30
贸易条件变化/%	−0.07	−0.12
社会福利变化/百万美元	−1044.30	20543.18
累计资本变化/%	−0.01	0.10

数据来源：GTAP 模型模拟结果。

(三) CPTPP 对中国相关产业影响评估

表 6-3 显示了两种情景下中国相关产业的变化，包括进口额、出口额、贸易差额、国内生产和销售的变化等方面。

在情景 1 的情况下，出口方面，纺织品、服装、皮革、木材、石油及煤炭、化学橡胶产品、非金属材料、钢铁、金属加工产品、机动车辆、其他交通设备、农产品的出口减少，其中农产品、机动车辆、钢铁、皮革、服装等产品的出口所受冲击依然最大，出口额将分别减少 1.39%、1.15%、1.10%、0.41%、0.33%；纸及纸制品、有色金属、电子设备、其他制造业、服务业的出口额有所增加，分别增长 0.04%、0.18%、0.19%、0.02%、0.18%。进口方面，除石油及煤炭、电子设备外，其余产品进口全面萎缩。贸易差额方面，纺织品、服装、皮革、木材、石油及煤炭、钢铁、金属加工产品、机动车辆、其他交通设备、农产品贸易逆差增加，其中钢铁、服装、皮革、机动车辆等贸易逆差增加最大，分别为 3.81 亿美元、2.87 亿美元、1.91 亿美元和 1.89 亿美元；纸及纸制品、化学橡胶产品、非金属材料、有色金属、电子设备、其他机械设备、其他制造业、服务业的贸易顺差有所增加，其中，其他机械设备、电子设备、服务业贸易顺差增长显著，分别为 4.44 亿美元、3.83 亿美元、3.35 亿美元。国内生产和销售方面，与出口额和贸易差额变化的趋势大致相同，因 CPTPP 外需的拉动，纸及纸制品、电子设备、其他制造业的国内生产和销售增加；化学橡胶产品、非金属材料、有色金属、金属加工产品、其他机械设备由于国内销售的增加带动了国内生产的增加；其余产业受 CPTPP 影响，国内生产和销售减少。

在情景 2 的情况下，中国加入 CPTPP 后，在消除 CPTPP 贸易转移影响的同时，也需要开放此前尚未开放的市场，因此不同产业受到的影响各不相同。出口方面，大部分产品的出口均有所增加，其中农产品、纺织品、化学橡胶产品、服装、机动车辆出口额增加最多，分别为 18.50%、7.38%、6.39%、6.27%、5.72%。进口方面，中国所有产业的进口额均有所增加，其中化学橡胶产品、机动车辆、非金属材料、纺织品、其他制造业进口额增长最多，分别为 11.25%、10.05%、9.82%、9.42%、9.39%。贸易差额方面，纺织品、服装、皮革、木材、纸及纸制品、石油及煤炭、金属加工产品、其他交通设备、电子设备、农产品贸易顺差增加，其中服装、纺织品、农产品、电子设备、皮革等中国传统优势产品的贸易顺差增加最多，分别为 53.13 亿美元、38.25 亿美元、31.43 亿美元、24.46 亿美元、19.07 亿美元；化学橡胶产品、非金属材料、钢铁、有色金属、机动车辆、其他机械设备、其他制造业、服务业贸易逆差增加，其中化学橡胶产品、其他机械设备、服务业、有色金属、机动车辆贸易逆差增加最多，分别为 85.13 亿美元、20.81 亿美元、18.75 亿美元、15.48 亿美元、12.63 亿美元。上述产品主要是由于出口减少、进口增加，或者进口增加大于出口增加导致贸易逆差增加。其中，化学橡胶产品、其他机械设备、机动车辆为中国自贸协定下的敏感产品，在全面零关税的情况下受到的影响最大。国内生产和销售方面，受加入 CPTPP 影响，化学橡胶产品、非金属材料、钢铁、有色金属、机动车辆、其他机械设备、其他制造业因外部冲击导致国内生产和销售下降；石油及煤炭属于资源型产品，产品出口和贸易顺差增加反而导致国内生产和销售下降；其余产业的国内生产和销售则从中国加入 CPTPP 中受益。

综上分析，两种情景对中国相关产业影响各有不同。其中，两种情景对机动车辆、钢铁等产品均将产生不利影响，对电子设备将带来有利影响，对木材、纸及纸制品、其他交通设备影响不大，对纺织品、服装、皮革、农产品、服务业等产业的影响由不利逐渐变为有利，对有色金属、其他制造业、其他机械设备等产业的影响由有利逐渐变为不利。整体上看，对关税低、全球价值链发展程度高的电子设备而言，中国加入 CPTPP 将进一步加强产业融合程度，整体上相关产业将从中受益；对中国具有优势的纺织品、服装、皮革、部分农产品等，由于主要贸易伙伴的关税较高、与中国存在较强的互补性，中国加入 CPTPP 将使其受益最大；对化学橡胶产品、机动车辆等中国在中低端具有竞争优势、在高端处于竞争弱势的产品，不加入 CPTPP 则面临中低端产品被替代，加入 CPTPP 则面临高端产品受冲击的情况，综合影响最难评估；对其他制造业、有色金属等 CPTPP 成员关税较低、中国竞争力较弱的产品，不加入 CPTPP 最为有利。

表 6-3　两种情景下 CPTPP 对中国相关产业影响评估结果

产业	出口额变化 /%		进口额变化 /%		贸易差额变化 /百万美元		国内生产变化 /%		国内销售变化 /%	
	情景 1	情景 2	情景 1	情景 2	情景 1	情景 2	情景 1	情景 2	情景 1	情景 2
纺织品	-0.30	7.38	-0.33	9.42	-164.43	3824.53	-0.13	3.43	-0.09	2.21
服装	-0.33	6.27	-0.09	3.60	-287.07	5313.35	-0.16	3.91	-0.02	0.34
皮革	-0.41	4.47	-0.21	5.52	-190.64	1906.64	-0.21	2.64	-0.12	1.40
木材	-0.14	1.37	-0.24	2.40	-46.74	453.85	-0.02	0.51	-0.01	0.22
纸及纸制品	0.04	2.28	-0.15	0.81	28.96	133.89	0.05	0.00	0.04	-0.19
石油及煤炭	-0.28	3.25	0.01	2.31	-64.18	163.77	-0.05	-0.62	-0.04	-0.94
化学橡胶产品	-0.07	6.39	-0.09	11.25	54.91	-8513.31	0.07	-5.63	0.08	-7.47
非金属材料	-0.04	1.62	-0.26	9.82	2.16	-89.74	0.01	-0.00	0.01	-0.12
钢铁	-1.10	0.33	-0.13	4.37	-380.65	-892.89	-0.08	-0.31	-0.00	-0.35
有色金属	0.18	0.41	-0.19	3.62	116.77	-1547.73	0.18	-1.22	0.17	-1.33
金属加工产品	-0.14	2.08	-0.31	8.30	-34.49	134.17	0.03	0.00	0.06	-0.49
机动车辆	-1.15	5.72	-0.30	10.05	-189.46	-1262.58	-0.10	-0.59	-0.01	-1.20
其他交通设备	-0.08	5.23	-0.07	2.18	-3.87	606.54	-0.02	1.11	-0.02	0.14
电子设备	0.19	2.20	0.07	1.87	383.23	2446.37	0.24	1.48	0.29	0.30
其他机械设备	-0.00	3.00	-0.26	4.80	443.77	-2080.94	0.09	-0.14	0.11	-1.17
其他制造业	0.02	-0.29	-0.23	9.39	26.33	-611.34	0.05	-0.50	0.03	-0.55
农产品	-1.39	18.50	-0.22	2.41	-161.11	3143.13	-0.03	0.16	0.01	-0.41
服务业	0.18	-0.75	-0.12	0.98	335.13	-1875.41	-0.01	0.20	-0.02	0.24

数据来源：GTAP 模型模拟结果。

（四）CPTPP 对中国与 CPTPP 成员的双边贸易影响评估

从总体双边进出口情况看，在情景 1 下，除日本外，中国对其余 CPTPP 成员的进出口均有所减少。根据评估结果，CPTPP 生效实施后，加拿大从其他 CPTPP 成员的进口额将增加 6.20 亿美元，墨西哥从其他 CPTPP 成员的进口额将增加 7.15 亿美元，其他 CPTPP 成员从加拿大、墨西哥的进口额将分别增加 19.93 亿美元和 25.37 亿美元，可见 CPTPP 达成后区域内双边贸易增加，将对中国产生非常明显的贸易转移和替代效应。在情景 2 下，中国对 CPTPP 成员的进出口将大幅增加，有利于促进中国与 CPTPP 成员的进出口，密切中国与其他国家的经济往来。

从具体产业出口情况看（见表 6-4），在情景 1 下，中国对加拿大、墨西哥和其他 CPTPP 成员大多数产品的出口有所减少，如纺织品、服装、皮革、化学橡胶产品、机动车辆、其他交通设备、电子设备、其他机械设备等。中国对日本的大部分产品出口有所增加，仅农产品、服装、皮革、木材、石油及煤炭少数产品出口有所减少，主要原因是日本大部分产品的进口关税非常低，CPTPP 的达成对中国这些产品的出口影响不大，相反会由于贸易带动效应带动中国产品的出口。在情景 2 下，除少数产品外，中国对所有 CPTPP 成员的出口全面增加，其中，农产品、服装、纺织品等传统劳动密集型产品的出口额增长最为明显，加入 CPTPP 后的经济收益最大。从具体产业进口情况看（见表 6-5），在情景 1 下，中国大部分产业对加拿大、墨西哥和其他 CPTPP 成员的进口全面减少；对日本大部分产业的进口有所增加，仅服装、皮革、农产品等产品的进口有所减少。在情景 2 下，中国对加拿大、墨西哥、日本和其他 CPTPP 成员的进口累计全面增加，其中，农产品、服装、纺织品、电子设备、化学橡胶产品的进口额增加最为明显。综上分析，尽管 CPTPP 达成后，中日之间双边贸易发展不受影响，但整体上不利于中国与 CPTPP 成员的双边贸易发展；中国加入 CPTPP 则有利于促进中国相关产业对 CPTPP 成员的进出口，有利于促进区域产业融合发展。

表 6-4　两种情景下中国对 CPTPP 成员出口额变化情况

单位：百万美元

产　　业	中国对加拿大出口		中国对墨西哥出口		中国对日本出口		中国对其他 CPTPP 成员出口		合　　计	
	情景 1	情景 2	情景 1	情景 2	情景 1	情景 2	情景 1	情景 2	情景 1	情景 2
纺织品	-19	1009	-13	502	78	1484	-198	2750	-152	5745

续表

产　业	中国对加拿大出口		中国对墨西哥出口		中国对日本出口		中国对其他 CPTPP 成员出口		合　计	
	情景1	情景2	情景1	情景2	情景1	情景2	情景1	情景2	情景1	情景2
服装	-60	1369	-32	382	-73	3040	-38	1327	-203	6118
皮革	-40	346	-67	441	-83	1349	39	557	-151	2693
木材	-5	183	-7	196	-65	-37	9	348	-68	690
纸及纸制品	0	-25	0	36	10	4	-8	189	2	204
石油及煤炭	0	-9	0	1	-29	29	-11	550	-40	571
化学橡胶产品	-9	217	-15	710	82	800	-129	1031	-71	2758
非金属材料	0	-15	-5	123	17	-39	-18	286	-6	355
钢铁	-1	-35	-5	81	13	-19	-401	254	-394	281
有色金属	0	-26	-1	71	8	-122	-32	126	-25	49
金属加工产品	-3	142	-11	377	46	39	-83	653	-51	1211
机动车辆	-15	100	-19	189	40	40	-285	505	-279	834
其他交通设备	-1	107	-1	211	12	-33	-19	671	-9	956
电子设备	-18	-106	-47	806	286	834	-40	589	181	2123
其他机械设备	-22	240	-113	2656	231	283	-273	1775	-177	4954
其他制造业	-2	132	-5	228	75	97	-28	300	40	757
农产品	-17	155	-6	199	-641	7831	30	1246	-634	9431
服务业	2	-14	1	-6	80	238	23	-21	106	197
合计	-209	3766	-345	7203	90	13135	-1466	15819	-1930	39923

数据来源：GTAP 模型模拟结果。

表 6-5　两种情况下中国对 CPTPP 成员进口额变化情况

单位：百万美元

产　业	中国自加拿大进口		中国自墨西哥进口		中国自日本进口		中国自其他 CPTPP 成员进口		合　计	
	情景1	情景2	情景1	情景2	情景1	情景2	情景1	情景2	情景1	情景2
纺织品	-20	1187	-14	592	84	2020	-212	3282	-162	7081
服装	-63	1613	-35	442	-77	3807	-40	1606	-215	7468

续表

产　业	中国自加拿大进口		中国自墨西哥进口		中国自日本进口		中国自其他CPTPP 成员进口		合　计	
	情景 1	情景 2	情景 1	情景 2	情景 1	情景 2	情景 1	情景 2	情景 1	情景 2
皮革	-43	421	-72	508	-90	1649	42	691	-163	3269
木材	-5	311	-8	245	-73	116	9	499	-77	1171
纸及纸制品	1	-3	0	46	11	50	-10	279	2	372
石油及煤炭	0	-1	-1	5	-31	173	-12	761	-44	938
化学橡胶产品	-9	327	-16	838	88	1284	-139	1443	-76	3892
非金属材料	0	19	-5	163	19	79	-21	434	-7	695
钢铁	-2	2	-5	103	14	60	-432	486	-425	651
有色金属	1	-4	-1	84	9	-28	-33	201	-24	253
金属加工产品	-3	215	-12	438	51	179	-90	841	-54	1673
机动车辆	-16	139	-20	219	41	127	-302	617	-297	1102
其他交通设备	-1	124	0	236	13	22	-19	771	-7	1153
电子设备	-19	84	-48	1047	292	1535	-40	1227	185	3893
其他机械设备	-23	433	-117	2996	242	1091	-284	2388	-182	6908
其他制造业	-2	240	-6	270	79	284	-30	410	41	1204
农产品	-19	173	-6	221	-713	8909	34	1463	-704	10766
服务业	2	-14	1	-6	80	238	23	-21	106	197
合计	-222	5265	-365	8445	40	21590	-1556	17379	-2103	52679

数据来源：GTAP 模型模拟结果。

（五）评估结论

1. CPTPP 的达成是对"反全球化"思潮的重要反击，有利于亚太地区经济的融合发展

根据评估结果（见表 6-6），CPTPP 达成后，无论将来中国是否加入，CPTPP 成员的 GDP、社会福利、进出口等方面都将从关税削减中获益，宏观经济收益显著。其中，日本经济收益最大，这也是日本在美国退出 TPP 后力推 CPTPP 达成的主要原因。在"反全球化"思潮涌动的背景下，CPTPP 的达成无疑是对其的重要反击，对维护世界经济和多边贸易体制具有积极的政治和经济意义。

尽管关税减让是自由贸易协定最为传统的议题，但 CPTPP 的达成再次证明，高水平的关税减让是未来全球自贸协定的必然发展趋势。

表 6-6　CPTPP 达成对其成员的宏观经济影响

相关指标	CPTPP				CPTPP+中国			
	加拿大	墨西哥	日本	其他 CPTPP 成员	加拿大	墨西哥	日本	其他 CPTPP 成员
GDP 变化/%	0.13	0.03	0.53	0.26	−0.06	−0.01	2.53	0.27
出口额变化/%	0.32	0.4	0.73	0.53	0.63	0.61	3.25	1.18
进口额变化/%	0.43	0.63	1.3	0.89	0.81	1.14	5.71	1.85
贸易差额变化/百万美元	−430.7	−440.2	−3395.9	−1844.8	−658.2	−1104.8	−14762	−3150.3
国内生产变化/%	0.18	0.26	0.42	0.75	0.23	0.66	1.89	1.1
贸易条件变化/%	0.14	−0.01	0.4	0.22	0.13	−0.02	2.11	0.26
社会福利变化/百万美元	856.1	600.2	4495.4	3285.4	1348	1695.6	21984	4535.7

数据来源：GTAP 模型模拟结果。

2. CPTPP 将对中国经济产生较大冲击，其中劳动密集型产业所受影响最大，关税较低、外向型的电子设备产业将因贸易创造效应从中受益

评估结果表明，宏观经济影响方面，从 GDP、进出口、国内生产、投资等指标变化情况看，CPTPP 都将给中国带来显著的不利影响。具体产业方面，CPTPP 达成将导致区域内成员对中国优势产品的进口替代，对中国纺织品、服装、皮革等劳动密集型产品带来不利影响；对电子设备等关税较低的产品冲击相对较小，这些产品反而会因 CPTPP 的贸易创造和贸易增加效应带来出口的增加。从中国与 CPTPP 成员双边贸易变化看，CPTPP 达成后，除日本外，中国与其他 CPTPP 成员双边贸易萎缩。

3. 中国加入 CPTPP 将抵消 CPTPP 带来的不利影响，对中国优势产品带来好处，对中国尚未开放的产品将产生不利影响，长期看，中国应该加入 CPTPP

根据评估结果，如果中国加入 CPTPP，中国 GDP、进出口、贸易条件、投资等将有所提升，中国与 CPTPP 成员双边贸易显著提升，整体上对中国经济发展有利。在具体产品上，纺织品、服装、皮革等中国优势产品受益最大，化工橡胶产品、机动车辆、其他机械设备等中国对外开放水平较低的产品将受到一定冲击。从长期来看，中国加入 CPTPP 利大于弊。

第七章　积极应对 CPTPP 高水平自由化挑战

面对百年未有之大变局下的全球政治经济环境的不确定性，只有练好内功，切实增强产业内生动力和活力，提高产业基础能力，才能从根本上抵御风险变化和规则变迁，才能为接受 CPTPP 等更高水平国际经贸规则奠定基础。本章先对近十年来中国制造业国际竞争力进行评估，并在此基础上提出应对 CPTPP 高水平自由化挑战的政策建议。

一、从贸易数据看中国制造业竞争优势变化

2010 年中国超过美国成为制造业第一大国，2013 年中国成为世界第一大货物贸易国，制造业发展取得突出成绩。本部分以 2010—2019 年海关数据为基础，利用显示性比较优势（RCA）指数①分析十年来中国制造业竞争优势变化，其中，中国纺织服装、中低端机电产品和化工品等竞争优势逐渐减弱，而中高端机电产品、光学仪器、化工品和钢铁制品等竞争优势逐渐增强，中国制造业在全球产业链中的地位稳步提升。深入研究中国从制造大国向制造强国升级过程中的制造业竞争优势演变路径，对制造业更好参与构建"双循环"新发展格局，迎接加入 CPTPP 后给不同产业带来的不同挑战，以及制定相关战略规划和政策具有重要参考意义。

（一）中国制造业全球竞争力不断增强

中国制造业进出口规模持续扩大，制造大国地位进一步巩固。2010 年来，

---

① 显示性比较优势（RCA）指数，是指一国某一产品出口额在该国总出口额中所占比例与世界该产品出口额在世界总出口额中所占比例的比值。一般认为，当 RCA 大于 1 时，表明该国该产品在世界出口中具有一定的竞争优势；RCA 大于 2.5 时，表明该国该产品具有极强的竞争优势。

中国货物贸易进出口额虽有上下波动，但整体呈现上升趋势（见图 7-1）。2019 年中国货物贸易进出口总额为 4.5 万亿美元，比 2010 年增长 53.9%，其中货物贸易进口额较 2010 年增长 48.9%，货物贸易出口额较 2010 年增长 58.4%；2019 年中国货物贸易进出口总额占全球的比重为 13.4%，比 2010 年提升 2.9 个百分点，全球第一大货物贸易国的地位进一步巩固。具体到制造业，2019 年中国制造业贸易总额为 4.3 万亿美元，占中国货物贸易总额的比重为 95.5%；制造业增加值约为 3.9 万亿美元，占全球的比重为 28.1%，比 2010 年提升 10.0 个百分点（见图 7-2），连续十年保持世界第一。

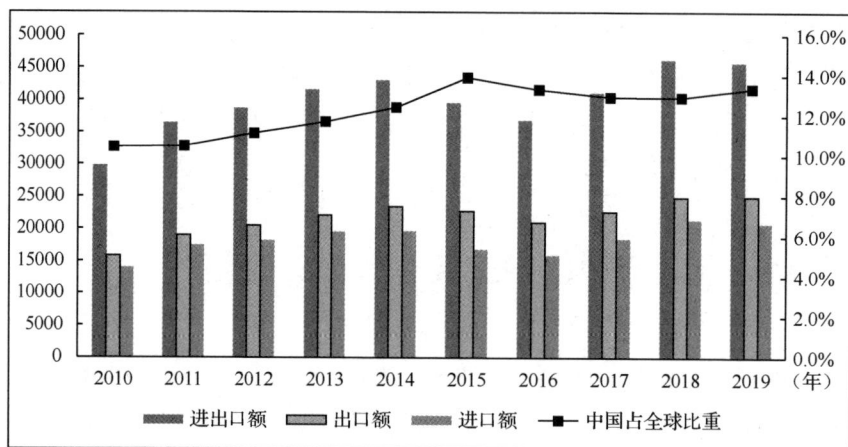

图 7-1　2010—2019 年中国进出口贸易情况（亿美元）及占比
（数据来源：Trade Map 数据库，赛迪研究院计算）

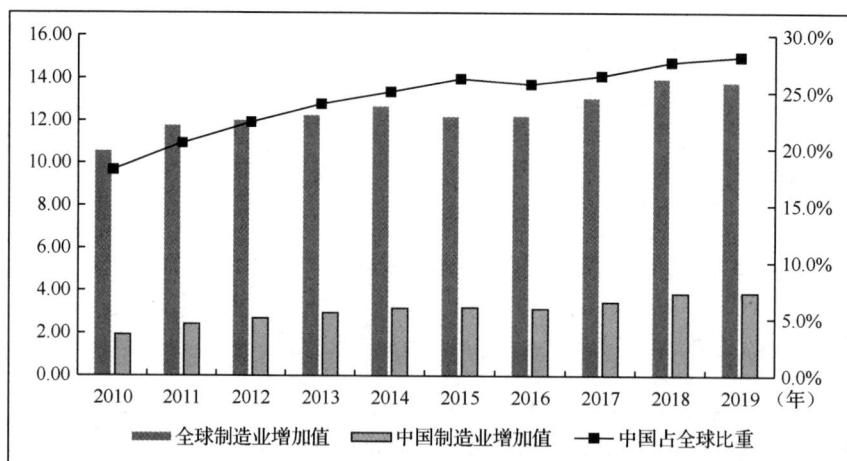

图 7-2　2010—2019 年中国制造业增加值规模（万亿美元）及占比
（数据来源：世界银行，赛迪研究院计算）

中国制造业进出口结构进一步优化，内生发展动力更加强劲。从贸易方式上看，2019 年中国一般货物贸易进出口额占中国外贸总值的比重为 59%，较 2010 年增加 8.9 个百分点；加工贸易进出口额占比为 25.2%，较 2010 年减少 13.7 个百分点。从产品结构上看，中国高技术产品出口整体呈现上升趋势，成为带动中国进出口结构持续优化的主导产品。其中，2019 年中国高技术产品出口额为 7307 亿美元，是 2010 年的 1.5 倍（见图 7-3）。从主要出口产品上看，目前中国 220 多种产品产量居世界第一，2019 年，中国手机产量占全球的比重为 68%，较 2010 年增加约 8 个百分点；彩电产量占比 70% 以上，出口量可以满足海外需求的 75% 以上；汽车产量为 2572.1 万辆，较 2010 年增长 40.8%，连续多年蝉联全球第一。

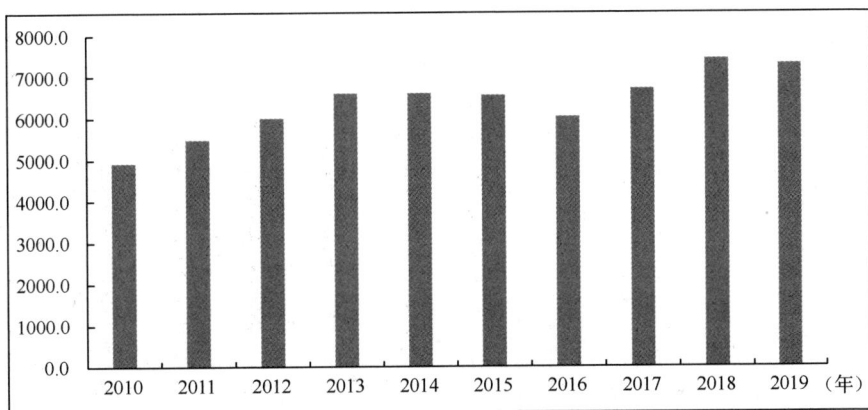

图 7-3　2010—2019 年中国高技术产品出口额（亿美元）

（数据来源：国家统计局、赛迪研究院计算）

中国制造业出口市场进一步多元化，东盟成为中国第一大贸易伙伴。2019 年，中国第一大贸易伙伴是欧盟，贸易额占中国进出口总额的 15.4%，较 2010 年降低 0.7 个百分点；第二是东盟，贸易额占比 14.1%，较 2010 年增长 4.3 个百分点；美国位居第三，贸易额占比 11.8%，较 2010 年下降 1.2 个百分点。值得关注的是，2020 年 1—11 月，中国与东盟贸易总值约 6500 亿美元，同比增长 6.7%，占中国外贸总值的 14.6%，已成为中国第一大贸易伙伴。从主要出口地区看，与 2010 年相比，2019 年美国、中国香港、日本、韩国依然是中国内地前四大出口目的地，但德国被越南所取代，成为第五大出口目的地。中国对越南的出口显著增长主要源于越南近年来大力发展电子组装加工和纺织制鞋等产业，需要从中国进口大量零部件和原材料。与 2010 年相比，2019 年韩国、中国台湾、日本、美国依然排在中国大陆地区进口前五名，顺序略有调整。值得注意的是，澳大利亚取代德国跃居中国第五大主要进口地，份额比 2010 年增加 1.4 个百分点。这主要源于中国自澳大利亚进口大量铁矿石等资源品。数据显示，澳大利亚 2019 年对中国的出口产品中，53.34% 是铁矿石，9.3% 是煤炭。2010 年与 2019 年中国内地主要进出口贸易伙伴情况见表 7-1。

表 7-1　2010 年与 2019 年中国内地主要进出口贸易伙伴情况

单位：%

位次	主要出口贸易伙伴情况				位次	主要进口贸易伙伴情况			
	2010 年		2019 年			2010 年		2019 年	
	国家/地区	占比	国家/地区	占比		国家/地区	占比	国家/地区	占比
1	美国	18	美国	16.8	1	日本	12.7	韩国	8.4
2	中国香港	13.8	中国香港	11.2	2	韩国	9.9	中国台湾	8.4
3	日本	7.7	日本	5.7	3	中国台湾	8.3	日本	8.3
4	韩国	4.4	韩国	4.4	4	美国	7.4	美国	6.0
5	德国	4.3	越南	3.9	5	德国	5.3	澳大利亚	5.8
6	荷兰	3.2	德国	3.2	6	澳大利亚	4.4	德国	5.1
7	印度	2.6	荷兰	3.0	7	马来西亚	3.6	巴西	3.8
8	英国	2.5	印度	3.0	8	巴西	2.7	马来西亚	3.5
9	新加坡	2.1	英国	2.5	9	沙特	2.4	俄罗斯	2.9
10	中国台湾	1.9	新加坡	2.2	10	泰国	2.4	沙特	2.6
11	俄罗斯	1.9	中国台湾	2.2	11	俄罗斯	1.9	泰国	2.2
12	澳大利亚	1.7	马来西亚	2.1	12	新加坡	1.8	新加坡	1.7
13	巴西	1.6	俄罗斯	2.0	13	安哥拉	1.6	印度尼西亚	1.6
14	马来西亚	1.5	澳大利亚	1.9	14	印度	1.5	法国	1.6
15	越南	1.5	墨西哥	1.9	15	印度尼西亚	1.5	加拿大	1.4
16	加拿大	1.4	印度尼西亚	1.8	16	智利	1.3	瑞士	1.3
17	印度尼西亚	1.4	泰国	1.8	17	法国	1.2	智利	1.3
18	泰国	1.3	菲律宾	1.6	18	瑞士	1.2	南非	1.3
19	墨西哥	1.1	加拿大	1.5	19	菲律宾	1.2	英国	1.2
20	菲律宾	0.7	巴西	1.4	20	加拿大	1.1	伊朗	1.2

数据来源：Trade Map 数据库，赛迪研究院计算。

中国制造业逐渐向全球产业链中高端攀升，但高端产品对外高度依赖情况尚未根本改变。2018 年，中国中间品和资本品贸易额占全球总额的比重为 12.7%。其中进口额占比为 11.4%，较 2010 年上升 1.3 个百分点；出口额占比为 13.9%，较 2010 年上升 2.5 个百分点，这表明中国在全球产业链中的地位逐渐上升。但从逆差看，2018 年中国中间品和资本品进口额前五位逆差地的逆差额占比高达 59.3%（见表 7-2）。其中，日本、韩国、马来西亚、德国等国家一直是中国中间品和资本品的主要逆差地，逆差主要集中在中高端电子零部件和集成电路等产品上，表明中国高端制造业对外高度依赖，部分产业链安全性仍存在较大问题。

表 7-2 2010 年与 2018 年中国内地中间品和资本品贸易总额及逆差情况

单位：%

位次	贸易总额情况				位次	贸易逆差情况			
	2010 年		2018 年			2010 年		2018 年	
	国家或地区	占比	国家或地区	占比		国家或地区	占比	国家或地区	占比
1	美国	12.1	美国	13.2	1	日本	41.5	韩国	26.8
2	日本	11.8	韩国	9.7	2	韩国	33.8	日本	15.7
3	中国香港	10.3	中国香港	9.1	3	马来西亚	10.9	德国	7.1
4	韩国	9.9	日本	8.4	4	德国	6	瑞士	5.5
5	德国	5.4	德国	4.5	5	泰国	5.5	马来西亚	4.2
6	马来西亚	3.1	越南	3.9	6	智利	4.1	南非	1.6
7	印度	2.3	马来西亚	2.9	7	菲律宾	3.3	智利	1.5
8	泰国	2.3	印度	2.7	8	卢旺达	2.1	法国	1.5
9	荷兰	2.2	泰国	2.4	9	瑞士	2.1	爱尔兰	1.5
10	新加坡	1.8	荷兰	2.1	10	塞尔维亚	1.4	沙特	1.4

数据来源：WITS 数据库，赛迪研究院计算。

中国制造业外贸依存度不断下降，净出口对 GDP 的贡献度整体不高。中国从经济大国向经济强国转变过程中，外贸依存度不断下降，2010—2019 年，中国外贸依存度从 48.9%下降至 31.8%（见图 7-4）。其中制造业对外依存度从 147.6%下降至 111.0%，这表明制造业对外贸的贡献度逐渐下降。与此相对应，净出口对中国 GDP 的贡献度也呈整体下降趋势，消费和投资已经成为拉动经济增长的主动力，超大规模国内市场和强劲内需已开始转化为新的比较优势（见图 7-5）。在当前"双循环"新发展格局下，制造业需要加快转型升级，加强高端供给水平和能力，促进供给和需求在高水平上的动态平衡。

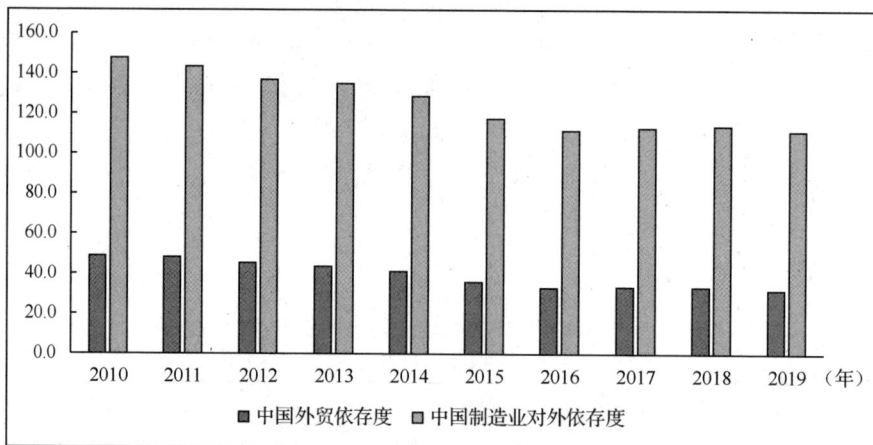

图 7-4　2010—2019 年中国外贸依存度和制造业对外依存度变化（%）
（数据来源：海关总署、国家统计局，赛迪研究院计算）

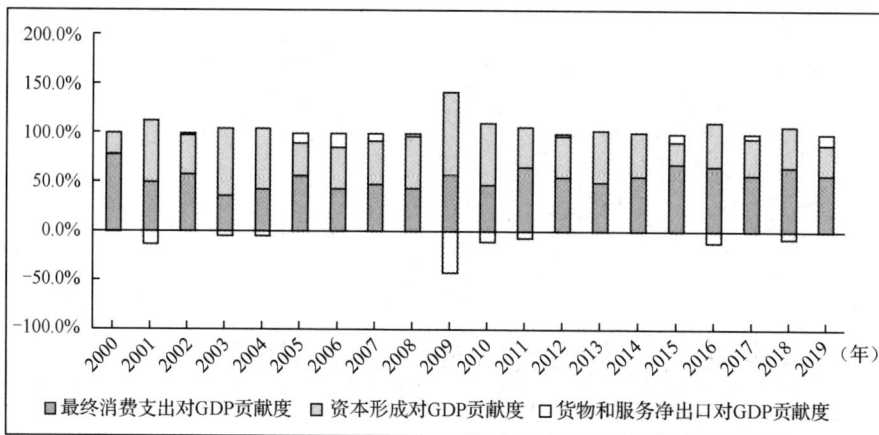

图 7-5　2000—2019 年中国货物和服务净出口对 GDP 贡献度
（数据来源：海关总署、国家统计局，赛迪研究院计算）

（二）中国制造业竞争优势逐渐减弱产品分析

1. 中国纺织服装、中低端机电产品等竞争力逐渐减弱

根据 RCA 指数计算结果，2010 年中国竞争优势极强的产品共 917 项，主要包括纺织服装、机电产品、化工产品、轻工产品、贱金属及其制品等。2010年，这些产品的出口额为 8987.34 亿美元，进口额为 1472.11 亿美元，贸易顺差7515.23 亿美元。2019 年，这些产品出口额上升至 12008.37 亿美元，进口额下降至 1464.63 亿美元，贸易差额上升至 10543.74 亿美元。整体上看，这些产品的出口仍然保持强劲增长，但在这十年期间，70.8%的产品竞争优势在逐渐减弱，5.3%的产品完全失去竞争优势，仅 23.9%的产品竞争优势在增强。具体如下：

23.9%的产品竞争优势逐渐增强。 917 项产品中，有 219 项产品的竞争优势逐渐增强（RCA2019>RCA2010），占比 23.9%。出口额从 2010 年的 1714.76 亿美元上升至 2019 年的 3748.23 亿美元，占全球出口额的比重从 2010 年的 36.4%上升至 2019 年的 49.9%。产品主要包括青霉素等原料药，钢铁及其制品，人造短纤、聚酯纤维等纺织品，通信基站、手机、冰箱、LED 液晶显示板等机电产品，灯具、户外用品等轻工产品。

5.3%的产品已完全失去竞争优势。 917 项产品中，有 49 项已经完全失去竞争优势，2010 年这 49 项产品的出口额为 381.11 亿美元，2019 年出口额降至 27.45 亿美元。出口额在 1 亿美元以上的产品仅 5 项，分别为：其他薄板制胶合板（HS 441239）、未列明鞋靴（HS 640590）、其他贵金属器皿及零件（HS 711419）、闪速存储器（HS 852351）、其他船舶包括救生船等（HS 890690）。由于贸易额较小，对中国整体影响不大。

70.8%的产品竞争优势正在逐渐减弱（见表 7-3）。 917 项产品中，有 649 项产品的竞争优势正在减弱（RCA2019<RCA2010），占比 70.8%。这 649 项产品的出口额从 2010 年的 6844.64 亿美元升至 2019 年的 8223.36 亿美元。其中，纺织服装 247 项，出口额占全球出口额比重从 2010 年的 46.4%下降至 2019 年的 38.9%，从产品类别上看，55%为服装产品，21%为纺织织物，剩余为纺织原料。化工产品 93 项，出口额占比从 2010 年的 43.8%下降至 38.8%，从产品类别上看，近 90%为无机化工品。机电产品 81 项，出口额占比从 2010 年的 40.7%下降至 38.1%，从产品类别上看，50%为笔记本电脑、打印机和复印机等电子产品，50%为微波炉、吸尘器、面包机、咖啡机等家电产品。

表 7-3　竞争优势逐渐减弱的前三大产品基本情况

产品种类	产品项数	数量占比	2010 年出口额/亿美元	占全球出口额比重（2010 年）	2019 年出口额/亿美元	占全球出口额比重（2019 年）
纺织服装	247	27.0%	1379.48	46.4%	1584.83	38.9%
化工产品	93	10.1%	187.46	43.8%	201.80	38.8%
机电产品	81	8.8%	3311.06	40.7%	3992.43	38.1%

数据来源：Trade Map 数据库，赛迪研究院计算。

2. 中国优势逐渐减弱产品正在被越南等发展中国家产品替代

纺织服装和鞋靴等劳动密集型产品的竞争优势减弱趋势最为明显，正逐渐被越南、孟加拉国、印度和柬埔寨等国家产品所替代。竞争优势逐渐减弱的纺织服装有 247 项，鞋靴产品有 27 项。2010 年，中国 247 项纺织服装出口额占全球出口总额的比重为 46.4%，2019 年这一比重下降至 38.9%。同期，越南、孟加拉国、印度等凭借纺织原料和劳动力成本优势，纺织服装产业发展迅速。2010—2019 年，越南出口额全球占比从 2.1% 上升至 6.7%，出口额增长 336.5%；孟加拉国出口额全球占比从 1.4% 上升至 5.5%，出口额增长 431.1%；印度出口额全球占比从 2.5% 上升至 3.5%，出口额增长 90.2%；柬埔寨出口额全球占比从 0.3% 上升至 1.1%，出口额增长 493.3%；此外，意大利和荷兰等国家凭借品牌优势，出口额也在稳步上升。27 项鞋靴产品中，越南、印度、柬埔寨和孟加拉国出口额全球占比大幅上升，其中越南 27 项鞋靴产品出口额从 2010 年的 35.7 亿美元上升至 2019 年的 144.2 亿美元，出口额增长 303.9%。中国纺织服装和鞋靴产品被越南、孟加拉国、印度等国家产品逐步取代的趋势明显。

笔记本电脑、微波炉等机电产品竞争优势正在被越南、墨西哥、马来西亚、意大利等国家产品逐渐替代。中国竞争优势正在减弱的机电产品共 81 项，2010 年相关出口额为 3311.06 亿美元，2019 年出口额为 3992.43 亿美元，出口额全球占比从 2010 年的 40.7% 下降至 2019 年的 38.1%。在此期间，越南这 81 项产品的出口额从 2010 年的 34.84 亿美元上升至 490.18 亿美元，增长 1307.0%，全球占比从 0.4% 上升至 4.7%；墨西哥出口额从 2010 年的 267.9 亿美元上升至 495.7 亿美元，增长 85.1%，全球占比从 3.3% 上升至 4.7%；马来西亚出口额从 2010 年的 109.9 亿美元上升至 193.9 亿美元，增长 76.4%，全球占比从 1.3% 上升至 1.8%；意大利出口额从 2010 年的 79.6 亿美元上升至 160.1 亿美元，增长 101.1%，全球占比从 0.1% 上升至 1.5%。

药品原料等化学品及其相关工业产品的竞争优势正在被荷兰、印度、墨西哥、韩国等国家产品追赶。中国竞争优势正在减弱的化工产品共 93 项，2010 年中国出口额为 187.46 亿美元，2019 年出口额为 201.80 亿美元。出口额全球占比从 43.8% 下降至 38.8%。在此期间，荷兰这 93 项产品的出口额从 2010 年的 10.97 亿美元上升至 34.3 亿美元，增长 212.7%，全球占比从 2.6% 上升至 6.6%；印度出口额从 2010 年的 7.61 亿美元上升至 24.0 亿美元，增长 215.4%，全球占比从 1.8% 上升至 4.6%；墨西哥出口额从 2010 年的 2.6 亿美元上升至 8.5 亿美元，增长 226.9%，全球占比从 0.6% 上升至 1.6%；韩国出口额从 2010 年的 4.3

亿美元上升至 6.5 亿美元，增长 51.2%，全球占比从 0.1% 上升至 1.2%。

（三）中国制造业竞争优势逐渐增强产品分析

1. 中国中高端机电产品、化工产品等竞争力逐渐改善

根据 RCA 指数计算结果，2010 年中国不具备竞争优势的产品共 2655 项[①]，出口总额为 1822.12 亿美元，进口总额为 7508.15 亿美元，贸易逆差为 5686.03 亿美元，主要包括机电产品、化工产品、贱金属及其制品、纺织服装以及塑料与橡胶及其制品等。2019 年，这 2655 项产品出口总额增加至 4013.63 亿美元，进口总额增加至 12823.90 亿美元，贸易逆差增加至 8810.27 亿美元。具体看，这些不具备竞争优势的产品发生了如下变化：

59.7% 的产品竞争力正在逐渐改善。 2655 项不具备竞争优势的产品中，有 1586 项产品的竞争力逐渐改善（RCA2019>RCA2010），占比 59.7%。这 1586 项产品的出口额从 2010 年的 1253.6 亿美元升至 2019 年的 3544.1 亿美元。其中，机电产品 267 项，出口额占全球出口额比重从 2010 年的 4.0% 上升至 8.2%，从产品类别看，主要包括纺织机械、造纸机械、木材加工机械、起重机和挖掘机、纤维制造机、轮胎成型机、隧道掘进机等机电产品，以及电池电阻、液晶显示板、直流和交流电动机、变压器等电子产品。化工产品 259 项，出口额占全球出口额比重从 2010 年的 1.5% 上升至 2019 年的 4.0%，从产品类别看，近 36.7% 是有机化工品，16.6% 是无机化工品。出口额全球占比提升 20 个百分点以上的产品主要包括硫酸盐、过氧化钠及过氧化钾、间苯二酚、三羟基甲基丙烷、甲丙氨酯、三氯乙烯、硫酸钾等。塑料与橡胶及其制品 105 项，出口额占全球出口额比重从 2010 年的 3.3% 上升至 2019 年的 7.5%，从产品类别看，67.6% 是塑料及其制品，32.4% 是橡胶及其制品。典型产品包括硫化橡胶制其他卫生及医疗用品、氯乙烯聚合物制非泡沫塑料板或片、合成橡胶等。光学、医疗仪器 86 项，出口额占全球出口额比重从 2010 年的 3.4% 上升至 2019 年的 5.9%，主要包括胶片照相机、电影放映机零件、光束光缆、电压检测仪、仪器仪表等产品。贱金属及其制品 181 项，出口额占全球出口额比重从 2010 年的 2.2% 上升至 2019 年的 6.4%，从产品类别看，钢铁及其制品占比 55.8%。出口额全球占比提升 20 个百分点以上的典型产品包括未锻轧钨、镀锌钢板材、未锻轧钼、钼废碎料、热轧不锈钢非卷材、未锻轧锆等。纺织服装 133 项，出口额占全球

[①] RCA 小于 0.8。

出口额的比重从 2010 年的 2.5% 上升至 2019 年的 8.7%，从产品类别看，纺织原料占比 60.9%。出口额全球占比提升 20 个百分点以上的典型产品主要包括棉及棉布、纤维丝、精梳羊毛片等。竞争力有所改善的主要产品基本情况详见表 7-4。

表 7-4　竞争力有所改善的主要产品基本情况

产品种类	产品项数	数量占比	2010 年出口额/亿美元	占全球出口额比重（2010 年）	2019 年出口额/亿美元	占全球出口额比重（2019 年）
机电产品	267	16.8%	401.5	4.0%	1096.0	8.2%
化工产品	259	16.3%	115.9	1.5%	359.8	4.0%
橡胶与塑料及其制品	105	6.6%	105.9	3.3%	283.6	7.5%
光学、医疗仪器	86	5.4%	94.4	3.4%	242.8	5.9%
贱金属及其制品	181	11.4%	70.3	2.2%	200.8	6.4%
纺织服装	133	8.4%	15.1	2.5%	52.7	8.7%

数据来源：Trade Map 数据库，赛迪研究院计算。

40.3% 的产品竞争力没有改善或继续恶化。2655 项产品中，有 1069 项产品的竞争力没有改善或继续恶化（RCA2010>RCA2019），占比 40.3%。这些产品的出口额从 2010 年的 568.5 亿美元下降至 2019 年的 469.5 亿美元。其中，化工产品 212 项，出口额占全球出口额比重从 2010 年的 2.6% 下降至 2.1%。贱金属及其制品 138 项，出口额占全球出口额比重从 2010 年的 2.6% 下降至 2019 年的 1.7%。食品烟草类产品 117 项，出口额占全球出口额比重从 2010 年的 1.9% 下降至 2019 年的 1.5%。机电产品 102 项，出口额占全球出口额比重从 2010 年的 3.9% 下降至 2019 年的 3.8%。纺织服装 80 项，出口额占全球出口额比重从 2010 年的 2.8% 下降至 2019 年的 2.1%。

2. 中国竞争力逐渐改善的产品正在替代美日等发达国家产品

纺织机械、工程机械等机电产品正在替代日本、美国和德国等发达国家产品。中国竞争力改善的机电产品有 267 项，2010 年出口额为 401.5 亿美元，2019 年出口额上升至 1096.0 亿美元，全球占比从 4.0% 上升至 8.2%。在此期间，日本出口额全球占比下降 3.0 个百分点，美国下降 1.6 个百分点，德国下降 1.0 个百分点。其中，中国平型针织机（HS 844720）全球份额从 2010 年的 4.2% 上升至 2019 年的 57.1%，提高 52.9 个百分点，而德国同期下降 52.8 个百分点，基本取代德国市场；镍铁蓄电池（HS 850740）全球份额从 2010 年的 0.3% 上升至

2019 年的 46.8%，提高 46.5 个百分点，而马来西亚同期下降 70.0 个百分点。

无机化工、日化产品等部分化工产品正在替代美国、日本等发达国家产品。中国竞争力改善的化工产品有 259 项，2010 年出口额为 115.9 亿美元，2019 年出口额上升至 359.8 亿美元，全球占比从 1.5% 上升至 4.0%。在此期间，日本出口额全球占比下降 0.4 个百分点，美国下降 1.0 个百分点。其中，中国镍的氧化物及氢氧化物（HS 282540）全球份额从 2010 年的 5.2% 上升至 2019 年的 58.7%，提高 53.5 个百分点，而日本同期下降 21.4 个百分点；间苯二酚（HS 290721）全球份额从 2010 年的 3.9% 上升至 2019 年的 50.6%，提高 46.7 个百分点，而美国同期下降 42.8 个百分点。

合成橡胶、塑化聚氯乙烯等橡胶与塑料及其制品正在替代日本、德国、意大利等国产品。中国竞争力改善的橡胶与塑料及其制品有 105 项，2010 年出口额为 105.9 亿美元，2019 年出口额上升至 283.6 亿美元，全球占比从 3.3% 上升至 7.5%。在此期间，日本出口额全球占比下降 1.1 个百分点，德国下降 0.8 个百分点。其中，中国硫化橡胶制其他卫生及医疗用品（HS 401490）全球份额从 2010 年的 2.0% 上升至 2019 年的 15.2%，提高 13.2 个百分点，而德国、意大利同期下降 6.1 个和 5.8 个百分点；其他氯乙烯聚合物制非泡沫塑料的板、片等（HS 392049）全球份额从 2010 年的 6.5% 上升至 2019 年的 18.7%，提高 12.2 个百分点，而意大利同期下降 5.3 个百分点。

闪烁摄影装置、恒压器等光学和医疗仪器正替代美国、日本、菲律宾等国产品。中国竞争力改善的光学和医疗仪器有 86 项，2010 年出口额为 94.4 亿美元，2019 年出口额上升至 242.8 亿美元，全球占比从 3.4% 上升至 5.9%。在此期间，美国出口额全球占比下降 2.7 个百分点，日本下降 1.1 个百分点。其中，中国其他使用胶片（HS 900652）全球份额从 2010 年的 2.9% 上升至 2019 年的 65.3%，提高 62.4 个百分点，而美国同期下降 24.5 个百分点；电影放映机零件、附件（HS 900792）全球份额从 2010 年的 3.0% 上升至 2019 年的 42.0%，提高 39.0 个百分点，而菲律宾和美国同期下降 10.1 个和 19.9 个百分点。

钢铁、铜等贱金属及其制品正在替代日本、印度、意大利、瑞士等国产品。中国竞争力改善的贱金属及其制品 181 项，2010 年出口额为 70.3 亿美元，2019 年出口额上升至 200.8 亿美元，全球占比从 2.2% 上升至 6.4%。在此期间，日本的出口额全球占比下降 1.3 个百分点，印度下降 0.8 个百分点。其中，中国未锻轧钨（HS 810194）全球份额从 2010 年的 2.6% 上升至 2019 年的 63.2%，提高 60.6 个百分点，而意大利、瑞士同期则下降 21.5 个和 19.5 个百分点；镀或涂锌瓦楞形普通钢铁板材（HS 721041）全球份额从 2010 年的 8.0%上升至 2019 年的 63.5%，提高 55.5 个百分点，而印度同期下降 30.4 个百分点。

醋酸纤维单纱、聚酰胺等纺织产品正在替代印度、泰国等发展中国家产品。中国竞争力改善的纺织服装 133 项，2010 年出口额为 15.1 亿美元，2019 年出口额上升至 52.7 亿美元，全球占比从 2.5%上升至 8.7%。在此期间，印度出口额全球占比下降 4.6 个百分点。其中，未漂平纹布（HS 521111）全球份额从 2010 年的 4.3%上升至 2019 年的 71.4%，提高 67.1 个百分点，而印度尼西亚、意大利同期下降 20.7 个和 15.7 个百分点；棉针织钩编织物（HS 600320）全球份额从 2010 年的 2.2%上升至 2019 年的 52.7%，提高 50.5 个百分点，而泰国、美国同期下降 12.8 个和 16.9 个百分点。

（四）有关启示和思考

部分劳动密集型产品被取代难以避免，应积极谋划中国相关产业在全球产业链中的新定位。随着发展中国家的快速崛起，纺织品服装、鞋帽等劳动力密集型产品向越南、印度等经济体转移的趋势日益明显。同时，中国也面临经济发展阶段和资源环境的约束，"腾笼换鸟"是部分地区产业升级的必经阶段，应顺应产业发展趋势，一方面完善中西部地区优惠政策，力争将劳动密集型产业有序转至中西部地区，实现中国各区域的协同发展；另一方面，可积极利用RCEP，在鼓励国内产业向研发设计、系统集成等高附加值环节升级的同时，通过与东南亚的产业链垂直分工协作，以设立境外产业合作园区、中小企业合作园区等形式加大与东南亚国家中低端产业链供应链合作，提升产业附加值和产业链掌控能力。

发达国家在部分传统产业上仍维持一定竞争优势，提升产品技术含量和品牌知名度是产业转型升级的关键环节。在纺织服装、小家电等传统产业方面，意大利、荷兰等凭借技术优势和品牌知名度，在激烈的市场竞争中仍然能够维持一定市场份额。中国纺织服装、鞋帽等劳动密集型产业仍是国民经济重要行业，在满足国内中高端消费需求方面具有较大潜力。应借鉴发达国家经验，在转移部分低端产能的同时，通过提升产品技术含量、打造世界知名品牌等方式实现产业转型升级，培育中高端产品竞争优势，实现传统产业的合理布局和错位发展。推进中日韩高端产业链供应链合作，在中国对日韩高度依赖的中高端电子零部件和集成电路等领域，利用国内市场稳定产业链合作，加大与日韩在部分领域的科研合作深度。

进一步夯实产品优势，提升我国在全球产业链的竞争力。通过产业链整合与升级，夯实机电、化工等中国优势增强产品的竞争力。充分利用中国超大市场优势地位，深化要素市场改革，增加对关键优势产品的投资，促进市场的充分竞争，支持竞争优势明显的龙头企业做好产业链全球化布局，提升产业链整合能力。利用中国基础设施完善和产业配套齐全等优势，培养产业链中的隐形冠军和"专精特新"企业，增强国内产业协同互补。以龙头企业和骨干企业共同带动产业集群发展，加快培育世界级先进产业集群。

二、开放和谨慎并重，积极稳妥推进产业领域应对 CPTPP

（一）从根本上夯实产业发展基础，提升产业综合实力

一是加快自主创新步伐，提升产业发展质量。加大技术改造支持力度，推动传统产业升级换代。发展服务型制造和智能制造，推动产业链高端升级。加快建设重大技术创新中心，进一步提升关键领域的自主创新能力，突破基础共性技术，确保强大创新能力成为中国制造强国、质量强国、网络强国和数字中国建设的支撑。聚焦事关国防安全、国计民生等重要领域的产业链供应链关键核心环节，加大研发投入、做强企业主体、加强协同创新，以"揭榜挂帅""张榜招师""赛马"等方式开展技术攻关，突破制约产业链供应链发展的瓶颈和堵点。

二是借助全球产业链供应链调整契机，为迈向全球价值链高端环节奠定基础。突出重点，对关系国计民生和经济安全的战略和敏感领域，要集中资源突破瓶颈，掌控产业链价值链的自主权和控制权，持续推进产业基础高级化、产业链现代化。对于那些可以依靠市场解决的问题，应充分发挥市场机制和企业主体作用；对于打造具有战略威慑意义的"撒手锏"技术和产品，则需政府主动担当、长远布局。建议围绕中国战略优势领域，选择若干基础好、实力强、关联性大的重点领域，加大支持力度，打造"独门绝技"，构建大国博弈的非对称竞争优势。比如在 5G、稀土、通信设备等优势领域，进一步强化资源整合和政策支持，以应用为牵引实现自立自强。

三是构建完整的内需体系，释放持续增长潜力。把握扩大内需战略基点，把中国经济最大优势和巨大潜力释放出来，形成拉动经济增长的持久而强劲动能。发挥好超大规模市场优势，优化生产要素配置，引导产业和消费"双升级"，

促进制造业产能和国内需求匹配对接，引导企业不断创造适应新需求的有效供给。以"互联网+"数字经济为契机，促进存量优化和增量创新相结合的产业结构调整。改造提升传统产业和基础设施，延长产业生命周期，优化经济存量。布局数字经济、生命健康、新材料等新兴产业和未来产业，加大建设新型基础设施，创新经济增量，培育新的增长点、增长极。支持引导以供应链金融和新一代信息技术应用为支撑，促进制造业智能化、绿色化和服务化，着力打通生产、分配、流通和消费等各环节，畅通产业链供应链循环。积极应用物联网、云计算、大数据等新一代信息技术，加强对企业的采购、生产、仓储、运输、服务的全过程监控管理，推进智能制造、柔性制造和定制生产。

（二）以高度开放的态度加快推进货物贸易谈判，同时谨慎对待敏感行业

一是对中国大部分制造业的关税减让持开放态度。结合积极参与 WTO 改革，主动调整降低中国竞争力较强的纺织服装、机械设备等行业的进口关税，扩大零关税比例，彰显中国进一步扩大对外开放的姿态。对于中国传统优势产业、产能过剩产业、具备一定发展水平的产业，如纺织服装、轻工产品、电子产品、钢铁等产品，可在货物贸易关税减让中实施零关税。根据产业发展规律，利用过渡期、非线性降税、部分降税等措施为产业发展提供一定的缓冲器。

二是坚定底线思维，谨慎对待重点产业的关税减让。在中国产业政策体系尚未健全的情况下，关税仍是最为直接、有效的保护手段。对于价值链较长、产业带动性强、技术门槛较高的重点发展产业和战略性新兴产业，如高端化工品、高端钢铁、数控机床、部分电子信息、汽车等产业，仍需要在对外谈判中给予适当关税保护，或者设置相对长的降税过渡期。在服从国家政治外交大局的情况下，可适度降低关税，也可依据不同自贸伙伴国的特点有选择地局部开放。

三是做好制造业关税削减和外资开放的后续准备工作。一方面，中国工业领域已经基本实现对外资的全面开放，这使得中国参与投资谈判的筹码大幅提高，但也对中国部分产业发展带来一定的风险。在做好产业外资开放准备的同时，尽量避免外资开放对制造业带来的负面影响。另一方面，必须建立和完善系统的贸易调整援助和产业救济机制。关税削减对不同产业影响不同，在中韩自贸协定和 RCEP 签订之前，中国与自贸伙伴之间顺差较多，自贸协定带来的调整援助需求并不强烈。但 RCEP 签订后日本和韩国两个中国最主要逆差国的

有竞争力产品势必对中国汽车、高端机电等产业造成不利影响。未来，加入CPTPP后，中国自贸协定伙伴越来越多，开放水平不断提高，有必要借鉴美国、欧盟、韩国等经济体产业保护经验，尽快建立贸易调整援助机制，并成立自贸协定项下产业救济基金，对因关税减让而受到冲击的产业和工人提供援助，促进产业调整。比如，2006年韩国通过《关于制造业等贸易调整援助法律》，2007年美韩签署自贸协定后韩国将援助范围由原先的制造业和与之相关的部分服务业扩大到制造业和全体服务业，并将之更名为《根据自由贸易协定制定的关于贸易调整援助法律》。韩国企业援助申请必须满足三个条件：一是严重受损或面临严重受损威胁（销售总额或总产量连续 6 个月下降超过 25%）；二是自贸协定带来的进口增加是造成某企业相应的同类或类似产品销量受损的主要原因；三是申请企业设计的贸易调整方案切实可行，能够有效提高企业竞争力。未来，中国也应该尽快借鉴这一调整机制，对因高水平开放导致的部分产业受损情况提供合法救济。

（三）进一步深化投资管理体制，完善国家安全审查机制

一是进一步完善外商投资管理体制。借鉴主要国家负面清单制定和外商监管经验，结合现阶段中国经济发展的需求，全面、系统地分析各个产业的特点，确保负面清单有法可依，提升负面清单透明度。充分利用负面清单，保留核心敏感产业的未来管理措施，为未来产业政策调控预留空间。完善事前、事中、事后一体化的闭环审查机制，完善社会诚信体系建设，建立审查监管追责机制，形成政府监管、企业自治、行业自律、社会监督的全新责任治理格局。

二是进一步完善国家安全审查机制。2020 年 12 月 19 日，国家发展改革委、商务部发布《外商投资安全审查办法》，践行总体国家安全观和新发展理念，坚持统筹发展和安全，坚持开放和安全并重，总结近十年来审查工作实践，借鉴主要国家审查制度成果，对外商投资安全审查制度做出较为全面系统的规定，以在积极促进和保护外商投资的同时，有效预防和化解国家安全风险，为更高水平对外开放保驾护航，助力构建以国内大循环为主体、国内国际双循环相互促进的新发展格局。未来要在实践基础上，结合国际经验，进一步细化审查程序与审查标准，广泛覆盖有可能威胁国家安全的行业和领域，为产业安全兜底。

（四）完善与高水平开放相适应的产业政策扶持体系

一是推动 WTO 产业补贴规则改革完善，留足产业补贴政策实施空间。通过产业升级捍卫中国在全球产业链供应链位置，而要实现这一目标离不开产业政策的引导和扶持。产业政策是引导产业发展的中性工具，在各国产业发展初期和发生公共危机事件时都曾大量使用，新冠疫情后各国采取的供应链调整等政策都属于产业政策的范畴。

（1）借助 WTO 多边机制维护自身利益。WTO 机制改革成为美欧日企图通过规则重塑遏制中国发展的多边战场，尽管三者在总方向上高度一致，但在补贴规则等具体领域仍存在明显分歧。应利用美欧日等发达经济体的分歧点，尽可能引导规则改革方向，回击和应对美欧日针对中国制定的限制性规则。

（2）团结和维护发展中国家利益，提出合理改革方案。一是反对"补贴通报惩罚机制"，建立帮助发展中国家完善通报的机制。二是将补贴协定修改与农业协定修改绑定，规制发达国家在农业领域的巨额补贴。三是要求恢复不可诉补贴，保障发展中国家提升本国科技研发、环境保护和地区均衡发展的能力。四是反对将国有企业直接视作"公共机构"补贴主体，坚持所有制中立。

二是在坚持公平、开放、透明的市场规则基础上不断调整和完善产业政策扶持体系。要充分认识到中国现有产业政策确实存在透明度不够、普惠性不足、补贴效果不明显等问题，存在一定改进空间。未来可以从五个方面改革和提升：第一，要坚决取消从中央到地方的出口补贴和进口替代补贴等禁止性补贴，确保现有补贴政策与 WTO 多边规则保持一致。第二，在补贴形式上要避免或者减少具有法律或者事实专向性的补贴政策。尤其是要减少专门的行业补贴，改变过去"一行业、一政策"的扶持方式，梳理相关政策的共同点，建立综合性补贴计划，用兼容性更强的补贴受益者资格来扩大政策的普惠性，减少补贴的专向性。第三，补贴环节要更多从直接生产向上游研发转移，更多关注创新和产业化支持体系构建。第四，产业政策要坚持所有制中立，为国有企业、民营企业和外资企业营造公平的产业政策发展环境。第五，建立严格的地方政府补贴约束机制，提高地方政府补贴的透明度与审查机制建设。中央可以出台规范性文件，对产业补贴的目的、类别、方式、数量进行严格规制，相关行为纳入地方政府业绩考核，并对违规行为追责。

（五）强化产业链多边合作与布局，构建高水平开放合作的国内国际双循环

一是依托 RCEP 生效和加入 CPTPP 谈判机遇，深化与中日韩之间高端产业链和供应链的合作。对日方面，在强化轻工、纺织等中日产业链互补性较强领域深度合作的同时，将关键材料、高端机床、电子元器件、仪器仪表、塑料制品等具有一定互补性且同质竞争较弱的领域，作为未来中日加强合作的重点。对韩方面，重点推动中韩半导体领域的合作。日韩之间在半导体领域的贸易争端，也为中国与韩国在半导体材料等领域的研发合作留下空间。

二是加强与欧盟的产业合作，增强中欧产业链互嵌性。加强中欧在"一带一路"沿线投资合作。欧盟部分国家作为"一带一路"沿线国家，在基础设施建设与高端产业领域拥有众多投资机会，未来应推动国内龙头企业走出去拓展欧洲市场；充分发挥中欧班列的大通道优势，加强与沿线国家的产能合作，推动高端装备、机电设备、汽车配件、光伏组件等优势产能走出去。聚焦汽车等中欧传统合作领域，扩大产业链供应链合作新空间。随着中国对外开放程度不断加深，尤其汽车领域股比放开等政策的渐进式实施，欧盟国家各大车企或提升合资股比，加深与中国汽车电动化、智能化领域优势企业合作。具体包括新能源汽车及其相关基础设施建设、智能网联汽车及自动驾驶车辆的广泛应用等。拓展中欧第三方市场合作空间。截至 2019 年年底，中国已与法国、德国等 14个欧盟国家达成第三方市场合作的共识，在基础设施、能源、环保、金融等优势互补领域开展机制化合作。积极争取丝路基金与欧洲复兴开发银行"第三方合作基金"融资支持，探索将中国优势产能和欧盟国家的先进技术及海外经营经验与发展中国家的需求有效对接，共同拓展第三方市场，向第三方提供新的产品服务，实现 1+1+1>3 的效果。

三是加强与东盟的产业链绑定，应对亚太区域形势变局。当前东盟已成为中国最大贸易伙伴，中国应加强与东南亚国家的产业链垂直分工协作，优先在智能手机、纺织服装、集成电路等行业推动构建产业链共同体，形成有利于中国的区域产业链供应链格局。

四是积极谋划提前布局，在助力新兴经济体工业化中分享其发展红利。近年来，印度、印度尼西亚、尼日利亚、菲律宾、越南、埃及等人口过亿的发展中国家工业化进程显著加快，对高性价比的中国制造，特别是投资品、中间品的需求快速增长，这将给中国布局全球产业链供应链带来历史性机遇。未来应

加快推进"一带一路"倡议，主动谋划相关产业的全球新定位，与其他发展中国家、新兴经济体形成错位发展格局，深度推进中国与其他发展中大国在交通、能源、数字等基础设施方面的合作，深化国际产能合作，推动产业有序转移，抓住新兴经济体工业化进程加快的战略机遇，分享其发展红利，巩固提升中国在全球产业链供应链体系中的地位。

参考文献

[1] 陈淑梅，倪菊华. 中国加入"区域全面经济伙伴关系"的经济效应——基于 GTAP 模型的模拟分析[J]. 亚太经济，2014(2):127-135.

[2] 崔连标，朱磊，宋马林，等. 中美贸易摩擦的国际经济影响评估 [J]. 财经研究，2018, 44(12):4-17.

[3] 郭晴，陈伟光. 基于动态 CGE 模型的中美贸易摩擦经济效应分析[J]. 世界经济研究，2019(8):103-117.

[4] 关兵，梁一新. 中国应该加入 CPTPP 吗？——基于一般均衡模型 GTAP 的评估[J]. 经济问题探索，2019(8):92-103.

[5] 李新兴，蔡海龙，蔡松锋，等. RCEP 未来发展前景及潜在影响研究——基于 GTAP 模型[J].宏观经济研究，2020(7):165-175.

[6] Li C D, He C T, Lin C W. Economic Impacts of the Possible China–US Trade War[J]. Emerging Markets Finance and Trade, 2018, 54(7): 1557-1577.

[7] Center for Strategic and International Studies. Beyond the Brink: Escalation and Conflict in U.S.-China Economic Relations [R], 2019.

[8] Mie O. TPP, RCEP, and FTAAP: Multi-layered Regional Economic Integration and International Relations[J]. Asia-Pacific Review, 2016,23(1): 100-114.

[9] Li Q, Moon H. The Trade and Income Effects of RCEP: Implications for China and Korea [J]. Journal of Korea Trade, 2018,22(3):306-318.

[10] Rosyadi S, Widodo T. Impact of Donald Trump's Tariff Increase Against Chinese Imports on Global Economy: Global Trade Analysis Project (GTAP) Model[J]. Journal of Chinese Economic and Business Studies, 2018, 16(2):125-145.

[11] Renuka M, Anda N. Can the Regional Comprehensive Economic Partnership Minimize the Harm from the United States–China Trade War? [J]. The World Economy, 2019,42(11): 3148-3167.

[12] Boustany C W, Friedberg A L. Partial Disengagement: A New US Strategy for Economic Competition with China[J]. The Washington Quarterly, 2020,

43(1):23-40.

[13] Walmsley T, Dimaranan B, McDougall R. A Base Case Scenario for the Dynamic GTAP Model [Z]. West Lafayette: Center for Global Trade Analysis, Purdue University, 2000.

[14] Tongeren V, Frank W, Huang J. China's Food Economy in the Early 21st Century; Development of China's Food Economy and its Impact on Global Trade and on the EU[R]. Wageningen University and Research Center, Agricultural Economics Research Institute. 2004.

[15] Hertel T W. Global Trade Analysis: Modeling and Applications[M]. Cambridge University Press, 1997.

[16] 范伟军，杨泽航，汪泳，等. RCEP、CPTPP 和 WTO 框架下的政府采购[J]. 中国招标，2021(5):4.

[17] 张娟，李俊，李计广. 从 RCEP、自贸试验区到 CPTPP：我国服务贸易开放升级路径与建议[J]. 国际贸易，2021(8):8.

[18] 田云华，周燕萍，蔡孟君，等. RCEP 的开放规则体系评价：基于 CPTPP 的进步与差距[J]. 国际贸易，2021(6):8.

[19] 冯巧根. CPTPP 下的价值链攀升路径与行为优化[J]. 财会通讯，2021(19):7.

[20] 张慧智，汪君瑶. "双循环"新发展格局下中国加入 CPTPP 的政治经济思考[J]. 东北亚论坛，2021, 30(3):15.

[21] 余淼杰，蒋海威. 从 RCEP 到 CPTPP：差异、挑战及对策[J]. 国际经济评论，2021(2):17.

[22] 于鹏，廖向临，杜国臣. RCEP 和 CPTPP 的比较研究与政策建议[J]. 国际贸易，2021(8):10.

[23] 常静. 中国加入 CPTPP 的可行性及策略路径[J]. 对外经贸实务，2021(3):4.

后 记

开放是当代中国的鲜明标识。习近平总书记强调:"中国开放的大门不会关闭,只会越开越大"。回顾改革开放 40 多年的历程,中国既是改革开放的受益者,也是改革开放的探索者。2001 年中国加入 WTO,树立了进一步扩大开放的里程碑,是中国探索、适应和重视国际经贸规则的起点。

货物贸易议题是 WTO 和自贸协定的传统议题。尽管新兴议题不断兴起,依然不妨碍货物贸易议题在谈判中的重要地位。在货物贸易领域,多哈回合后,WTO 唯一达成的是 ITA(《信息技术协定》)扩围谈判,尽管历经波折,最终各方就 201 项信息技术产品关税减让达成一致;近年来不断涌现的大型自贸协定,高水平开放的重要评判标志仍是关税减让水平。回想历次我国参与的自贸协定谈判,压轴达成的内容也是货物贸易议题。这也表明,货物贸易开放议题集中体现了各方博弈的焦点,直接决定着产业界和跨国公司的根本利益。

中国电子信息产业发展研究院(赛迪研究院)工业经济研究所长期跟踪 WTO 和自贸协定动向,围绕货物贸易相关谈判议题开展理论研究和实证分析,由此形成了一系列研究成果,最终集结成本书,希望能够为我国参与货物贸易议题谈判提供一定参考。全书分为三篇七章,其中:第一章由梁一新、关兵、韩力完成,第二章由梁一新、关兵、王昊完成,第三章由关兵、梁一新、韩力、乔晓完成,第四章由韩力、苍岚、张赛赛、周祺、关兵完成,第五章由苍岚、韩力、张赛赛、周祺、梁一新完成,第六章由梁一新、关兵、韩力完成,第七章由关兵、梁一新、张赛赛完成。梁一新、关兵作为本书主要依托课题的主持人和负责人,还承担了课题的立项申请、研究设计、研讨活动组织、成果发布,以及书稿的统稿和校对等工作。本书在研究和编写过程中得到了行业和企业专家的大力支持与指导,在此一并表示衷心的感谢。

值本书写作之际,全球正遭遇逆全球化,国际经贸规则面临深度调整。但应该看到,危机中育新机,变局中开新局,中国只有直面竞争挑战,才能在竞争中成长,于竞争中成就。我们的研究也将紧跟国内外形势的最新变化,力争推出更多的成果。